D1725519

SCORPIO

SANDRA WEBER

THEKI

ENT-
WICKLE
DICH!

DER SCHLÜSSEL
ZUM BEWUSSTSEIN

SCORPIO

Rechtliche Hinweise

Bei der Erstellung dieses Buchs wurden alle Informationen und Ratschläge von der Autorin sorgfältig recherchiert und geprüft und alle Angaben nach bestem Wissen und Gewissen gemacht. Dennoch erfolgen sämtliche Angaben ohne Gewähr.

Autorin und Verlag übernehmen keinerlei Verantwortung oder Haftung für Veränderungen, die sich aus der praktischen Umsetzung der THEKI®-Technik ergeben. THEKI® ist eine Methode zur Bewusstseinsentwicklung, zum Aktivieren der natürlichen Selbstheilungskräfte und zum Erkennen und Entfernen energetischer und mentaler Blockaden.

THEKI® ersetzt nicht den Besuch beim Arzt oder Heilpraktiker. Es werden keine medizinischen Diagnosen gestellt und keine Medikamente verabreicht oder verschrieben. Ebenso wenig wird dazu geraten, eine laufende Behandlung zu unterbrechen oder abzubrechen. Es werden keine Heilversprechen gegeben.

Die Tätigkeit fällt nicht unter das Heilpraktikergesetz (Bundesverfassungsgericht AZ 1 BvR 784/03).

Der gesamte Inhalt dieses Buchs ist urheberrechtlich geschützt. THEKI® ist eine beim Patent- und Markenamt eingetragene Wort-/Bildmarke und rechtlich geschützt. Kein Teil dieses Buchs darf ohne ausdrückliche schriftliche Erlaubnis von Autorin und Verlag kopiert oder in anderer Weise vervielfältigt werden. Die Namen und andere persönliche Merkmale bei den Fallbeispielen wurden abgeändert, um die Persönlichkeitsrechte der Betreffenden zu wahren.

FSC
www.fsc.org
MIX
Papier aus verantwortungsvollen Quellen
FSC® C084279

© 2014 Scorpio Verlag GmbH & Co. KG, Berlin · München
Umschlaggestaltung: Hauptmann und Kompanie Werbeagentur, Zürich, unter Verwendung einer Illustration von © Gabor Racsmany
Covergestaltung: Nicolas Weber, HaWe Medien GmbH, www.harrweber.de
Illustrationen auf dem Cover und im Innenteil: Gabor Racsmany, racsmany design, www.racsmany.de
Satz: Veronika Preisler, München
Druck und Bindung: Print Consult, München
ISBN 978-3-943416-59-6
Alle Rechte vorbehalten.
www.scorpio-verlag.de

Man kann einen Menschen nichts lehren,
man kann ihm nur helfen, es in sich selbst
zu entdecken.

GALILEO GALILEI

Du kannst die Wirklichkeit nicht außerhalb
deiner selbst suchen, denn du bist die Wirklichkeit.

LAMA YESHE

INHALT

Kapitel 5: Löse deine Begrenzungen auf

Kapitel 6: Positive Programmierung

Kapitel 7: Im echten Leben

VORWORT

Es ist nicht deine Aufgabe,
immer heiliger und perfekter zu werden,
sondern immer bewusster
und authentischer.

Ich erlaube mir, dich in diesem Buch zu duzen. Ganz einfach deshalb, weil es mein Ziel ist, dich auf einer Ebene zu erreichen, auf der wir alle eins sind. Frei von dem, was man in der Welt ist oder erreicht hat. Frei von Titeln und Zertifikaten. Das alles erschafft Trennung und stärkt damit die Dualität, die letztlich die Ursache für alles gefühlte und erlebte Leid im Leben ist – auch für deines. Deshalb duze ich dich, so wie ich auch alle meine Klienten und Seminarteilnehmer duze und selbst geduzt werde. Ich bin fürs Einfache. Und das beginnt manchmal schon beim »Du«.

In diesem Buch erzähle ich dir von Beobachtungen und Erkenntnissen, Veränderungen und Heilungen, von Problemen und ihren Lösungen. Ich habe es geschrieben, um in Zeiten der Dunkelheit ein Licht anzuzünden, um Menschen Mut zu machen und neue Wege aufzuzeigen. In schwierigen Phasen erscheint uns das Leben wie ein einziges Labyrinth, wir drehen uns im Kreis und finden den »Ausgang« nicht. Oft reagieren wir physisch auf die Unsicherheit, die Veränderungen mit sich bringen, und werden krank. Oder wir fühlen uns hilflos, allein und erleben uns als Opfer der Umstände. Die Frage, ob unser Leben nicht anders laufen kann, ob es da nicht noch eine bessere Version unseres Selbst gibt, klopft immer wieder an, doch die Antwort ist nicht greifbar. Da du im Begriff bist, dieses Buch zu lesen, spürst du wahrscheinlich, dass das Leben mehr ist, ja mehr sein muss als das, was du gegenwärtig erfährst. Du hoffst auf mehr Gesundheit, mehr Wohlstand, mehr Liebe, auf ein Glück, das von Dauer ist. Ich kann dir jedoch nichts geben. Das liegt nicht an mir, sondern an der Tatsache, dass du bereits alles in dir hast. Es ist lediglich unter unzähligen Schichten verdeckt, wie ein geheimer Schatz, der von Schutzmauern und Hindernissen umgeben ist.

All den Blockaden und Schwierigkeiten, denen wir im Leben begegnen, liegt eine Tatsache zugrunde: Wir sind nicht frei. Was wiederum bedeutet: Wir können uns *befreien!*

Wenn wir den Zugang zu unserem inneren Wissen freilegen, können wir das Leben und unsere Rolle darin verstehen. Dann erleben wir uns als bewusste Schöpfer unserer Realität und erfahren unser Leben im Fluss. Wunderbare Synchronizitäten ergeben sich, und die Menschen, denen wir begegnen, und all die Situationen, in denen wir uns befinden, entsprechen einem befreiten und erhöhten Bewusstsein.

Und so geht es in dem Buch, das du gerade in den Händen hältst, um die Befreiung deines wahren Selbst. Es geht darum, dich von allen Scheinsicherheiten und Schutzschichten zu befreien. Positives Denken und die Arbeit mit Affirmationen allein reichen nicht aus, das geht nicht tief genug. Die Ursachen, die dazu geführt haben, dass du dich so weit von deinem wahren Selbst entfernen konntest, müssen gelöst werden. Das kannst du nur dort bewirken, wo diese Blockaden entstanden sind: im Unterbewusstsein. Und hier kommt THEKI ins Spiel, denn es bietet dir durch die bewusste Arbeit im Theta-Zustand den Schlüssel zu deinem Unterbewusstsein. Du lernst seine Sprache sprechen. Es ist eine Sprache aus Bildern und Gefühlen, wie du sie aus deinen Träumen kennst. Doch anders als im Traum kannst du deine Bilder und Gefühle steuern und durch die bewusste Absicht auf sie einwirken. Beherrschst du diese Technik, ist alles möglich. Du brauchst dafür keine besondere Ausbildung – alles ist in dir.

THEKI ist eine gelungene Kombination aus verschiedensten mentalen Techniken sowie jahrtausendealtem Wissen in Verbindung mit den neuesten Erkenntnissen der Physik. Mit einfachen, verständlichen Erklärungen und Übungen führe ich dich durch die verschiedenen Stationen deiner Entwicklung, während du dich in einen Prozess der Selbsterkenntnis begeben und Begrenzendes loslassen kannst. Das Tempo bestimmst du selbst, und die beiliegende CD mit Meditationen und Übungen wird dir eine wertvolle Unterstützung sein.

Doch es geht in diesem Buch nicht allein um THEKI, sondern um viele Themen, die deinem tieferen Verständnis vom Leben und deiner Rolle darin dienen sollen. Denn die beste Technik kann dir nicht helfen, wenn du nicht verstehst, worum es eigentlich geht, wenn du die »Spielregeln« dieses Lebens nicht kennst und verinnerlicht hast. Die Möglichkeiten, die sich für dich auftun, wenn du den Zugang zu deiner inneren Weisheit freigelegt hast, sind grenzenlos. Ich wünsche mir, dass dich, lieber Leser, liebe Leserin, THEKI erreicht – auf allen Ebenen, für deine persönliche Heilung und Freiheit. Ich wünsche mir, dass du erkennst, wie einfach es ist, wenn du dich befreist, dich öffnest. Und dass du dich am Ende fragen wirst, warum dir das alles nicht schon viel früher klar war.

Für alles im Leben gibt es den richtigen Zeitpunkt. Deiner ist JETZT.

EINLEITUNG

Sei realistisch – erwarte ein Wunder.

Dieses kurze, unglaublich treffende Zitat von Osho, einem meiner liebsten Autoren, begleitet mich seit Jahren. Denn genau das ist die Art und Weise, wie ich die Welt inzwischen aus meiner Erfahrung heraus betrachte. Alles ist möglich. *Alles.* Wir brauchen nur ein grundsätzliches Verständnis von uns selbst und dem Universum in uns und um uns herum. Dann sind wir in der Lage, unsere Realität dahingehend zu verändern, dass wir immer mehr Wunder erleben dürfen.

Das Ego verdeckt das wahre Selbst

Das Verständnis unseres wahren Selbst, wie wir mit allem in Kontakt treten und unser Leben ganz entscheidend beeinflussen und mit erschaffen, ist den meisten von uns im Laufe des Lebens, vor allem in den ersten Lebensjahren, abhandengekommen. Im Spiegel unserer Bezugspersonen, der Gesellschaft, der Kultur und Religion haben wir eine Persönlichkeit entwickelt, die uns in Wahrheit kaum entspricht.
Bildlich gesprochen kannst du es dir vorstellen wie die Illustrationen in diesem Buch: Das wahre, leuchtende, göttliche Selbst, das über unendliches Wissen über das Leben und unsere Rolle darin verfügt, ist unter einer falschen Persönlichkeit verdeckt. Diese Persönlichkeit, die wir nach außen tragen und die uns in vielen Schichten umgibt, entstand aus unzähligen Prägungen, Mustern, Glaubenssätzen und Überzeugungen. Ich bezeichne sie als das Ego.

Das Ego ist der Außenwelt dienlich und doch nicht mehr als eine Maske, die wir anderen und oft sogar uns selbst vorhalten. *Hinter* dieser Maske liegt unser wahres Wesen. Je nachdem, wie stark die Beeinflussung und Selbsttäuschung des Egos ist, haben wir wenig bis gar keinen Zugang zu diesem wahren, göttlichen

Kern. Dann können wir uns nur noch durch die Augen der anderen sehen.

Doch das Ego ist nur dort dienlich, wo es geformt wurde – unter anderen Menschen. Sobald du allein bist, fängt das Falsche an zu zerbröckeln, und das Unterdrückte beginnt, sich Ausdruck zu verschaffen. Das ist dein wahres Selbst. Wenn ein Mensch sehr stark im Ego verwurzelt ist, kann er dieses Zerbröckeln nicht ertragen. Deshalb agiert er in seinem Alltag sehr wirksame und zuverlässige Muster aus, um sein Ego aufrechtzuerhalten. Muster, die in den meisten Fällen schon von den Eltern vorgelebt wurden. Zum Beispiel versucht er, so wenig wie möglich allein zu sein. Und wenn er es doch ist, dann muss er immer unterhalten werden, um das Ego zu beschäftigen: Der Fernseher läuft, das Radio, der Computer. Nur ja nicht in die Stille gehen, denn dort wartet etwas, das man nicht kontrollieren kann.

Das Ego umgibt dich wie eine Mauer. Es suggeriert dir, dass es dich auf diese Weise schützt. Das ist die größte Verführungskunst des Egos. Es sagt dir immer und immer wieder: »Wenn ich nicht da bin, bist du ohne Schutz, bist du verletzbar, und das ist viel zu riskant.« Es ist sehr raffiniert und hat viele Tricks, dich zu verführen.

Doch wenn du einmal weißt, wie die Funktionsweise des Egos ist, dann ist es ganz einfach, es zu erkennen. Bitte spüre einmal in dich hinein und stelle dir innerlich die folgenden Fragen. Sei dabei ganz ehrlich zu dir selbst:

- Frage ich mich ständig, was wohl die anderen über mich denken?
- Möchte ich um jeden Preis gefallen?
- Bin ich bereit, Teile von mir zu verleugnen, weil sie mir nicht liebenswert erscheinen?
- Bin ich bereit, meine Wertvorstellungen anzupassen, um in die Schablone der perfekten Gesellschaft zu passen?
- Interessiere ich mich mehr für Aussehen, Titel und Besitztümer als für die inneren Qualitäten der Menschen?

- Lasse ich mich von Menschen aufgrund ihres Berufs oder Titels blenden oder gar einschüchtern?
- Achte ich mehr auf Sicherheit als auf Freiheit in meinem Leben?
- Gebe ich anderen Menschen die Schuld an meiner Lebenssituation?
- Habe ich Angst vor Veränderungen, auch wenn sie mir eigentlich nötig oder hilfreich erscheinen?
- Bin ich gedanklich und emotional mehr mit der Vergangenheit und Zukunft beschäftigt, anstatt im Hier und Jetzt präsent zu sein?
- Erkenne ich in mir begrenzende Muster, die bereits meine Eltern gelebt haben, kann aber nichts daran ändern?
- Sorge ich mich ständig um alles, male ich mir aus, was alles passieren und schieflaufen könnte?
- Lebe ich aufgrund meiner begrenzenden Gedanken und Überzeugungen in einem permanenten Angstzustand, der mein Leben lähmt?

Es ist ganz einfach: Wenn du die meisten dieser Fragen mit NEIN beantworten konntest, dann hast du dein Ego ganz gut im Griff. Hast du hingegen die meisten Fragen mit JA beantwortet, dann ist es umgekehrt: Dein Ego hat dich im Griff. Wenn es dich mehr kümmert, was die anderen denken, als was du selbst wirklich willst, dann bist du im Ego. Wenn du um jeden Preis gefallen willst, bist du im Ego. Wenn du deine eigenen Werte verleugnest, bist du im Ego. Wenn du dich mehr für Äußeres interessierst als für Spiritualität, Erleuchtung und Authentizität, bist du im Ego. Wenn du Angst hast (und ich spreche hier nicht von der angeborenen Angst, die unserem Schutz dient und lebensrettend sein kann, sondern von der Angst, die du dir selbst machst durch deine ständigen Gedanken und Programmierungen im Unterbewusstsein), bist du im Ego. Sind deiner Meinung nach die anderen schuld an deiner Misere, bist du im Ego. Scheust du Veränderungen aufgrund der Ungewissheit, bist du im Ego. Lebst du alte Muster, aus denen du nicht ausbrechen kannst, steckst du im Ego fest. Sorgst du dich ständig, dann bist du im Ego.

> Alles, was du bist, und alles, was du in deinem Leben erfährst, hängt davon ab, wie gut du diese Thematik verstanden hast: Das Ego trennt dich durch unzählige Schichten von deinem wahren Selbst. Diese Schichten gilt es aufzulösen, um dein wahres, göttliches, strahlendes Selbst freizulegen und damit ein glückliches Leben voller Gesundheit, Bewusstheit und Erfüllung zu erschaffen.

Es ist richtig, dass im Ego ein gewisser Schutz liegt, denn wenn du keine Veränderungen erlaubst und dich angepasst verhältst, dann scheint das Risiko überschaubarer, doch die Mauer um dich herum wird dir zum Gefängnis. Es ist, als wenn du aus Angst vor dem Feind deine Tür verschließt, damit jedoch auch deine Freunde aussperrst. Der Feind bleibt draußen – aber der Freund auch. Die Angst verdeckt die Liebe.

Doch es gibt eine andere Wahrheit als die des Egos, und sie erzählt uns von Heilung und Liebe, von Großzügigkeit und Leichtigkeit, von Freundschaft und Miteinander, von Verbundenheit, Unterstützung und Vernetzung.

Deine Ent-Wicklung mit THEKI

Mit THEKI gebe ich dir eine Methode an die Hand, die wie ein Werkzeugkasten ist, der alles enthält, was du brauchst, um jede Situation, jede Herausforderung, jede Beziehung zu meistern und zu klären, zu verstehen und loslassen zu können – was auch immer deinem höchsten Wohl dient. Die Arbeit mit THEKI bringt dich deinem wahren Selbst immer näher, indem du lernst, dich von deinen Blockaden zu befreien. Ganz entscheidend dabei ist deine Grundschwingung. Sie wird bestimmt durch die Anzahl und Kraft deiner unbewussten Blockaden, der bereits erwähnten »Ego-Schichten«. Je freier dein wahres Selbst ist, umso höher ist auch deine Grundschwingung. Im Lauf deiner Ent-Wicklung bekommst du eine immer höhere und feinere Eigenschwingung, die deine Wahrnehmung klärt und dich mit jedem Atemzug glücklicher, freier, bewusster und gesünder leben lässt.

Wie das funktioniert?

Durch die bewusste Verbindung mit der Quelle allen Seins, die dein Gehirn in den Theta-Zustand versetzt, öffnet sich dir eine Tür zum Unterbewusstsein, und dir erschließen sich tiefe Zusammenhänge. Du bist in der Lage, in deinem Unterbewusstsein zu lesen und positiv verändernd oder erschaffend einzugreifen. Du erkennst die tiefsten Ursachen deiner Blockaden – und kannst dich davon befreien. Dabei ist es gleich, ob es sich um ein körperliches, geistiges oder seelisches Problem handelt, denn mit THEKI arbeiten wir ganzheitlich, beziehen also alle Ebenen des Seins mit ein.

In diesem Prozess wirst du in Bewusstseinsebenen katapultiert, die bisher nicht erreichbar waren, denn die Schichten, die sich um dein wahres Selbst gebildet haben, hielten dich unten. Du erlebst reines Bewusstsein. Das versteht man gemeinhin unter dem Begriff *Erleuchtung:* Wenn das Licht deines Bewusstseins nach und nach alle Schichten durchdrungen hat, dann bist du vollkommen *er-leuchtet.*

Dann öffnest du dich der Welt, dann trittst du ins Unendliche ein. Dann lebst du wirklich, dann erlebst du dein Leben im Fluss. Dann kannst du im Hier und Jetzt sein. Das Ego existiert nur in Vergangenheit und Zukunft, in der Gegenwart kann es nicht sein.

> *In der Abwesenheit dessen, was du nicht bist,*
> *ist das, was du bist, nicht.*
>
> NEALE DONALD WALSH

Ich kann dir nichts geben, was du nicht schon hast. Doch ich kann dir dabei helfen, den Zugang zu deinem eigenen unbegrenzten Potenzial freizulegen, indem du dich von allen begrenzenden Ego-Schichten befreist. THEKI ist ein Hilfsmittel – nicht mehr und nicht weniger –, das dich auf einfache und geniale Weise darin unterstützen kann, wieder ganz bei dir selbst anzukommen. Du musst nichts erschaffen – du bist bereits alles, was du dir wünschst. Du musst es nur wieder freilegen.

Die Ent-Wicklung deines wahren Selbst ist ein Abenteuer – lass dich darauf ein! Wenn du voll entwickelt bist, dann scheint dein inneres Licht wieder klar und hell, dann lebst du nach deiner wahren Stimme, dann bist du nicht mehr beeinflussbar. Dann kennst du deine Lebensaufgabe und folgst ihr unbeirrt, dann erlebst du Beziehungen voller Liebe und Harmonie. Das innere Licht wird sogar deinen Tod transzendieren, denn dieses Bewusstsein stirbt nicht.

ÜBER MICH UND DIE ENTSTEHUNG VON THEKI

Mein Weg beginnt

Mein eigener Lebensweg hat sich ganz entscheidend durch meine innere Einstellung geprägt. Vielleicht erkennst du dich auf diesem Weg wieder; vielleicht hast du ähnliche Erfahrungen gemacht. In jedem Fall haben wir eines gemeinsam: dieses strahlende Selbst, das sich hinter den Schichten des Egos verbirgt.

Die ersten dreißig Jahre meines Lebens war ich eine »Suchende«. Ich habe mir schon früh über einfach alles Gedanken gemacht. Die Suche nach dem tieferen Sinn, nach den Dingen hinter den Dingen. Gibt es Zufälle? Was ist Zeit? Gibt es das Nichts? Was ist Gott? Warum plappert mein Verstand unentwegt? Gibt es Gedankenstille? Warum reden die Menschen von Selbstfindung? Wie verliert man sich denn überhaupt? Warum sind wir hier? Haben wir eine Aufgabe? Warum sind die einen Menschen gesund und glücklich, während andere leiden? Was unterscheidet die einen von den anderen? Entscheidet das Schicksal, oder sind wir selbst die Schöpfer unseres Lebens? Was kann ich tun, um ein besseres Leben zu führen? Als Kind hatte ich meinen »inneren Beobachter« recht bewusst dabei. Ich betrachtete mich selbst und die Menschen, so als würde ich eine Vogelperspektive einnehmen und nicht in meinem begrenzten Körper und Verstand stecken. Ich erkannte Verhaltensmuster, Zusammenhänge und Auswirkungen. Hätte man mir damals gesagt, dass ich aktiv Einfluss auf diese Muster nehmen kann, wäre das eine wahre Offenbarung gewesen, die mich viel schneller in meine Eigenmacht gebracht hätte. Aber das sollte damals noch nicht sein. Ich habe mich vielmehr als Opfer der Umstände erlebt: hilflos und oft allein. Trägt man sich schon als Kind und Jugendliche mit solchen Gedanken und hinterfragt alles, dann ist man in gewisser Weise anders. Man passt nicht so ganz in die Schablone der Gesellschaft, vor allem nicht als Scheidungskind an einer katholischen Privatschule.

Die Erforschung meiner Möglichkeiten – und wo war ich?

Meine Eltern empfanden mich als Kind als pflegeleicht und ausgeglichen. Nach außen war ich das auch, denn ich hatte mir – damals noch unbewusst – die Verantwortung auferlegt, meinen Eltern, die mit ihrer Scheidung schon genug zu tun hatten, keine Sorgen zu machen. Also machte ich die Dinge, die mich beschäftigten, mit mir selbst aus. In meiner Jugend erforschte ich weitere Möglichkeiten. Ich geriet hier und da auf Abwege, die ich rückblickend jedoch als äußerst wertvoll ansehe. Ich wurde innerlich zu einer Querdenkerin, was sicherlich einen Teil Selbstschutz beinhaltete, aber auch Ergebnis meiner Beobachtungen war, nämlich dass sogenannte Autoritätspersonen nicht immer recht hatten und es sich lohnte, vorgefertigte »Wahrheiten« infrage zu stellen. So kam es, dass ich die Grenzen, an die ich stieß, in alle Richtungen ausloten wollte. Ich machte Erfahrungen vielerlei Art mit sehr unterschiedlichen Menschen: ob Intellektuelle, Alternative, viel jüngere oder viel ältere Menschen oder auch völlig oberflächliche Menschen – ich war für alle offen und beobachtete unterschiedlichste Muster und Verhaltensweisen. Ich ging einem »normalen« Leben mit Schule und Ausbildung nach, experimentierte aber auch mit bewusstseinserweiternden Substanzen, machte die Nacht zum Tag und wirkte sicher auf die meisten Menschen ziemlich selbstbewusst. Doch unter dieser Schutzschicht war ich sehr sensibel und auch hilflos und ängstlich. Ich lebte viele Paradoxe aus, die mir irgendwie alle »wahr« erschienen. Dabei war ich ehrlich und habe gelogen, war treu und habe betrogen, bin Scheinheiligen und Erleuchteten begegnet und fand mich immer wieder in Einbahnstraßen wieder, die mich auf meist sehr schmerzhafte Weise zur Umkehr zwangen. In dem ganzen Tumult der Gegensätzlichkeiten hatte ich mich längst verloren. Ich war ein Mix aus unterschiedlichsten Persönlichkeiten, die mir zwar mannigfache Erfahrungen gewährten, aber nicht wirklich miteinander vereinbar waren. Das zeigte sich darin, dass ich mich jedem Menschen gegenüber anders verhielt. Da ich nicht wusste, welche dieser Scheinpersönlichkeiten ich wirklich war, tendierte ich dazu, die vermeintlich »schwachen« Anteile in mir zu überspielen. So war ich dem Leben und den Leuten zumindest nach außen hin gewachsen, und das gab mir eine gewisse Sicherheit. Ich hatte mir ein Konstrukt aufgebaut, das mir dienlich war. Doch gleichzeitig war ich auch Sklavin dieses Konstrukts. Die Schleier der Wahrnehmung waren sehr dicht, und das Bild, mit dem ich die Welt und meine Beziehung zu ihr betrachtete, war verzerrt. Und so könnte man »eine gewisse Orientierungslosigkeit« als Überschrift über diese Zeit setzen, obwohl ich immer viel Halt durch die Liebe meiner Familie erfuhr. Doch ich spürte, dass da noch etwas anderes war, dass es da vielleicht eine Bestimmung in meinem Leben gab, eine Art zu leben, die ganz meine war und die sich richtig anfühlte und die ich irgendwie finden musste. Vielleicht kennst du das: Diese innere Gewissheit hat eine manchmal fast nicht auszuhaltende Kraft. Sie treibt dich voran und lässt nicht locker, bis du dahintergekommen bist, wie du deinem Leben Sinn und Klarheit verleihen kannst.

Wenn dein Pferd tot ist, steig ab!

Meine Beziehungen zu Männern waren geprägt von Verhaltensmustern, die ich unbewusst aus meiner Kindheit übernommen hatte und die es mir schwer machten, glücklich zu sein und Erfüllung zu finden. Von meinen Eltern hatte ich leider erst einmal mitbekommen, wie es nicht funktionierte. Ich fand mich oft am Rande des Abgrunds wieder; Gefühle schmerzhafter Ausweglosigkeit und Fremdbestimmung begleiteten mich jahrelang und machten das Glücklichsein scheinbar unmöglich. Heute ist mir klar, dass ein Bedürftiger nur einen Bedürftigen anziehen kann, doch damals war ich hilflos, und meine Partner waren es auch. In dieser Zeit wurden auch meine körperlichen Beschwerden wie chronische Gastritis, ständig vereiterte Mandeln, Migräne und eine hohe Infektanfälligkeit immer heftiger, zeigten sie mir doch letztendlich meine Selbstsabotage im psycho-emotionalen Bereich auf. Die Schulmedizin konnte mir nicht helfen, außer Pillen und Säften war da nichts zu holen. Auch eine Psychotherapie zeigte keinen Erfolg. Der Schlüssel lag woanders, und er blieb mir verborgen. Ein ganzheitliches Verständnis musste her. Der »innere Beobachter« aus meiner Kindheit wurde mir im Laufe der Jahre und meiner persönlichen Entwicklung immer bewusster, und ich versuchte verzweifelt, die höheren Zusammenhänge des Lebens zu erkennen. Es konnte doch nicht sein, dass ich ein hilfloses Opfer war und nichts zu meinem Glück beitragen konnte! Das wollte ich auf keinen Fall akzeptieren.

Das Erste, was ich erkannte, war, dass ich mich selbst fast vollständig verloren hatte. Ich lebte das Leben meines damaligen Partners, nicht mein eigenes. Ich agierte Muster aus und vertrat Meinungen, die ich gar nie hinterfragt hatte, sondern die sich vor sehr langer Zeit tief in mein Unterbewusstsein eingeprägt hatten. Die Erkenntnis traf mich wie ein Faustschlag, doch sie war nur die halbe Miete – denn wie sollte ich diese Muster durchbrechen, die mich im Würgegriff hatten?

Vielleicht kennst auch du dieses Gefühl: immer wieder in die gleiche Sackgasse zu geraten, auch wenn du es diesmal ganz anders machen wolltest.

Der erste Schritt in Richtung Freiheit kam in Form eines Heilpraktikers, der mir sehr viel geholfen hat und mir unglaublich wertvoll ist. Ich erinnere mich genau, wie ich zum ersten Mal bei ihm war. Ich erzählte unter Aufregung, Zittern und Tränen von meiner ausweglosen Beziehung, aus der ich aufgrund meiner vielen Ängste nicht ausbrechen konnte, sprach von meinen ganzen Gefühlen und Gedanken, Ängsten und Hoffnungen, Blockaden und Erkenntnissen. Er hörte mir seelenruhig zu. Als ich fertig war, schaute er mir eine Weile in die Augen, und dann sagte er zu mir: »Wenn dein Pferd tot ist, steig ab.«

Auch wenn es mir nicht gefiel, mit einem einzigen Satz abgespeist zu werden, berührte er etwas tief in mir, was ich noch nicht greifen konnte. Dieser Satz sollte mich in die Freiheit begleiten.

Die Erkenntnis der verschiedenen Ichs

Kurz darauf erschuf ich mir – aus heutiger Sicht klar, aber natürlich damals noch recht unbewusst – eine großartige Chance. Mein damaliger Partner betrog mich mit meiner Freundin. Ich hatte – so wie viele Menschen und vielleicht auch du – in der Vergangenheit noch ganz andere Schicksalsschläge und Verletzungen erlitten, die mich weitaus tiefer erschüttert hatten. Doch es gab einen bedeutenden Unterschied zu dieser Erfahrung: Damals hatte es noch nicht »klick« gemacht. Das war erst jetzt passiert, als meine Freundin mir den Betrug während eines Spaziergangs »beichtete«. Meine Reaktion war für mich selbst nachhaltig inspirierend; rückblickend veränderte sich dadurch mein ganzes Leben auf einen Schlag in die gewünschte Richtung, denn ich erkannte ganz plötzlich meine verschiedenen »Ichs«: mein Ego-Ich und mein wahres Selbst.

Mein Ego-Ich war geschockt, verletzt, fühlte sich verraten, belogen und betrogen. Dieser Teil machte mir bei den ersten Trennungsgedanken Angst, regelrechte Existenzangst. Auf sehr raffinierte Art und Weise säte es Zweifel: War denn die Vorstellung einer glücklichen Beziehung und eines perfekt passenden Partners nicht sowieso nur eine schöne Illusion? Sollte ich da nicht lieber die Augen verschließen und einfach weitermachen? Wie sollte ich eine Trennung nur schaffen? Was würden die anderen denken?

Genau so arbeitet das Ego. Wann immer wir aus Angst heraus

in einer Situation oder bei einem Partner, einer Partnerin verharren, reagieren wir auf unser Ego. Ihm geht es lediglich darum, uns vor jeglicher Veränderung zu warnen, denn hier liegt die Gefahr des Ungewissen. Keiner kann wissen, was dann kommt. Es ist ein unüberschaubares Risiko. Bisher war ich vielleicht nicht glücklich und auch nicht gesund, aber ich hatte überlebt. Das ist die einzige Aufgabe des Egos. Und es reagiert immer im Zusammenspiel mit dem Außen. Die anderen, die Gesellschaft, der Status, die Sicherheit ... Die Gefühle, die persönliche Entwicklung, die Berufung, der Weg der Seele, das alles liegt nicht im Wirkungsbereich des Egos.

Doch in dem Moment, als meine Freundin mit mir sprach, wusste ein anderer Teil in mir, dass dies mein »Ticket« in die Freiheit war. Für eine kurze Zeit machte ich eine außerkörperliche Erfahrung. Ich sah mich »da unten« spazieren und hatte ein ruhiges, liebevolles Mitgefühl mit dieser Sandra, die jenes Drama erlebte. Mir war klar, dass ich mich selbst sah, aber zugleich war dies nur ein winziger Teil meines wahren Selbst. Die Situation war eigenartig, doch gleichzeitig empfand ich sie als realer als alles andere, was ich die letzten Jahre gelebt hatte. Trotz des Kummers erfasste mich eine freudvolle Aufregung, die alles transzendierte. Ich durfte erfahren, was ich bisher nur aus Büchern kannte: dass ich nicht dieser Körper *bin*, sondern ihn nur *bewohne,* und dass ich in Wirklichkeit viel, viel mehr bin als das, was bisher von mir zu sehen war. Ich erfuhr – für eine kurze, wundervolle Zeit – reines Bewusstsein. Es war eine ganz andere Energie, als ich sie bisher kannte, und doch war sie mir sofort vertraut, ich fühlte mich, als würde ich »nach Hause kommen«. Ich war eins mit allem. Wissend. Erleichtert. Voller Liebe. Glückselig. Mir war klar, dass ich wieder in jenen Körper »da unten« zurückkehren würde, doch nichts würde je wieder so sein wie bisher, denn jetzt hatte ich verstanden. Endlich konnte *mein* Leben beginnen, frei von lähmenden Programmen und Gefühlen, frei von Fremdbestimmung und Durchschnittlichkeit. Nie mehr würde ich meine Freiheit und Würde gegen die Illusion der Sicherheit eintauschen, nie mehr die stumpfsinnige Leere des Stillstands erleben müssen. Ich hatte eine Freude in mir, die mit

Worten nicht zu beschreiben ist. Ich wusste zutiefst: Das hier, was ich jetzt gerade erlebte, war echt. Nichts anderes. Alles andere ist Illusion. In diesem Moment hatte ich mein *wahres Selbst* erkannt. Ich tanzte und hüpfte innerlich vor lauter Glück. In diesem Zustand erschloss sich mir alles, woran ich die Jahre zuvor »herumgedoktert« hatte, ohne den Durchbruch zu schaffen. Ich *wollte* dieses unüberschaubare Risiko und die damit verbundenen Chancen, denn mir war klar, dass das wahre Leben Veränderung ist und dass es, wenn wir im Fluss bleiben, eine immerwährende Glückserfahrung ist.

»Wenn dein Pferd tot ist, steig ab!«, hatte mein Heilpraktiker zu mir gesagt. Jetzt erkannte ich, warum in diesem kurzen Satz so viel Wahrheit enthalten war: Er durchbrach alle raffinierten Schichten des Egos und traf direkt in die Mitte. All das Komplizierte, Komplexe, Verstrickte war nur ein Konstrukt meines Egos, das mich hatte von der Veränderung abhalten wollen. Bei meinem nächsten Termin sagte auch ich nur einen einzigen Satz: »Ich bin von meinem toten Pferd abgestiegen.« Es begann ein heilsamer gemeinsamer Weg.

Selbstfindung in Absichtslosigkeit

Beinahe unbemerkt hatte ich mich wieder gefunden, inmitten dieses Chaos, aus dem eine neue Ordnung entstanden war. Bisher war ich davon ausgegangen, dass irgendeine meiner bisher gelebten Persönlichkeiten die »echte« war, die ich erkennen müsste. Vielleicht kennst auch du das: Du glaubst, du musst dich im Arbeitsleben, gegenüber Kollegen und Verwandten, vielleicht sogar bei deinem Partner verstellen, um angenommen zu werden. Dabei entfernst du dich mit jedem Mal, da du dich verstellst, ein Stück mehr von deinem wahren Selbst.

Damals wurde mir klar: All die Persönlichkeiten, die ich gelebt hatte, waren nur verschiedene Ausdrücke meines Egos. Und sie splitterten in einem einzigen Moment von mir ab. Genau das ist das Geheimnis: Erst wenn das Ego verschwindet, wenn du nicht mehr suchst, findest du dich. Wenn das Ego sich auflöst, bist du bei dir. Es war faszinierend, denn eigentlich war mir genau das passiert, was ich jahrelang hatte vermeiden wollen. Meine größten Ängste hatten sich verwirklicht. Ich hatte alles verloren, wovon ich geglaubt hatte, dass ich ohne es nicht leben kann. Und dann jubilierte da etwas in mir? Ich hatte es oft beobachtet, in Filmen und auch im realen Leben: Wir Menschen können im tiefsten Unglück glücklich sein und im anscheinend größten Glück unglücklich. Verstanden hatte ich es erst jetzt. Ich begriff, dass es Konstrukte wie »Schuld«, »Falsch« und »Richtig« nicht gibt. Es gibt nur das, was man tut oder nicht tut. Die ganzen Kämpfe in der Beziehung und auch mit anderen Menschen machten für mich keinen Sinn mehr, denn nicht mein wahres Selbst führte sie, sondern mein Ego mit all seinen Mustern und Schichten. Und auch deren wahres Selbst war irgendwo unter vielen Schichten verborgen.

Unsere Lehrer segnen

Indem du erkennst, wer du nicht bist,
erkennst du automatisch, wer du bist.

Und so ergeht es nahezu jedem Menschen auf diesem Planeten. Wir alle sind durch so viele Schichten von unserem wahren Selbst getrennt, dass wir es oft kaum erkennen können. Ich konnte niemandem mehr »böse« sein, das machte im Kontext dieser Erkenntnisse keinen Sinn mehr. Wie auch immer sich jemand verhielt, ob er mich und andere beschuldigte, verletzte, unterdrückte oder was auch immer, ich konnte diese Verhaltensweisen als Schichten entlarven, die diesen Menschen von seinem wahren Selbst trennten. Auch diejenigen, die sich in unseren Augen so schlecht verhalten, sind gefangen. Vielleicht glauben sie, ihr Bestes zu tun, vielleicht können sie sich schlichtweg nicht liebevoller verhalten. Ich erkannte in jedem Menschen seinen göttlichen Funken, manchmal schon sehr leuchtend und manchmal kaum sichtbar unter den vielen Schichten. Aus diesem Blickwinkel heraus machte alles auf einmal Sinn. Alles ist göttlich, einfach alles. Und wir alle sind wunderschöne, lichtvolle, göttliche Wesen, die sich einfach ent-wickeln dürfen!

Nur weil wir nicht wissen, wer wir sind, weil wir
nicht erkennen, dass das Himmelreich in uns liegt,
benehmen wir uns auf diese meist dumme,
oft kranke und manchmal kriminelle Art und Weise,
die so typisch menschlich ist.

ALDOUS HUXLEY[1]

Unsere größten Lehrer sind oft diejenigen, die uns am tiefsten verletzt haben, oder auch unsere sogenannten »Feinde«. Das sind die Menschen, die uns am meisten forderten. Sie haben einen unglaublich großen Dienst an uns geleistet. Durch diese Menschen sind wir gewachsen, sie haben uns an unsere Grenzen und darüber hinaus getrieben. Hätte mich keiner verraten, belogen oder betrogen, so hätte ich nicht gelernt, mir selbst treu zu sein und dass selbst eine hässliche Wahrheit besser ist als eine schöne Lüge. Wäre ich mit meinen eigenen Unwahrheiten immer durchgekommen, so hätte ich den Wert der Wahrheit nicht gelernt. Wäre mir immer alles zugefallen, dann hätte ich nicht gelernt, um etwas zu kämpfen. Hätte mich keiner falsch verstanden, so hätte ich nicht gelernt, authentischer und klarer zu werden. Hätte mich niemand abgeschrieben, so hätte ich vielleicht nicht gelernt, umso mehr an mich zu glauben. Dieses Verständnis brachte mich einen großen Schritt weiter. Indem ich den Sinn erkannte und auch die Geschenke, die ich aus jeder Situation mitgenommen hatte, hatte ich ein ganzheitliches Verständnis errungen, das sich weiter vertiefen sollte.

Hochs und Tiefs mit Aufwärtstrend

All die Erkenntnisse katapultierten mein Weltverständnis auf eine neue Ebene. Ich hatte verstanden – und eine unglaubliche Selbstliebe erfasste mich. Meine ganze Konzentration lag auf dem inneren Licht, meinem wahren Selbst. Mein Ego-Ich hatte es verschüttet, ohne dass es mir bewusst gewesen wäre, und jetzt, nachdem ich es wiederentdeckt hatte, war es an mir, es vollkommen zu befreien. Ich wusste, das war der Weg. Natürlich setzte in jener Zeit das Ego immer wieder seinen Würgegriff an, und ich erlebte Ängste und Traurigkeit. Doch mein innerer Beobachter erkannte sehr schnell die Anzeichen des Ego-Ichs. Ich lernte, dass meine Gefühle der perfekte Maßstab sind, um zu erkennen, ob ich gerade mit meinem wahren Selbst verbunden bin oder im Ego feststeckte. Es war ganz einfach: Fühlte ich mich gut, leicht, frei, selbstbewusst und glücklich, dann war ich im wahren Selbst. Fühlte ich mich ängstlich, schwer, traurig, hilflos und voller Sorgen, dann war ich im Ego. Und ich lernte, immer schneller wieder in mein wahres Selbst zu kommen.

Mein Ziel war klar: Möglichkeiten und Wege finden, diese Ego-Schichten vollkommen loszulassen und den wahren Kern ganz freizulegen. Bei mir und bei anderen, deren Nöte ich ebenfalls sah.

Jetzt entsteht THEKI

Durch meinen Heilpraktiker und weitere wertvolle Begleiter und Begleiterinnen lernte ich vieles, was zu tiefen Erkenntnissen führte und in THEKI eingeflossen ist. Jahrelang hatte ich mich mit spirituellen und wissenschaftlichen Themen befasst, von den verschiedenen Religionen bis hin zur Quantenphysik, von der Psychologie über die Numerologie und das Tarot bis zur Homöopathie streifte ich viele Gebiete und fand Zusammenhänge in den unterschiedlichsten Methoden, Ansichten und Wegen. Der große Drang danach, die übergeordnete Wahrheit zu erkennen, brachte mich dazu, alles selbst auszuprobieren, und ich erkannte, dass letztendlich alles ein Muster aus Information ist.

Unser ganzes Sein, aber auch alles, was uns blockiert und begrenzt, besteht aus unterschiedlichen Qualitäten von Information und bestimmt damit wiederum die Dichte der Energie. Licht und Liebe sind hochfrequente Informationen, während Angst, Begierde und ähnliche Energien dicht und schwer sind und den Energiefluss blockieren. Unser wahres Selbst schwingt hoch, das Ego niedrig. Das ganze Universum mit allem darin, einschließlich aller Lebewesen, besteht aus unterschiedlich hoch schwingender Energie. Vom höchsten Bewusstsein (Liebe) bis hin zu den niedrigsten Formen schwingt alles, was existiert, in einer bestimmten Frequenz. Auch Materie nichts anderes ist als sehr dichte Energie. Somit ist wiederum alles durch unsere Gedanken und Gefühle beeinflussbar, die ebenfalls Energie sind. Liebe ist die höchste Information, die wir jeglicher Materie und jeglicher feinstofflicher Energie hinzufügen können, um das Schwingungsniveau anzuheben.

Alles ist ständig in Bewegung, das Leben ist Veränderung. Dabei zieht Gleiches wiederum Gleiches an: Ängste ziehen das Gefürchtete an, Aggressionen führen zu Streit und Gewalt, Liebe führt zu Einheit und Glück – kurz: jeder Gedanke, jedes Gefühl, einfach alles, was ein Mensch in sich trägt, sendet bestimmte Frequenzen aus, die Ereignisse, Personen und Energien ähnlicher Qualität anziehen. So bestimmt das Innere des Menschen das, was er im Außen anzieht, denn jeglicher unerwünschte Lebensumstand resultiert aus dieser Tatsache und kann nur durch eine Veränderung des Inneren beeinflusst werden.

Auf diese Weise verschwindet die Sünde, gibt es keine Schuld, aber auch kein Glück und keinen Zufall, sondern absolute Gerechtigkeit in einer so facettenreichen Konsequenz, dass sie das menschliche Verständnis oft übersteigt. Alle scheinbar »zufälligen« Ergebnisse stehen in einem kausalen Zusammenhang. Manche Menschen sprechen dabei von »Karma« – es ist dasselbe. Karma besagt einfach, dass alles, was du denkst, sagst und tust, für dich wahr wird. Letztlich trifft man sich mit allem, was man aussendet, selbst – im »Guten« wie im »Schlechten«. Deshalb sollte man sich ganz genau prüfen, und zwar ständig, denn Bewusstsein ist der Schlüssel zur Erkenntnis. Was denke ich gerade so? Welche Gefühle sende ich aus, wenn ich an eine bestimmte Person denke?

Ich arbeitete intensiv an mir. Jeder Gedanke wurde beobachtet, jedes Gefühl wahrgenommen, mit seiner Daseinsberechtigung versehen und angenommen, ohne es zu bewerten, und aus dieser übergeordneten Wahrnehmung heraus erschlossen sich langsam, aber sicher Lösungswege, um mein wahres Selbst immer nachhaltiger zu befreien und eine dauerhaft höhere Eigenschwingung zu halten. Ich bediente mich verschiedenster Methoden, darunter Reinkarnationstherapie und der Heilmethode

PHEET, Reiki, Thetahealing™ und Familienstellen, um nur einige zu nennen. Und ich hatte Erfolg. Ich konnte beobachten, wie sich meine Schichten nach und nach lichteten, meine körperlichen Probleme nur noch selten bis gar nicht mehr auftraten und auch mein Tagesbewusstsein sich veränderte. Immer länger konnte ich die glücklichen Zustände der Einheit halten und mich in positivem, leichtem Denken und Fühlen bisher ungekannter Intensität wiederfinden.

In diesem Prozess lernte ich die Kraft der *Vergebung* kennen. Ich nahm mir die Menschen vor, die mich im Leben zutiefst verletzt hatten, und vergab ihnen aus vollem Herzen. Da ich sie als meine »Lehrer« erkannt hatte, fiel mir diese Vergebung jetzt leicht. Ich musste sie nicht verstehen und auch nicht über sie urteilen – schließlich mussten sie ja mit dem leben, was sie getan hatten. Für mich reichte es vollkommen aus, das »Geschenk« für mich darin zu erkennen – und loszulassen.

Vor allem aber vergab ich mir selbst. Ich vergab mir alles, was ich anderen angetan hatte, was ich unterlassen hatte zu tun, und auch alles, was ich anderen erlaubt hatte, mir anzutun. Ich vergab mir einfach alles, was mir in den Sinn kam. Die Kraft der Selbstvergebung ist unglaublich groß. So transformierten sich langsam, aber sicher auch im Außen meine Beziehungen, und ich konnte mit diesen Menschen neue Ebenen der Freundschaft und Kommunikation finden – oder sie in Liebe und Dankbarkeit für den Dienst an mir loslassen.

Natürlich gab es auch Rückschläge, doch der Aufwärtstrend war klar erkennbar – für mich und auch für andere. Ich veränderte mich zusehends, was auch äußerlich auffiel. Immer mehr Menschen sprachen mich an, meinten, ich würde so glücklich aussehen und einfach strahlen. Damals freute ich mich und sagte meist nicht viel dazu, doch heute würde ich es für die beste und ehrlichste Reaktion halten, klarzustellen, dass diese Freude und Lebenslust, die ich ausstrahle, aus einer tiefen inneren Selbsterkenntnis und -liebe resultiert, was nur dadurch möglich war, dass ich mich von meinen Begrenzungen befreit habe. Und dass diesen Weg jeder gehen kann.

Ins Außen damit!

Im Bewusstsein meiner eigenen Fortschritte auf der körperlichen, geistigen und seelischen Ebene fing ich an, andere Menschen zu behandeln. Es sollte wohl mein Weg sein, denn die Leute strömten zu mir. In den Behandlungen wurde mir die tiefe Bedeutung der Spiegel und damit verbundenen Einheit mit der ganzen Schöpfung klar: Ich erkannte, dass jeder, der zu mir kam, mir einen unterdrückten Anteil spiegelte. So sind die Behandlungen mit THEKI immer eine »Win-win-Situation«, denn indem ich beim anderen etwas löse, löst sich auch bei mir etwas. Ich machte viele wundervolle Erfahrungen in diesem Einheitsbewusstsein, das dadurch immer manifester wurde.

Den für mich persönlich bedeutsamsten Quantensprung erlebte ich 2007. Hatte ich bisher die Geheimnisse einer dauerhaft und zutiefst glücklichen Beziehung nur in Theorie gestreift, so fand ich mich plötzlich in einer völlig neuen Realität wieder – mit einem Mann, den ich mir nicht besser hätte »bestellen« können. Die Unglaublichkeit der Synchronizitäten meiner inneren Heilarbeit in Verbindung mit dieser »Polverschiebung« im Außen eröffnete mir den Blick für ungeahnte Dimensionen und Möglichkeiten. Ich arbeitete weiter mit meinen Methoden, die inzwischen eine starke Eigendynamik erkennen ließen, indem ich mich gleichzeitig aller Instrumente, die ich gelernt und erfahren hatte, bediente. So wurde THEKI geboren: THEKI ist die Quintessenz meiner Erfahrungen und Erkenntnisse, meines gesammelten Wissens und verschiedenster mentaler Methoden.

Fazit: Selbstverwirklichung statt Selbsttäuschung

Durch die Meisterung meiner eigenen Lebensthemen habe ich erkannt, wie wichtig es ist, in *beiden* Welten zu Hause zu sein: in der spirituellen Welt, aber auch im ganz gewöhnlichen Alltag. Immer wieder sagen mir Menschen, dass sie sich gerade durch meine ungezwungene Authentizität so richtig bei mir fühlen, weil ich ihnen vorlebe, dass man spirituell und frei sein und trotzdem ein glückliches, »normales« Leben führen kann. Genau das ist es, was ich lehre: Sei einfach du selbst!

Wer sein wahres Selbst befreit hat, der *ist* einfach. Es gibt kein göttliches Gesetz, das besagt, man müsse als Spiritueller oder Erleuchteter den ganzen Tag im Lotossitz herumsitzen und meditieren und in Gedichten sprechen, demütig sein und asketisch leben. Es gibt nur ein Gesetz, das man befolgen sollte:
Sei einfach du selbst. Egal, was die anderen dazu sagen. Dann lebst du deine Göttlichkeit.

Durch meine Ent-Wicklung habe ich mich selbst gefunden. Ich bin in ein tiefes Urvertrauen eingetaucht, das mich durch mein Leben trägt und mir die innere Gewissheit gibt, dass ich immer zur richtigen Zeit am richtigen Ort bin, mit den richtigen Menschen zusammentreffe und genau die Erfahrungen mache, die der Einheit dienen. Ich weiß, dass ich gerüstet bin – für alles, was mir begegnet. Ich bin dem Spiegel meiner größten Angst begegnet, habe alles verloren – und noch mehr gewonnen. Das Leben, das ich heute leben darf, ist das größte Geschenk für mich, ein Geschenk, das ich mir letztendlich selbst gemacht habe: ein Leben voller Liebe, Spannung, Freude, Inspiration und wunderbarer Synchronizitäten. Ich bin in Felder von Dankbarkeit und heiterer Gelassenheit eingeklinkt, denn wenn man das große Ganze einmal erkannt und überwunden hat, dann regt man sich nicht mehr über Kleinigkeiten auf. In der Erfahrung meiner eigenen Selbstverwirklichung wurzelt die Gewissheit, dass ein jeder lernen kann, seine Begrenzungen zu erkennen und loszulassen, wie auch die Arbeit mit mir selbst und inzwischen Tausenden Menschen mir gezeigt hat. Jeder, der es möchte, kann sich ein gesundes, erfülltes Leben erschaffen.

Wir haben die Wahl, ob wir dieses Leben in Kampf, Schmerz und Leid erleben – oder in Freude und Leichtigkeit. Ich bin ganz klar für Letzteres. Beides ist erlaubt.

KAPITEL 1:
WILLKOMMEN!

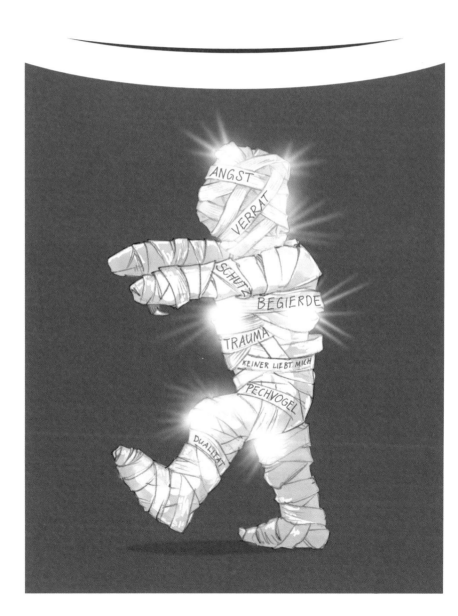

BEWUSSTSEIN IST DEINE NATUR

Wie du anhand meiner eigenen Geschichte erfahren hast, sind viele Elemente aus unterschiedlichen Bereichen in THEKI eingeflossen. Um dir die praktische Arbeit mit der Methode zu erleichtern, möchte ich dir im Folgenden das Fundament näherbringen, auf dem THEKI aufbaut.

Das Leben läuft größtenteils unbewusst ab, gesteuert von übernommenen Weltbildern, Überzeugungen und Glaubenssätzen, traumatischen Erfahrungen und fremden Energien, die in vielen Schichten um dich liegen. Diese Schichten sorgen für Illusionen, die deine erlebte Realität verzerren. Darunter aber befindet sich ein strahlend leuchtendes, multidimensionales Wesen aus reinem Bewusstsein, die reine Wahrheit und Liebe verkörpernd. Du kannst es dir so vorstellen, wie es durch die Illustrationen in diesem Buch dargestellt ist: eingewickelt, bis von dem Licht fast nichts mehr zu erkennen ist. Doch das kannst du ändern: Du kannst dich »ent-wickeln«!

Die Altlasten einfach loslassen

Vielleicht verfügst auch du über unterschiedliche Erfahrungen, die von Schmerz, Trauer, Enttäuschung und Verlust, aber auch von Liebe, Glück und Freude erzählen. Und vielleicht hast auch du Wege gesucht, bist in Sackgassen gelandet und spürst, dass da doch mehr sein muss. Und so ist es auch! In dir ist alles, was du brauchst, um ein glückliches, gesundes, erfülltes Leben wirklich zu leben. Um diese Quelle dauerhaft anzapfen zu können, müssen diese Schichten nach und nach entfernt werden, bis es nur noch das reine Sein gibt.

Unsere Blockaden bestehen allzu oft aus Traumen und übernommenen Verhaltensmustern. Das sind die bereits erwähnten Schichten. Man kann auch sagen, es ist unsere ganz individuelle Geschichte, die da in Schichten um uns herumliegt, also ein »Ge-Schichte«. Doch wir müssen die Vergangenheit nicht kräfte-

und zeitraubend durchleuchten, immer wieder besprechen, ständig mit uns herumtragen und behandeln, bis wir sie endlich »verarbeitet« haben, sondern es geht um das Erkennen der Zusammenhänge und das absolute Loslassen in dem Bewusstsein, dass durch das Erkennen keine Notwendigkeit mehr besteht, die Blockade aufrechtzuerhalten. Dieses Loslassen kann sehr schnell geschehen. Mit THEKI dauert es oft nur Sekunden, um selbst sehr tief sitzende Blockaden zu lösen.

Wir können uns unmöglich weiter bewegen, ohne uns zu entwickeln, also von diesen Schichten zu befreien und unsere eigene Wahrheit zu finden.

Der Weg der Erleuchtung ist ein Weg der klaren Sicht durch alles, was war, ist und sein wird. Nicht Wegschauen bringt uns weiter. Im Gegenteil, die Verleugnung ist die Ursache für viel Schmerz und Leid. Es gibt einen Grund, warum uns unser System psychischen oder physischen Schmerz meldet. Diesen können wir nicht einfach ignorieren und uns »gesund wünschen«. Er möchte angeschaut werden, um sich auflösen zu können. *Hinschauen – Erkennen – Loslassen* ist die Lösung.

Es ist sehr wichtig, diesen Unterschied zu verstehen: Du sollst nicht ständig nach irgendwelchen Blockaden suchen und glauben, dass du erst dann gut leben kannst, wenn du alle aufgespürt hast. Das ist Zeitverschwendung und hält dich im Ego gefangen. Viel besser ist es, gut zu leben, und wenn du merkst, dass dich etwas belastet, es irgendwo klemmt und du nicht weiterkommst, dann schau hin, finde die Ursache, transformiere sie – und lebe befreit auf einer höheren Schwingungsebene weiter. Wenn wieder was kommt, machst du es wieder so. Dazwischen bist du einfach glücklich. Und irgendwann merkst du, dass schon ganz lange nichts Störendes mehr aufgetaucht ist. Dann bist du an dem Punkt, dich über kleinere Dinge einfach erheben zu können.

Den Energiefluss umkehren

Bei den meisten Menschen fließt die Energie von innen nach außen, was bedeutet, dass die Wahrheit im Außen gesucht wird, also im Ego. Das Ego ist immer außen, es richtet sich auf ein Objekt, eine Person, einen Gegenstand. Dort ist die Wahrheit nicht zu finden. Du verlierst nur wertvolle Energie, sie fließt hinaus aus deinem System. Wenn du beginnst, mit THEKI zu arbeiten, wirst du feststellen, dass es darum geht, den Energiefluss umzukehren und auf diese Weise deine Energie im Fluss zu halten. Dann nimmst du eine ganz andere Position ein. Du kannst erkennen und verändern, und du erreichst höhere Ebenen.

Letztendlich sind Innen und Außen nicht getrennt voneinander, sie sind eins. Doch die Art, wie du sie wahrnimmst, bestimmt deine Schwingungsebene. Das Außen alleine wird dich niemals befriedigen können, ganz egal, wie viel du an Reichtum, Besitz, Titeln, Erfolg und Ansehen erreichst. Das alles wird dir nur das Gefühl kurzfristiger Sensationen geben, mehr nicht. Um die Leere nicht zu spüren, die sich auftut, wenn ein flüchtiges Erfolgserlebnis verebbt, willst du gleich wieder mehr und hastest weiter, immer auf der Suche nach Glücksmomenten. Langfristig verkümmert dein Inneres, weil es keine Beachtung bekommt. Dein wahres Selbst wird immer mehr eingewickelt in deine äußerlichen Tätigkeiten. Schau dich einmal ganz bewusst um: Die Menschen arbeiten ständig und immer mehr, und in der Freizeit gehen sie einkaufen, um das verdiente Geld wieder loszuwerden, oder sie sitzen vor dem Fernseher und schauen anderen Menschen bei erfundenen Leben zu. Sie lenken sich ständig ab, um das Ego aufrechtzuerhalten und sich nicht mit sich selbst beschäftigen zu müssen, denn das ist ungewohnt, und vielleicht könnte es ja unangenehm werden. Durch ihre Abwendung vom Bewusstsein erscheint ihnen alles, sogar ihre Mitmenschen, als Objekte, als reine Materie. Die Stille macht ihnen Angst, denn dann fällt es dem Ego schwer, sich zu beschäftigen. Sie glauben, dass alles, was einen Einfluss auf ihre Gefühle haben könnte, außerhalb ihrer selbst liegt. Die daraus entstehenden Blockaden und Probleme geistiger und körperlicher Natur sollen dann andere für sie lösen: der Arzt, Schuldenberater, Heilpraktiker, Heiler oder Psychologe. Sogar die Heilung soll also »da draußen« stattfinden, als hätte sie mit ihnen nichts zu tun. Am liebsten soll der Therapeut die Heilung allein herbeiführen, während sie sich weiter ablenken. Funktioniert das alles nicht, dann wird der Wunsch wach, das Außen zu verändern: das Wetter, das Klima, die Mentalität, den Partner, die Nachbarn, das Haus, die Stadt, das Land. Sicher hast auch du das schon bei dir oder anderen beobachtet, denn so läuft es, wenn die Energie nur ins Außen fließt und man den Kontakt zum eigenen Selbst verloren hat.

Aber wo wollen die Menschen denn hin? Sie nehmen sich selbst mitsamt ihren Prägungen, Traumen, inneren Überzeugungen usw. immer mit, egal wohin sie gehen. Man kann nicht auf Dauer vor sich selbst flüchten. Der Weg führt nicht ins Außen, sondern nach *innen*.

Wenn du den Energiefluss umkehrst, dann tauchst du wieder ins Bewusstsein ein und erkennst die Einheit und das Bewusstsein in allem. Dann verstehst du auch, dass sich im Außen das für dich zeigt, was du im Inneren bist, fühlst, wahrnimmst. Hier kannst du ansetzen. Aus dieser Erkenntnis heraus zeigen sich dir bisher ungeahnte Möglichkeiten. Das Innen bestimmt das Außen, nicht umgekehrt. In Kapitel 4 werden wir uns eingehend mit dieser Thematik befassen.

Betrete die Welt, die dir gefällt

Es ist nicht nur dein Geburtsrecht, sondern es ist deine wahre Natur, dieses Leben zu genießen und in Fülle, Freiheit und Liebe leben zu können.

Das Ego ist nicht das Problem, sondern was du daraus machst. Das Ego ist auch nicht gestört, genauso wenig wie der Verstand. Sie sind, was sie sind. Nicht mehr und nicht weniger. Wenn du das akzeptierst, hast du in der Regel auch kein Problem, denn der Verstand ist nicht der Feind. Aber wenn du dich verlierst unter den ganzen Schichten und dann glaubst, der Verstand/das

Ego wärst du, dann hast du ein Problem. Identifiziere dich nicht mit deinem Ego, sondern sieh es als deinen *Diener,* dann stimmt die Perspektive.

Der Schlüssel zu dieser idealen Ausrichtung ist das Bewusstsein. Das bewusste Sein. Wer es schafft, in seinem Leben immer präsenter zu sein, wissend um die Kraft des Hier und Jetzt, der wacht aus seinem Dämmerzustand auf, der meistert die Herausforderungen des Lebens auf ganz neue und erfüllende Weise, denn ihm steht das unendliche Wissen und Potenzial der gesamten Existenz zur Verfügung. Das ist Freiheit. Bewusstsein ist Freiheit.

Niemand kann dich Bewusstsein lehren. Es ist deine Natur. Aber du kannst lernen, wie du alles loslässt, was dich daran hindert, diese Natur zu leben. Indem du erkennst, was du *nicht* bist, erkennst du auch, was du wirklich bist.

Der erschaffende Geist

Um diese Zusammenhänge zu erkennen, musst du die ausgetretenen Pfade des Denkens verlassen und die volle Verantwortung für dein Leben übernehmen. Sobald du anerkennst, dass du alles, was du in deinem Leben vorfindest, auf höherer Ebene selbst erschaffen hast, kannst du damit beginnen, dein Leben bewusst zu gestalten – hin zu dem Leben, das du wirklich lebst und liebst.

Jeder lebende Gedanke ist eine Welt im Werden.

SRI AUROBINDO

Du erschaffst in jeder Sekunde deines Lebens weitere Erfahrungen, Situationen, Begegnungen und Gefühle. Du erschaffst sie durch deine Gedanken und Gefühle. Diese wiederum werden gesteuert durch deine Prägungen und Konditionierungen, die fest im Unterbewusstsein gespeichert sind. Wenn man bedenkt, dass wir ungefähr zu 95 Prozent aus dem Unterbewusstsein heraus gesteuert sind und nur mit gerade mal 5 Prozent wirklich bewusst denken, fühlen und handeln, wird schnell klar, wie mächtig diese inneren Konditionierungen sind.

> Die Ursache vieler Probleme war bisher einfach nur, dass du unbewusst erschaffen hast. Wenn du das jetzt bewusst tust, kannst du endlich dahin kommen, wo du hinwillst.

QUANTENPHYSIK IN AKTION: DIE KRAFT DER BEOBACHTUNG

Der erste Trunk aus dem Becher der Naturwissenschaft macht atheistisch; aber auf dem Grund des Bechers wartet Gott.
WERNER HEISENBERG

Die Tatsache, dass wir unsere gesamte Umwelt allein durch unsere Beobachtung beeinflussen, wird seit Jahrtausenden von den großen Meistern gelehrt. Heutzutage kommen wir mehr und mehr in den Genuss immer präziserer Messinstrumente, die diese spirituellen Wahrheiten wissenschaftlich bestätigen. Seit Beginn der Quantenphysik Anfang des 20. Jahrhunderts steht für Informierte die Auffassung der allgemeinen und bisher wahrgenommenen »Realität« gewaltig auf dem Kopf. Zahlreiche Experimente haben eindeutig gezeigt, dass eine gemeingültige, stabile Realität nicht existiert. Die eingehende Beschäftigung mit diesem Thema kann einem ganz neue Horizonte eröffnen. In der Literaturliste im Anhang findest du Büchertipps, wenn du dich eingehender mit der Quantenphysik beschäftigen möchtest. An dieser Stelle möchte ich mich darauf beschränken, dir die wichtigsten Erkenntnisse kurz darzulegen. Denn sie können auch deine Realität gewaltig auf den Kopf stellen.

Die klassische Physik samt Naturwissenschaft baut auf dem Newton'schen Weltbild auf, das 1687 durch den Physiker Isaac Newton ins Leben gerufen wurde und über Jahrhunderte unser Denken bestimmt hat. Laut Newton folgt alles im Universum bestimmten festgelegten Gesetzen, ist berechenbar und existiert *unabhängig* voneinander. Nur durch messbare Kräfte sei Materie beeinflussbar, also zum Beispiel durch Hitze, Kälte, Biegen, Brechen.

Doch mit dem Einzug der Quantenphysik geriet dieses Weltbild gewaltig ins Wanken. Herausragende Physiker erkannten, dass sich Materie, wenn man sie bis auf die kleinsten Teilchen (= Quanten) herunterbricht, ganz und gar nicht nach den Newton'schen Gesetzen verhält. Und das Spannende daran ist: Diese Quanten reagieren auf *Beobachtung*, auf Energie oder auch Absicht von außen. Sie verhalten sich so lange als »Wahrscheinlichkeitswelle«, bis sie *beobachtet* werden: Dann werden sie zum Teilchen, also zu fester und messbarer Materie. Die Konsequenzen dieser Entdeckungen waren unglaublich, doch sie spalteten auch für Jahrzehnte die Physik, denn das Verhalten der subatomaren Teilchen war völlig anders, während sich auf atomarer Ebene scheinbar alles nach den gewohnten, festgeschriebenen Gesetzen abspielte. Es folgten unzählige spektakuläre Studien, teilweise sehr groß mit Tausenden von Menschen und über Jahrzehnte angelegt. Diese Studien bewiesen die Wahrheit und Gültigkeit von Themen, die seit langer Zeit in die Esoterikecke verbannt waren. Für unser Wirken mit THEKI ist dabei interessant, wie »verschränkte« Menschen nicht nur Empfindungen und Eindrücke teilen, sondern sogar teilweise ihre Körperfunktionen synchronisieren. Sie beeinflussen sich gegenseitig, ganz egal, wie weit sie voneinander entfernt sind, denn die Kommunikation auf Quantenebene erfolgt in einer Geschwindigkeit, die schneller als die des Lichts ist. In einigen Experimenten hatten sie sogar ihre Bestimmung erreicht, bevor sie überhaupt ihren Ausgangspunkt verlassen hatten.[2] Bereits Einstein berechnete, dass es Zeit und Raum, so wie wir sie wahrnehmen, nicht gibt. Es gibt sie nur in Bezug zueinander – das nannte er die Raum-Zeit. In Wirklichkeit müssen keine Entfernungen überwunden werden, und es gibt ebenfalls laut Einstein weder Vergangenheit noch Zukunft: Alles ist Hier und Jetzt. Die Unterscheidung in Vergangenheit und Zukunft bezeichnete er als hartnäckige Illusion.

Zurück zu den Erkenntnissen, die auch in THEKI eingeflossen sind: Der Durchbruch der Quantenphysik gelang Anfang des 21. Jahrhunderts: In mehreren mutigen Experimenten konnte nachgewiesen werden, dass sich nicht nur subatomare Teilchen von Natur aus als »Wahrscheinlichkeit« verhalten und erst durch »Beobachtung« zu fester Materie werden, sondern auch Atome unter bestimmten Umständen dieses Verhalten zeigen. Und dass zwischen den Grundbausteinen der Materie eine Verbindung besteht. Selbst große Materieeinheiten wie Moleküle sind nichts Festes, sondern können sich genauso ungreifbar verhalten wie Quanten. Es gibt keine Materie, alles ist eine Anordnung von Information, die wiederum durch eine geistige Absicht verändert werden kann. Und genau diese Tatsache nutzen wir gezielt mit THEKI.

Im Grunde gibt es Materie gar nicht ... Es gibt nur ein Beziehungsgefüge, ständigen Wandel, Lebendigkeit. Wir tun uns schwer, uns dies vorzustellen. Primär existiert nur Zusammenhang, das Verbindende ohne materielle Grundlage. Wir könnten es auch Geist nennen. Etwas, was wir nur spontan erleben und nicht greifen können. Materie und Energie treten erst sekundär in Erscheinung – gewissermaßen als geronnener, erstarrter Geist. Nach Albert Einstein ist Materie nur eine verdünnte Form der Energie. Ihr Untergrund jedoch ist nicht eine noch verfeinerte Energie, sondern etwas ganz Andersartiges, eben Lebendigkeit.

DR. HANS-PETER DÜRR, PHYSIKER[3]

Alle Experimente drücken ein und dieselbe Wahrheit aus: Der Geist bestimmt über die Materie.

Diese Erkenntnisse gelten für jeden menschlichen Körper, für jedes Tier, für jeden Stuhl, für jeden Baum, einfach für alles. Im Grunde ist alles, was existiert, alle Materie sowie alles Feinstoffliche, was wir nicht sehen, ein Energiemuster – bestehend aus Licht und Information. Das bedeutet, dass auch unsere Gedanken und Gefühle reine Information sind, die wiederum auf andere Informationsmuster Einfluss haben. Somit ist alles, was ist, von uns direkt beeinflussbar. Durch unsere Gedanken und Gefühle entsteht die Art, wie wir etwas *beobachten,* uns also damit verbinden. So erschaffen wir die Erfahrung unserer Wirklichkeit. Da es praktisch unmöglich ist, etwas nicht zu beobachten, stehen wir jederzeit mit allem in Verbindung. Und wir beeinflussen es ständig und werden auch selbst ständig beeinflusst. Entscheidend für unser Leben und darüber, ob wir es in Liebe und Glück oder in Leid und Krankheit erleben, ist das Bewusstsein.

Eine *unbewusste* Beobachtung entsteht aus unserem Unterbewusstsein. Hierbei entleeren sich unsere unterbewussten Programme, Prägungen und Erfahrungen erschaffen immer wieder dieselbe Realität.

Eine *bewusste* Beobachtung, also eine Beobachtung, die eine *bewusste Absicht* mit sich bringt, erschafft das, was wir wirklich wollen.

Mit einer *bewussten* Beobachtung haben wir also die Zügel in der Hand. Sobald unsere unbewussten Programme die Führung übernehmen, entzieht sich das Leben unserem bewussten Einfluss. Dann möchte man zwar etwas verändern, kann es aber nicht. Weil das Programm stärker ist als man selbst in dem Moment. Die Realität scheint unveränderbar zu sein. Und wir erscheinen als Opfer dieser Realität.

Deshalb muss es unser Ziel sein, immer bewusster zu beobachten und somit *Zeugen einer ganz neuen Realität* zu werden. Dieses Ziel ist die Grundlage von THEKI, denn THEKI ist Quantenphysik in Aktion: Wir verbinden uns mit der Quelle, setzen einen bewussten Impuls, also eine bewusste Absicht – und beobachten die Manifestation dieser Realität.

Das ist die tiefe Bedeutung von Oshos Zitat: »Sei realistisch, erwarte ein Wunder«: Du bestimmst, was real ist.

Das Licht deines Bewusstseins

Du kannst dir das innere Beobachten vorstellen wie eine Taschenlampe, mit der du die einzelnen Teile, Themen und Aspekte deines Selbst beleuchtest. Du holst damit die dunkelsten Winkel deines Unterbewusstseins ins Licht. Das Licht deines Bewusstseins lässt dich erkennen, und bereits durch dieses Beleuchten und Erkennen transformiert sich etwas, denn nur was im Dunklen verbleibt, entzieht sich deinem Gewahrsein. Was im Licht ist, ist in das Feld deines Bewusstseins integriert und wird dir nie wieder unkontrollierbare Verhaltensmuster und Konflikte bescheren.

Herausforderungen erkennen

So kannst du deine Probleme als Herausforderungen erkennen und einfach transformieren. In Situationen, die dir nicht gefallen, in denen es dir schlecht geht, dich jemand geärgert hat oder du dich plötzlich in einer unangenehmen Realität befindest, sollte es das Erste sein, in dich zu gehen und dich zu »beleuchten«, also das Licht in dir anzuknipsen und ganz genau hinzuschauen. Sag dir einfach innerlich: »In Ordnung, das ist jetzt so, auch wenn es mir nicht gefällt. Womit habe ich dieses Gefühl, diese Situation erschaffen? Was habe ich gedacht? Wovor hatte ich Angst? Welche Gefühle begleiteten mein Tun? Welche unbewusste Programmierung hat sich hier ins Außen gebracht? Wie kann ich es ab sofort besser machen?«

Wenn du es erkannt hast, dann transformiere es; formuliere es innerlich um und drücke dies gegebenenfalls auch einer beteiligten Person gegenüber aus. Es zeugt von sehr viel innerer Größe, zu einem unachtsamen Moment zu stehen und zu sagen: »Es tut mir leid, ich wollte mich nicht so verhalten. Da hat wohl ein altes Muster gegriffen. Ich habe es jetzt erkannt und kann mich anders verhalten.« Es ist keine Schande, sich zu irren. Jeder tut das. Indem du es erkennst und ihm eine neue Wendung gibst, holst du dir deine Kraft zurück und gehst zurück in die Einheit. Denn alles, was dir negative Gefühle beschert, ist aus der Einheit gebrochen und sucht seinen Weg zurück.

Denk daran: Niemand bestraft dich, du selbst erschaffst deine Realität – mit deinen Gedanken, Gefühlen und daraus resultierenden Handlungen. Schwierige Situationen sind große Helfer, denn sie zeigen dir, wo du noch nicht bewusst warst, wo du dich in Negativität, Angst und Mangelbewusstsein eingeklinkt hast, also: woran du noch arbeiten darfst.

THEKI hilft dir *nicht* dabei, Dinge im Außen zu verändern. Es revolutioniert dein Wesen, sodass sich die Dinge automatisch verändern. THEKI beginnt im Innen, niemals im Außen.

Der freie Wille

Was ist die Konsequenz dieses Wissens?

Wir haben immer die Wahl. An jedem Punkt unseres Lebens können wir uns bewusst neu entscheiden – und damit eine neue Realität erschaffen. Niemand zwingt uns, an unseren alten Vorstellungen festzuhalten, unseren Schmerz mit uns herumzutragen und andere Menschen zu verurteilen. Wenn wir an unseren Vorstellungen von einer ungerechten Welt, einem strafenden Gott, einem schlechten Karma, der Schuld der anderen usw. festhalten wollen, dann dürfen wir das bis in alle Ewigkeit tun. Doch dann werden wir auch genau das immer und immer wieder erleben. Ganz einfach deshalb, weil wir es so *beobachten*.

Das ist unser freier Wille, ein unglaubliches Geschenk, wenn man es erst einmal verstanden hat. Er ruft den ganzen Menschen auf den Plan und fordert von uns, dass wir die volle Verantwortung für alles übernehmen, was in unserem Leben gegenwärtig ist, und es als unsere eigene Schöpfung anerkennen. Natürlich erfordert diese innere Haltung sehr viel Mut. Mut, hinzuschauen, vollkommen ehrlich zu uns zu sein und unsere inneren »Dämonen« zu erlösen. Es gibt dazu eine schöne Geschichte:

> Vor langer Zeit entschieden die Weisen, die Weisheit des Universums an einem Ort zu verstecken, wo die Menschen sie so lange nicht finden würden, bis sie reif genug sein würden.
> Einer schlug vor, die Weisheit auf dem höchsten Berg der Erde zu verstecken. Doch der Mensch würde bald alle Berge erklimmen, und die Weisheit wäre dort nicht sicher genug versteckt.
> Ein anderer schlug vor, sie an der tiefsten Stelle im Meer zu verstecken. Aber auch dort sahen sie die Gefahr, dass der Mensch die Weisheit zu früh finden würde.
> Dann äußerte der weiseste aller Weisen seinen Vorschlag:
> »Ich weiß, was zu tun ist. Lasst sie uns im Menschen selbst verstecken. Er wird sie erst dann dort finden, wenn er reif genug ist, den Weg in sein Inneres zu gehen.«
> Und so versteckten sie die Weisheit des Universums im Menschen selbst.
>
> (Verfasser unbekannt)

JETZT ZU DIR

Du hältst dieses Buch in der Hand. Das sagt mir, dass du bereit bist. Neugierig. Vielleicht spürst du schon lange, dass du etwas verändern möchtest, wusstest aber bisher nicht, wie du es anstellen solltest. Vielleicht machst du auch schon lange mit den verschiedensten Methoden deine Erfahrungen, doch der

Durchbruch lässt noch auf sich warten. Vielleicht bist du auch einfach auf den Geschmack gekommen und willst mehr erfahren. Ziemlich sicher hast du bereits eine oder mehrere der folgenden Phasen durchlaufen:

1. Schlaf

Für eine Weile hast du ganz unbewusst vor dich hin gelebt. Deine gewohnten Strukturen dienten dir, und du bewegtest dich in diesem engen, aber auch sicheren kleinen Rahmen. Du hast dich mit der Mittelmäßigkeit abgefunden und glaubtest vielleicht auch gar nicht, dass es möglich wäre, etwas ganz Neues zu beginnen oder dass gerade du mit besonderen Fähigkeiten gesegnet sein könntest. Deine Tage strichen so dahin mit Arbeit, Internet, Freunden, Beschäftigungen, Hobbys, Fernsehen, was auch immer. Die Menschen um dich herum lebten ähnlich, daher hast du es nicht infrage gestellt. Meistens hattest du ohnehin genug damit zu tun, dich mit deinen Problemen zu beschäftigen.

2. Erwachen

Doch eines Tages erwachst du. Vielleicht begegnest du einem Menschen, der dich fasziniert und dir von ganz anderen Möglichkeiten erzählt. Manchmal reicht es aus, einen Menschen zu treffen, der keine Angst vor unserer Größe hat, sodass wir spüren können, dass da noch viel mehr in uns verborgen ist und dass wir richtig und willkommen sind, genau so, wie wir sind. Vielleicht erlebst du auch eine persönliche Katastrophe oder eine große Veränderung. Manchmal zwingt einen eine Krankheit oder der Verlust eines geliebten Menschen, nach innen zu schauen. Diese Phase kann sehr schmerzhaft und auch chaotisch sein, doch aus dem Chaos entsteht eine neue, höhere Ordnung. Etwas verändert sich jedenfalls, und das Leben erscheint dir so, wie du es bisher geführt hast, als sinnlos. Eine innere Stimme beginnt, Fragen zu stellen: Was tue ich hier eigentlich? Kann das alles gewesen sein? Muss es da nicht noch mehr geben im Leben? Spiele ich eine zentrale Rolle dabei, oder entscheidet das Schicksal? Wer bin ich überhaupt? Gibt es vielleicht noch eine erfülltere Version meines Lebens?

3. Suche

Du beginnst, Bücher zu lesen, im Internet zu recherchieren, besuchst Seminare und merkst, dass du immer mehr die Menschen anziehst, die auch suchen oder sogar schon zu Lehrern geworden sind. Sie sind der Sehnsucht ebenfalls begegnet und möchten ihrer Energie und Intuition wieder vertrauen lernen, in einen natürlichen Fluss mit sich selbst kommen. Sie wollen sich endlich von alten Erlebnissen und Traumen befreien, genau wie du, und ihr Leben als etwas Schöpferisches erleben, das glücklich macht und mehr davon erschafft. Der Austausch wird immer spannender. Doch immer wieder schlägt dein Ego zu und sagt dir, dass das alles Unsinn ist und du jetzt lieber wieder vernünftig werden solltest. Doch es gibt keinen Weg zurück. Die Synchronizitäten, die dir widerfahren, gepaart mit deiner eigenen Entwicklung bis hierher, lassen dich weitergehen.

4. Ankommen

Vielleicht hast du noch leichte Zweifel, aber du hast bereits einen beachtlichen Weg zurückgelegt. Vielleicht hast du immer wieder einmal den Eindruck, dass sich noch gar nichts getan hat, aber wenn du zurückblickst, ist deine Entwicklung klar sichtbar. Du wehrst dich immer seltener gegen deine Intuition und kommst immer mehr in den Fluss. Dein Vertrauen reicht noch nicht aus, um dein Leben völlig neu auszurichten, aber du bist auf dem besten Weg dorthin. Noch interessiert es dich, was wohl die anderen Leute davon halten werden, aber du weißt gleichzeitig schon, dass es hier nur um dich geht, um deine eigene Bestimmung. Du erkennst die Absurdität gewisser Lebenssituationen, manchmal erscheint dir alles irreal, so als hätte man diese Situation nur inszeniert oder die ganze Kulisse des Lebens für dich aufgebaut. Du ahnst, dass die Realität nicht stabil ist und du eine aktive »Rolle« darin spielst, da du in der Lage bist, auf das Leben Einfluss zu nehmen.

5. Lebensweg

Du entscheidest dich für Veränderungen in deinem Leben. Entweder sehr bewusst, dann leitest du sie selbst ein, oder auch aus der tiefen Notwendigkeit deiner Entwicklung, dann führt sie deine Seele herbei. Vielleicht beendest du eine unglückliche Beziehung, oder dir wird gekündigt oder du ziehst um, vielleicht auch alles zusammen. Du entwickelst dich mehr und mehr, befreist dich von Begrenzungen, erkennst höhere Zusammenhänge, kommst hinter die Ursachen, siehst klarer. Du willst keine Zeit mehr vergeuden und beginnst aktiv, deine Bestimmung zu leben. Wenn du Angst hast, erkennst du sie als Ego-Schicht und gehst durch sie hindurch; sie kann dich nicht mehr aufhalten. Du fragst dich wahrscheinlich, wie du so lange in deinem bisherigen Leben ausharren konntest. Dieses neue Leben ist vielleicht nicht so geplant, aber es bietet so viel mehr als das!

6. Gipfel

Du bist authentisch, ganz gleich, was andere Menschen davon halten. Es zählt nur dein wahres Selbst. Du könntest vor Energie Bäume ausreißen oder fliegen, bist voller Energie und Optimismus und gehst deinen Lebensweg zielgerichtet und voller Freude. Keiner kann dich davon abbringen, schon gar nicht dein Ego. Du hast es überwunden und deine Bestimmung, deinen Platz im Leben gefunden. Du bist all-eins und voller Liebe. Du hast dir ein neues, erfülltes Leben erschaffen. Die Menschen, Bedingungen und Ereignisse, die dich dabei begleiten, tragen die Energie der Freude und Liebe in sich. Du hast dich daran gewöhnt, und es ist ganz normal, liebevoll, authentisch, ausgeglichen und frei zu sein.

Entscheide dich ganz bewusst und begegne deinem Licht

Wichtig ist, dass du dich ganz bewusst dafür *entscheidest*, diesen Weg zu gehen: den Weg der Selbsterkenntnis, begleitet von deinem inneren Beobachter, der deine Gedanken und Handlungen einer ständigen Einstrahlung deines Bewusstseins unterzieht. Das ist der Weg zum Bewusstsein, der durch die weiterführenden Methoden mit THEKI immer einfacher wird.

Ohne diese bewusste Entscheidung wird dein Ego höchstwahrscheinlich sehr raffinierte und subtile Wege finden, um dich länger im scheinbar sicheren Dämmerzustand zu halten. Zum Beispiel könnte es dir sagen, dass genau jetzt nicht der richtige Zeitpunkt ist, dass du erst im nächsten Urlaub damit beginnen kannst, oder wenn du eine neue Wohnung bezogen hast oder wenn du einen neuen Partner gefunden hast oder wenn du diese oder jene Ausbildung beendet hast. Oder es wird dir sagen, dass du das selbst gar nicht kannst, weil andere Personen für deine Entwicklung, dein Glück verantwortlich sind oder du ganz einfach zu unfähig bist …

> *Unsere tiefgreifendste Angst ist nicht, dass wir ungenügend sind.*
> *Unsere tiefgreifendste Angst ist, über das Messbare und für andere Erträgliche hinaus kraftvoll zu sein.*
> *Es ist unser Licht, nicht die Dunkelheit, das uns am meisten ängstigt.*
> *Du fragst dich, wer bin ich, mich brillant, großartig, talentiert, fantastisch zu nennen? Aber wer bist du, dich nicht so zu nennen? Du bist ein Kind Gottes!*
> *…*
> *Und wenn wir unser eigenes Licht erstrahlen lassen, geben wir unbewusst anderen Menschen die Erlaubnis, dasselbe zu tun.*
> *Wenn wir von unserer eigenen Angst befreit sind, befreit unsere Gegenwart automatisch andere.*
>
> MARIANNE WILLIAMSON[4]

Bist du bereit, deinem Licht zu begegnen und es einfach strahlen zu lassen? Bist du bereit, deiner Einzigartigkeit Raum zu geben? Es ist *deine* Meisterschaft. Dein Weg. Und nur wenn du bereit bist, alles in dir anzuschauen und loszulassen, was nicht deinem wahren Selbst entspricht, bist du im Fluss. Wenn du hier und da die Verantwortung bei anderen Menschen oder Umständen suchst, blockierst du dich und deinen Weg. Deshalb ist die bewusste Entscheidung wichtig. Wenn du dich jetzt ganz bewusst entscheidest, deine Schichten loszuwerden und damit alles Begrenzende loszulassen, um deinen wahren, göttlichen Kern freizulegen, dann wirst du unglaubliche Unterstützung und Hilfe auf deinem Weg erfahren. Es gibt nur den einen richtigen Zeitpunkt, und der ist JETZT. Also steh auf, entscheide dich und nimm dein Leben in die Hand – JETZT!

ICH ENTSCHEIDE MICH BEWUSST UND AUS TIEFSTEM HERZEN:

- mich selbst und alles in meinem Leben als meine eigene Schöpfung anzuerkennen.
- mit dem Licht meines Bewusstseins in alle Bereiche zu leuchten, die noch im Dunkeln liegen.
- mit der Kraft der Liebe an allen Themen zu arbeiten, die ich positiv verändern möchte.
- meine Ego-Schichten zu lösen und damit mein wahres Selbst zu befreien.
- meine alten Muster loszulassen und offen für Neues zu sein.
- mein Opferdasein in ein Meisterbewusstsein zu transformieren.
- meinen Fokus auf Liebe, Gesundheit und Schönheit zu lenken, um meine Eigenschwingung ständig zu erhöhen.
- in allem, was mir begegnet, die Spiegel meines Inneren zu erkennen und sie liebend anzunehmen, um sie zu transformieren.
- mich für die Erfolge aller anderen zu freuen, wie ich mich über meine eigenen freue.
- jedem Wesen, dem ich begegne, einen grundsätzlichen Respekt entgegenzubringen.
- Probleme als Herausforderungen und Chance zur Entwicklung zu erkennen und mit Freude und Leichtigkeit anzugehen.
- mir zum Ziel zu setzen, mir all die unbegrenzten Möglichkeiten mithilfe von THEKI jetzt wirklich anzueignen, um für mein weiteres Leben ausgerüstet zu sein.

Vielleicht möchtest du diesen Text laut vorlesen, vielleicht auch ausdrucken, über dein Bett oder an den Badspiegel hängen und täglich lesen. Vielleicht möchtest du ihn noch individualisieren oder ergänzen – tue damit, was sich für dich gut anfühlt. Wichtig ist, dass du die Entscheidung triffst, in deine Selbstbestimmung einzutreten.

> *Wenn du etwas erreichen möchtest,*
> *was du noch nie erreicht hast,*
> *dann wirst du etwas tun müssen,*
> *was du noch nie getan hast.*

Der folgende Text wird dir dabei helfen, deine Selbstbestimmung voll und ganz anzunehmen und mit der daraus resultierenden Erhöhung deiner Eigenschwingung erfolgreich weiterzumachen.

 Wenn du möchtest, dann lege jetzt die CD ein:
1. Die Krone deiner Eigenmacht

Stell dir vor, wie du dich auf einer Wiese in einer wunderschönen Umgebung aufhältst. Du fühlst dich wohl und spürst die angenehme Wärme der Sonne auf deiner Haut. Ein Gefühl tiefer Geborgenheit erfüllt dich, und du weißt, dass heute etwas ganz Besonderes geschieht.

Vor dir siehst du einen See. Ein Gefühl der Sicherheit erfüllt dich bei seinem Anblick. Er ist klar und rein, und du beschließt spontan, deine Kleider auszuziehen und langsam, Schritt für Schritt hineinzugehen. Das Wasser ist genau richtig für dich – nicht zu warm und nicht zu kalt –, und vielleicht möchtest du mit den Füßen im See waten oder glücklich darin umherschwimmen.

Du spürst, wie das Wasser dich reinigt und wie alles aus dir herausfließt, was dir nicht mehr entspricht. Du spürst, wie es tief in dich hineinwirkt, bis in deine tiefsten Tiefen und noch tiefer ... und wie du dabei auch innerlich rein wirst. Es fühlt sich wunderbar an. Du gehst – oder vielleicht schwimmst du auch – bis zum anderen Ende des Sees, wo du mit diesem Gefühl der Reinheit und Leichtigkeit aus dem Wasser steigst. Du weißt, dass diese Reinigung die Vorbereitung auf ein großes Ereignis ist, und spürst die freudige Erregung in dir.

Ein kleines Stück vor dir erblickst du ein Wesen aus reinem Licht. Du fühlst dich sicher und geborgen. Und als dieses Lichtwesen dir einen Umhang reicht, nimmst du ihn dankbar an. Während du dich darin einhüllst, spürst du, dass er angenehm warm und kuschelig ist.

Dein Weg führt weiter geradeaus, wo du eine Treppe aus Licht erblickst. Du beginnst, sie Stufe für Stufe hochzusteigen …, in der Gewissheit, dass du mit jeder Stufe mehr Licht in dich aufnehmen kannst … Mit jeder Stufe, die du nach oben steigst, erhöht sich deine Schwingungsfrequenz … Ganz oben angelangt, steht ein Thron für dich bereit. Du weißt, es ist dein Thron, er steht für dich bereit. Du erlaubst dir, dich darauf niederzulassen, und genießt ein paar Augenblicke lang die schöne Aussicht und das Gefühl des Angekommen-Seins. Von oben schwebt eine Krone aus Licht auf dich herab – es ist die Krone deiner Eigenmacht, die sich jetzt harmonisch fließend in deinem System integriert. Eine lebendige Kraft strömt aus der Krone und erfüllt dich, sie fließt in deinen Körper, in deine Energiekörper, in deine Seele und in deinen Geist. Deine Wahrnehmung dehnt sich aus, und du spürst die Verbundenheit mit dem ganzen Universum, mit all dem Wissen und der Liebe, die auch Teil von dir sind. Du begreifst zutiefst, dass du König oder Königin deines Reiches bist und mit deinem ganzen Sein dein Leben erschaffst. Du darfst entscheiden, was du in deinem Leben haben willst und was nicht.

Verbinde dich jetzt mit deiner inneren Vision, dieses Leben mit Liebe, Glück, Gesundheit und allem, was dir noch wichtig ist, zu erfüllen. Dir ist jetzt vollkommen klar, dass du dieses Glück verdient hast und dass du es wert bist und es voll und ganz annehmen darfst …

Glücklich und erfüllt gehst du die Treppe wieder nach unten, Stufe für Stufe … Dabei nimmst du wahr, wie dich die hohe Schwingungsfrequenz in dein neues Leben begleitet. Deine neue Eigenmacht erfüllt dich und gibt dir die Kraft, frei und selbstbestimmt in Einklang mit allem zu leben. Mit einem ganz neuen

Gefühl der Lebendigkeit und Vollständigkeit läufst du am Ufer des Sees entlang wieder über die Wiese. Du hast Lust, dein Leben in all seiner Fülle zu leben, es voll auszuschöpfen und deine Energie in die Welt zu bringen. Wach, energetisiert und klar schlüpfst du wieder in deine Kleidung, und du weißt: Du bist vollkommen.

Das Leben im dauerhaften Gipfelzustand

Wie bereits erwähnt – und wie du in der Meditation erfahren hast –, erhöht sich unsere Grundschwingung mit unserer Ent-Wicklung. Das bedeutet, dass du mit jeder Blockade, die du transformierst, höher schwingst und dir damit immer mehr Gesundheit, Glück, Klarheit und Freiheit erschaffst, denn deine eigene Grundschwingung bestimmt, was du in dein Leben ziehst und wie du diese Realität erfährst. Schwingst du niedrig, erscheint dir die Welt vielleicht grau und sinnlos, gefährlich oder ungerecht. Schwingst du hoch, erlebst du Gipfelzustände. Dazwischen gibt es alle erdenklichen Abstufungen. Du kannst jede Erfahrung aus unterschiedlichen Ebenen betrachten und sie dabei entsprechend wahrnehmen: vom Schlimmsten bis zum Schönsten. Es steht dir völlig frei, dich durch die Schwingungsebenen zu bewegen und eine Ebene hervorzuheben. Je befreiter du bist, umso dauerhafter bleibst du in den hohen Schwingungsebenen zu Hause. Wenn du dich zum Beispiel von den Blockaden eines erlebten Traumas befreist, kommst du wieder auf das Energieniveau, das du hieltest, *bevor* du traumatisiert wurdest. Wird eine solche Schicht gelöst, erlebst du meist unmittelbar danach einen Glücksmoment, auch Gipfelzustand genannt. Meistens hält er nur ganz kurz an, den Bruchteil einer Sekunde oder auch mehrere Sekunden. Diese wunderschönen, göttlichen Gefühle vollkommenen Bewusstseins sind der Vorgeschmack dessen, was du zu erreichen fähig bist. In diesen Momenten fühlst du dich positiv, glücklich, leicht, geführt und zentriert. Du bist perfekt »gehimmelt und geerdet«, deine Energie ist im Fluss. Du weißt, dass alles bestens läuft und dass für dich gesorgt ist. Du verstehst zutiefst, dass dein inneres Glück nicht von äußeren Dingen abhängt. Selbst wenn du eine schmerzliche Situation erlebst, bist du dabei zentriert und glücklich und kannst in allem, was dir widerfährt, auch etwas Schönes sehen. Du nimmst die Dinge nicht mehr persönlich, weil du fest im Einheitsbewusstsein verankert bist. Und es ist dir bewusst, dass dieser Zustand viel echter ist als das, was du sonst so erlebst. Du willst ganz automatisch mehr davon, was dich motiviert, weiter an dir zu arbeiten. Vielleicht wirst du feststellen, dass du dir ein ganz neues Ziel setzt: einen dauerhaften Gipfelzustand zu erleben, der dich den Rest deines Lebens in Ekstase leben lässt.

Am Anfang deiner Ent-Wicklung halten die Gipfelzustände meist nur kurz an. Du löst etwas auf, fühlst dich leichter, freust dich – und schon zeigt sich die nächste Schicht. An diesem Punkt geben viele Menschen leider auf, weil sie denken, dass die Arbeit nutzlos ist. Doch weit gefehlt! Du musst durch die Schichten durch. Durch alle! Dahinter wartet die Belohnung, nicht mittendrin. Je mehr Schichten du gelöst hast, umso höher ist deine Grundfrequenz und umso länger dauern die Gipfelzustände an. Am Anfang bist du mit den oberen Schichten konfrontiert, die voller Gedanken und auch schwerer oder schmerzhafter Gefühle sind. Du willst vielleicht wieder umdrehen, denn sie gefallen dir nicht. Jetzt ist es wichtig, ganz bewusst zu bleiben und alles wertfrei zu beobachten. Geh ganz hindurch. Denke nicht darüber nach und bewerte auch nicht, sonst hat dich das Ego gefangen. Beobachte nur, bleib ganz gewahr – und geh hindurch.

Der Weg geht durch die Dunkelheit ins Licht.

Wenn du dranbleibst und dich nicht mit weniger zufriedengibst, erreichst du sehr hohe Zustände. Du bist voll bewusst, und zwar auf allen Ebenen des Seins – vom eigenen Körper über die Umgebung bis hin zu den feinstofflichen Ebenen nimmst du alles klar wahr, wobei das Gefühl der Einheit mit allem sehr präsent ist. Du kannst dich in alles und jeden hineinfühlen. Du weißt, was jemand sagen will, bevor er es sagt. Du nimmst alle Situationen und Menschen inklusive dir selbst vollkommen neu wahr. Bewusst. Ganzheitlich. Dieser Zustand kann Spontanheilungen jeglicher Art mit sich bringen – bei dir selbst und an anderen. Hält dieser Zustand dauerhaft an, spricht man von Erleuchtung.

Loslassen und Veränderung

Wollen wir etwas Neues willkommen heißen, so müssen wir dafür oft etwas Altes loslassen. In manchen Situationen fällt uns das leichter, wir merken kaum etwas davon. Und ein andermal haben wir heftige Probleme damit, wir wollen oder können nicht loslassen. Egal wie, du kommst nicht darum herum, denn mit vollen Händen kannst du nichts Neues empfangen. Du musst sie vorher leeren. Die tiefe Natur des Lebens ist Veränderung. Doch was ist manchmal so schwer am Loslassen? Es ist die Ungewissheit und somit Unsicherheit, die mit Veränderungen einhergeht. Sie katapultiert dich ins Ego zurück. Du weißt nicht, wohin dich das Neue bringt, also hältst du das Alte fest, denn sonst hast du das Gefühl, den Boden unter den Füßen zu verlieren, und das wiederum gefällt dem auf Sicherheit bedachten Ego nicht. Es ist für uns Menschen unheimlich schwer, unsere künstlich erschaffenen Sicherheitszonen zu verlassen. Wüssten wir immer ganz sicher, dass dort, wohin wir gehen, etwas »Besseres« auf uns wartet, etwas, das uns glücklicher macht und unser Leben bereichert, dann wäre das Loslassen so viel leichter. Letztendlich geht es also nicht um das Alte, sondern darum, glücklich sein zu wollen. Und der Schlüssel zum Glücklichsein liegt eben genau darin, loszulassen und offen zu sein für das, was jetzt unserer neuen, höheren Schwingungsebene entspricht. Deshalb sei mutig. Nur dein Ego hält fest. Verabschiede dich bewusst von dem, was dich belastet, und lass los. Öffne dich für das Neue, in jedem Augenblick deines Lebens, umarme es und lass dich mit deinem ganzen Sein darauf ein, dann bist du im Fluss. Das ist Leben.

Wie gefällt dir diese Vision?

Ich bin erfüllt von Dankbarkeit, wenn ich meine Lebenssituation betrachte. Ich halte ständig ein optimales Energieniveau und erfreue mich bester Gesundheit. Ich bin in Einklang mit meinem Körper und der Natur. Ich bin erfolgreich. Mein innerer Reichtum manifestiert sich auch in materiellem Wohlstand.

Ich bin mir meiner Gefühle bewusst, ohne von ihnen regiert zu werden. Alle negativen Gefühle und Erfahrungen der Vergangenheit habe ich vollkommen losgelassen und fühle mich frei. Meine Beziehungen basieren auf Liebe, Harmonie, Ehrlichkeit und Vertrauen. Ich ziehe Menschen und Situationen an, die meinem höchsten Wohl dienen.

Ich liebe und akzeptiere mich selbst vollkommen. Ich weiß, dass ich einzigartig bin und dass die Einzigartigkeit jedes Einzelnen zur Schönheit des Ganzen gehört. Anstatt »normal« und angepasst zu sein, bin ich authentisch. Ich bin vertrauensvoll und zuversichtlich, liebevoll und mitfühlend und frei von Kontrolle. Meine Ausgeglichenheit bringt all das in mein Leben, was mich erfüllt und glücklich macht. Ich erkenne die Göttlichkeit in mir selbst und in allem anderen und verstehe, dass alles eins ist.

Ich übernehme die volle Verantwortung für mein Leben und erschaffe mir die Realität, die ich wirklich will, bewusst selbst. Herausforderungen nutze ich als Gelegenheit zu persönlichem Wachstum und bewältige sie leicht und spielerisch.

Ich lebe mein Leben in all seiner Fülle und genieße jeden Augenblick in dem Wissen, dass jeder Teil meines Lebens perfekt ist. Ich bin Teil des natürlichen Lebensflusses und fühle mich sicher und geborgen darin, denn ich weiß, dass alles, was ich brauche, zur richtigen Zeit zu mir kommt.

Fühlst du dich angesprochen? Hättest du das gern in deinem Leben? Wenn du jetzt mit einem freien und klaren JA antwortest, dann lies weiter. Ansonsten ist dieses Buch nichts für dich.

WARUM THEKI FUNKTIONIERT – DREI GRÜNDE

THEKI kann dich genau dahin bringen, wenn du es erlaubst. Das alles und noch viel mehr ist in dir verborgen, und du kannst wieder mit deinem göttlichen Selbst und folglich mit dieser Realität verschmelzen. Es ist dein Geburtsrecht!

Vielleicht hast du bereits jetzt gespürt, welche Wahrheit sich hinter dem Prinzip verbirgt, auf dem THEKI beruht. Dann möchtest du sicher am liebsten gleich mit der praktischen Arbeit beginnen. Zuvor aber möchte ich dir die Gründe aufzeigen, warum THEKI in jedem von uns seine Wirkung entfalten kann.

THEKI ist ein wundervolles Werkzeug, mit dessen Hilfe du dich von allem, was dich einschränkt, befreien kannst, um wirklich *dein* Leben zu leben: authentisch, selbstbestimmt und erfüllt. Ich sage ganz bewusst, dass THEKI ein *Werkzeug* ist. Die Anwendung liegt in deinen Händen. Diese Verantwortung kann dir keiner abnehmen. Auf den folgenden Seiten bekommst du das Grundwissen und die Möglichkeiten dazu.

1. Die wissenschaftliche Erklärung: die Gehirnwellen

Unser Gehirn nutzt verschiedene Frequenzen. Grundsätzlich nutzt es alle Wellen gleichzeitig, aber eine der Gehirnwellen ist immer vorherrschend, je nach Bewusstseinszustand:

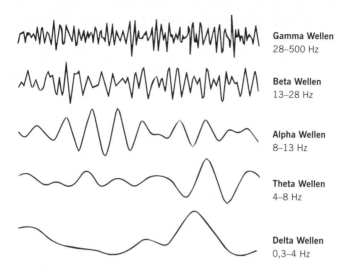

Gamma Wellen
28–500 Hz

Beta Wellen
13–28 Hz

Alpha Wellen
8–13 Hz

Theta Wellen
4–8 Hz

Delta Wellen
0,3–4 Hz

Gamma: starke Fokussierung und Konzentration, hohe Kreativität, Stress, Spitzenleistungen, transzendente Erfahrungen, Erkenntnisse, Verlust des Ich-Gefühls

Beta: Normalzustand, wach, aktiv, konzentriert, Fokus nach außen gerichtet (ab 12 J.)

Alpha: entspannter Zustand, passiv, unfokussiert (6–12 J.)

Theta: tiefe Entspannung, Meditation, Hypnose, Traumphase des Schlafes (REM), starke Beruhigung von Gefühlen und Gedanken, spirituelle Kraft, innere Bilder, Gipfelzustände, Zugang zum Unterbewusstsein, Fokus nach innen gerichtet (2–6 J.)

Delta: traumloser Tiefschlaf, regenerierend (0–2 J.)

Wenn wir uns mit THEKI mit der Quelle verbinden, nutzen wir hauptsächlich die Theta-Frequenz mit begleitenden Gamma-Frequenzen. An einer Klinik in San Francisco wurde gemessen, dass das Herz während der Meditation eine gleichmäßige Schwingung von 7 bis 8 Hertz aufbaut, worauf sich dann auch die Gehirnwellen einstellen. Diese Gehirnwellenfrequenz, also der Theta-Zustand, führte dazu, dass höchst ungewöhnliche energetische und geistige Erscheinungen auftraten. Die Forscher stellten fest, dass man sich in solchen Zuständen äußerst klare Denkprozesse und erhöhter Kreativität erfreut, schneller reagiert, leistungsfähiger ist und dass Zustände erweiterter Wahrnehmung sowie energetischer und geistiger Erscheinungen eintreten können. Allein schon das Sein in diesem Zustand bringt uns eine tiefe Entspannung, lindert Stresssymptome, aktiviert die Selbstheilungskräfte, steigert das Wachstumshormon DHEA um 25 Prozent und reduziert das Schmerzempfinden.[5]

In der Biofeedbackforschung konnte nachgewiesen werden, dass ein Mensch im Theta-Zustand sehr beeinflussbar ist, das heißt, Suggestionen für Veränderungen im Verhalten und in den inneren Programmierungen (Überzeugungen und Gefühlen) gehen direkt ins Unterbewusstsein, werden dort als wahr aufgenommen und können fortan positiv wirken.[6] Durch das Wirken im Theta-Zustand packen wir also das Problem direkt an der Wurzel, nämlich tief im Unterbewusstsein. Es findet eine Synchronisation der beiden Gehirnhälften statt, wie sie auch durch andere Meditationstechniken erreicht werden kann. Es ist ein Zustand, in dem man hellwach und bewusst ist und gleichzeitig schläft (man könnte auch sagen: Das Ego schläft). Das bringt einen in die einzigartige Position, dass das normale, freie und unbelastete Tagesbewusstsein mit der Fähigkeit zur analytischen Entscheidung einem genauso zur Verfügung steht wie die unbegrenzten Möglichkeiten des Unterbewusstseins mit all seinen Inhalten, Erinnerungen und Programmierungen.

Ein Großteil unserer Programmierungen stammt aus unserer Kindheit. Warum? Weil sich Kinder bis ungefähr zu ihrem 7. Lebensjahr vorrangig in einem hypnotischen Zustand (Theta) befinden und deshalb sehr formbar sind. Die Möglichkeiten, Anlagen und Wahrnehmungen eines Menschen werden also in dieser Phase ins Unterbewusstsein einprogrammiert. Wenn wir uns jetzt wieder bewusst in den Theta-Zustand begeben, können wir auf diese Programmierungen direkt zugreifen und sie positiv verändern. Mittels EEG-Aufzeichnungen wurde belegt, dass der Theta-Zustand über sehr lange Zeit gehalten werden kann, zum Beispiel bei bewussten Heilbehandlungen. Wenn wir mit der THEKI-Technik bewusst in den Theta-Zustand gehen, halten wir ihn so lange, bis wir ihn bewusst wieder verlassen. Die Gehirne der dabei verschränkten Personen synchronisieren sich, wodurch die gemeinsame Arbeit möglich wird.[7]

Der *Gamma-Zustand* wird bei Meditationen immer wieder in Phasen höchster Aufmerksamkeit erreicht. Untersuchungen an Yogis zeigten, dass das Gehirn in tiefer Meditation Ausreißer hochfrequenter Beta- oder Gammawellen zeigt, die mit Momenten der Ekstase oder intensiver Konzentration einhergehen. Man merkt die Gammawellen auch an einem schnelleren Herzschlag.[8] Wir arbeiten also in einer Kombination aus Theta- und Gammawellen: Zugang zum Unbewussten und gleichzeitig Erkenntnisse, höchste Aufmerksamkeit und Konzentration.

2. Die göttliche Erklärung: die Verbindung mit der Quelle allen Seins

Der Mensch ist ein Teil des Ganzen, das wir Universum nennen, ein in Raum und Zeit begrenzter Teil. Er erfährt sich selbst, seine Gedanken und Gefühle als getrennt von allem anderen – eine Art optische Täuschung des Bewusstseins. Diese Täuschung ist wie ein Gefängnis für uns, das uns auf unsere eigenen Vorlieben und auf die Zuneigung zu wenigen beschränkt. Unser Ziel muss es sein, uns aus diesem Gefängnis zu befreien, indem wir den Horizont unseres Mitgefühls erweitern, bis er alle lebenden Wesen und die gesamte Natur in all ihrer Schönheit umfasst.

ALBERT EINSTEIN[9]

Wir alle sind Teil der Quelle. Sie durchdringt jede Zelle und jedes Atom. Alle Materie enthält denselben Funken Göttlichkeit, sei es nun ein Mensch, ein Tier oder eine Pflanze, ja sogar ein Stein ist Teil dieser Einheit. Du kannst unmöglich etwas denken, fühlen oder tun, ohne dass es Einfluss auf dich und andere nimmt, weil einfach alles untrennbar miteinander verbunden ist. Du kannst keinem Baum, keinem Menschen und keinem Tier etwas antun, ohne dass die Folgen dieser Tat jeden anderen treffen, auch dich selbst. Wenn uns das in aller Vollkommenheit klar ist, haben wir begriffen, dass alles in uns ist und wir in allem sind.

Durch die Verbindung mit der Quelle allen Seins kommen wir im göttlichen Bewusstsein an. Es gibt viele Worte dafür: reines Bewusstsein, reine Liebe, Alles, Schöpfer, Gott. Im Einheitsbewusstsein der Quelle kann einfach alles geschehen. Die Frequenz ist unvorstellbar hoch, und durch unsere bewusste Verbindung ergießt sich diese hochfrequente Energie in unser System und überträgt sich auf unsere Schwingung. So wird alles erhöht und erleuchtet, bis in jede Körperzelle hinein.

Der Zustand, in dem wir uns befinden, wenn wir im Quellbewusstsein sind, ist nicht mit Worten zu beschreiben. Selbst wunderbare Begriffe wie Einheit, Verbundenheit, Leichtigkeit, Losgelöstheit, Klarheit und Liebe treffen es nicht ganz, denn es ist jenseits von alldem. Die Dualität hat sich aufgelöst. Du erkennst die Vollkommenheit der gesamten Schöpfung, und bist frei von Urteilen wie »gut und schlecht«, »richtig und falsch«, »Opfer und Täter«, »Schuld und Unschuld«, »Glück und Trauer« usw. Das alles existiert nur in unserer dualen Welt. In den höheren Ebenen verschwindet die Dualität, und im Quellbewusstsein bist du vollkommen frei. Hier ist dein wahres Selbst. Jenseits der Dualität. Wenn du dich durch die nachfolgende Meditation »Die Reise« mit der Quelle allen Seins verbindest, dann erfährst du dieses wahre Selbst. Im Einheitsbewusstsein erkennst du das wundervolle Zusammenspiel aller Taten, Worte und Gefühle in einer unglaublich liebevollen Perfektion. Du kannst beobachten, erkennen, verstehen. Absolut urteils- und wertfrei.

Es ist einfach absolutes Bewusstsein. Multidimensional. Ohne jegliches Ego-Begehren.

Der ideale Zustand, um loszulegen. Tritt ein!

3. Das Herz als energetisches Zentrum und Verbindungspunkt

Es gibt unterschiedliche wissenschaftliche Beweise dafür, dass unser Herz viel, viel mehr ist als eine mechanische Pumpe, die einzig und allein die Aufgabe hat, Blut durch den Körper zu transportieren. Studien verschiedener Forschungsinstitute belegen,[10] dass das Herz *Gehirnzellen* hat und eigene *Hormone* produziert, die den gesamten Organismus beeinflussen und dabei auf Blutgefäße, Nieren und Nebennieren sowie auf Gehirnareale wirken, die für die Regulation im Organismus zuständig sind. Weiter entdeckte man, dass bestimmte Herzzellen wichtige chemische Botenstoffe wie Noradrenalin und Dopamin herstellen, und es wurde eine Nervenbahn gefunden, über die das Herz direkt die Gehirnaktivität hemmen oder fördern kann. Das Herz besitzt also ein völlig eigenständiges Nervensystem. Experimente zeigten sogar, dass das Herz Vorahnungen haben kann, da es Informationen kurze Momente *vor* dem Gehirn empfing. Weitere Studien zeigen: Positive Gedanken und Gefühle sowie das Zentriertsein im Herzen sind der Schlüssel zu körperlicher Gesundheit und Vitalität, zu einem geschützten Herzen und Nervensystem mit aktivem Immunsystem. So geht diese Erkenntnis Hand in Hand mit Heil- und Bewusstseinsmethoden wie THEKI, die das energetische Herzzentrum als das wichtigste ansehen und bei denen das Zentriertsein im Herzchakra (siehe Kapitel 3) unerlässlich ist, um in erweiterten Bewusstseinszuständen tiefere spirituelle Einsichten zu gewinnen und auf allen Ebenen heilen zu können. Beim Erleben positiver Gefühle wie Liebe, Herzlichkeit, Fürsorge und Anerkennung tun wir also etwas Gutes für unsere Gesundheit – der Organismus entspannt sich, der Herzschlag wird ruhig und stabil, es werden Anti-Stresshormone ausgeschüttet, die gleichzeitig verjüngend wirken.

Und es kommt noch besser: Das Herz erzeugt ungefähr 50-mal so viel elektromagnetische Energie wie das Gehirn, und diese Energie wird weit über den Organismus hinaus ausgestrahlt. In den Studien zeigte sich, dass andere Menschen, die sich in der Nähe eines im Herzen zentrierten, positiv denkenden und fühlenden Menschen befinden, messbar harmonisiert werden. Auch bei ihnen kann ein gleichmäßiger Herzschlag, eine angenehme Hormonbalance, eine tiefe und gleichmäßige Atmung und ein ausgeglichenes Nervensystem gemessen werden. Die Gehirnwellen synchronisierten sich in vielen Fällen. So erklärt sich doch auch gleich, warum die meisten Menschen sich intuitiv von unglücklichen, aggressiven, aufbrausenden Menschen fernhalten – sie spüren einfach, dass diese Menschen ihnen nicht guttun, denn Gefühle wie Stress, Wut, Ärger usw. bewirken genau das Gegenteil: eine Schwächung des gesamten Systems. Alles reagiert auf unsere Herzensenergie – nutzen wir sie richtig![11]

Ich lade dich nun ein, mit der Arbeit an dir zu beginnen. Du hast genug theoretisches Wissen gesammelt, um mit diesem grundlegenden Verständnis in die Praxis einzutauchen. Hier und da werden dir die Texte, die ich auf die CD gesprochen habe, dabei helfen. Los geht's!

KAPITEL 2:
DIE THEKI-TECHNIK: GRUNDREGELN

Um mit THEKI erfolgreich sein zu können, brauchst du nur drei Schritte zu verinnerlichen:

1. Quellbewusstsein
2. Fokussierte Absicht | Intention
3. Bezeugen

Das ist alles, mehr brauchst du nicht. Wie das im Einzelnen funktioniert, erkläre ich dir ausführlich auf den nächsten Seiten.

1. VERBINDE DICH MIT DER QUELLE

Um unser Gehirn in den Theta-Zustand zu versetzen, nutzen wir unser gesamtes Energiesystem, das im obersten Chakra das göttliche Bewusstsein erreicht: die Quelle.

Auf die Bedeutung der einzelnen Chakren gehe ich in Kapitel 3 ausführlich ein. Am Anfang ist es am wichtigsten, dass du dich mit der Quelle verbinden lernst und auf dieser Basis an dir arbeiten kannst.

Die »Reise« zur Quelle allen Seins ist ganz einfach. Wenn du sie ein paarmal gemacht hast, dann prägt sie sich tief in dein Unterbewusstsein ein, und die Verbindung mit deinem göttlichen Bewusstsein gelingt dir immer schneller. Im Folgenden werde ich dich auf deiner Reise zur Quelle begleiten. Vielleicht möchtest du dir den folgenden Text erst einmal durchlesen. Du kannst aber auch gleich die CD einlegen – so wie es für dich am angenehmsten ist.

Die Reise

In deiner Vorstellung nimmt deine Reise den Verlauf einer Acht, wobei der unterste Teil der Acht das Herz der Erde darstellt, der Mittelteil dein Herzzentrum und der obere Teil die Quelle:

Du reist von deinem Herzzentrum aus in einem leichten Bogen hinter dem Körper hinunter bis zum Mittelpunkt der Erde, von dort aus in einem leichten Bogen vor dem Körper wieder hinauf in dein Herzzentrum. So hast du die erste Verbindung zwischen deinem Herzen und dem Herzen der Erde hergestellt. Nun reist du von deinem Herzen aus wieder in einem leichten Bogen hinter dem Körper nach oben, zur Quelle. Dort verweilst du und lässt dir Zeit, die Einheit mit allem, was ist, zu spüren. Später kannst du hier aktiv Veränderungen angehen, doch bei deiner ersten Reise empfehle ich dir, diesen Zustand einfach zu genießen und vollkommen achtsam zu sein. Anschließend trittst du deine Rückreise an – in einem leichten Bogen nach vorne wieder in dein Herzzentrum.

So ist die Einheit hergestellt, du bist perfekt gehimmelt und geerdet und im Herzen zentriert, was dein wichtigstes Energiezentrum ist. Diese Verbindung bleibt auch lange über die Arbeit im Theta-Zustand hinaus erhalten und wirkt sich positiv und stabilisierend auf deine Gesamtenergie aus.

Ausführliche Version

 Wenn du möchtest, dann lege jetzt die CD ein:
2. Die Reise – ausführliche Version

Zentriere dich in deinem Herzen und nimm mehrere tiefe Atemzüge … Reise mit deinem Bewusstsein vom Herzen aus nach unten, durch deinen Körper entlang der Wirbelsäule, Wirbel für Wirbel bis hinab zum Steißbein. In deiner Vorstellung verlässt du nun durch das Wurzelchakra hindurch deinen physischen Körper. Du stellst dir vor, wie du hinab in die Erde tauchst und wie du in einem langen Bogen immer tiefer durch die verschiedenen Schichten des Erdreichs reist. Du wirst dabei immer schneller, reist immer tiefer, bist du den Mittelpunkt der Erde erreichst. Du bist jetzt im Herzen von Mutter Erde angelangt. Nimm dir Zeit, die pulsierende, lebendige, warme Energie wahrzunehmen. Verweile, bis du die Einheit mit der Erde spüren kannst …

Dann tritt deine Rückreise an – nach oben, in einem langen Bogen reist du durch die verschiedenen Schichten der Erde, bis du wieder in dein Herzzentrum kommst. Nimm dir einen Moment Zeit, es wahrzunehmen. Und nun reise weiter, nach oben: Durch dein Kronenchakra am obersten Punkt deines Kopfes verlässt du deinen Körper und reist dem Sternenhimmel entgegen, wobei du immer schneller wirst. Du reist durch das ganze Universum, vorbei an Sternen und Galaxien, durch alle Bereiche des Universums. Du siehst in der Ferne ein wunderschönes, helles, geordnetes Licht, das dich anzieht. Es ist das Licht der Quelle. Du reist darauf zu – und tauchst tief hinein … Stell dir vor, wie das Licht dich ganz erfasst, wie es dich umhüllt und durch dich fließt. Du lässt das Licht in dein ganzes Sein eindringen und dich vollkommen von ihm erleuchten. Du wirst eins mit dem Licht, spürst seine Essenz und die Einheit mit allem. Du fühlst die Liebe, die Kraft, die Macht, die Einheit, die du bist. Jetzt kannst du durch deine Intention schöpferisch wirken, du kannst Veränderungen in deinem Leben anordnen und dir ihrer bewusst werden, sie also bezeugen.

Sobald du dies getan hast, reise zurück zu deinem Herzen: In einem langen Bogen reist du durch das ganze Universum, durch all seine Bereiche, vorbei an Sternen und Galaxien, bis du wieder in deinem Herzzentrum ankommst. Du zentrierst dich noch einmal ganz in deinem Herzen, nimmst ein paar tiefe Atemzüge und spürst, wie du deinen Körper und dein ganzes Sein wieder ausfüllst. Du bist nun ganz im Hier und Jetzt.

Ich empfehle dir, diese ausführliche Version zwei- bis dreimal zu wiederholen, um dein Unterbewusstsein daran zu gewöhnen. Anschließend kannst du auf die schnellere Version der Reise umsteigen, mit der du dich jetzt im Anschluss vertraut machen kannst.

Schnellere Version

 Wenn du möchtest, dann lege jetzt die CD ein:
3. Die Reise – schnellere Version

Zentriere dich in deinem Herzen, nimm einen tiefen Atemzug und reise in deiner Vorstellung mit dem Ausatmen zum Herzen der Erde … wo du die lebendige, warme Energie von Mutter Erde wahrnimmst … Reise nun direkt wieder nach oben, durch das Erdreich und durch dein Herzzentrum hindurch dem Sternenhimmel entgegen. Du wirst immer schneller und reist durch das ganze Universum, vorbei an Sternen und Galaxien auf das wunderschöne, geordnete Licht der Quelle zu. Du tauchst tief hinein, lässt dich ganz erfassen, umhüllen und durchfluten, und du spürst die Einheit mit allem. Jetzt kannst du durch deine Intention schöpferisch wirken, Veränderungen anordnen und dir ihrer bewusst werden, sie also bezeugen.

Sobald du dies getan hast, reise zurück: durch das ganze Universum in dein Herzzentrum hinein. Du nimmst einen tiefen Atemzug und bist wieder ganz im Hier und Jetzt.

Ich empfehle dir, diese schnellere Version noch zwei- bis dreimal zu wiederholen, um dein Unterbewusstsein daran zu gewöhnen.

Dann kannst du auf die Kurzversion umsteigen, mit der du dich im Folgenden vertraut machen kannst und die auch allen folgenden Übungen auf dieser CD vorangeht.

Kurzversion

 Wenn du möchtest, dann lege jetzt die CD ein:
4. Die Reise – Kurzversion

Nimm eine bequeme Haltung ein. Zentriere dich in deinem Herzen, nimm einen tiefen Atemzug und reise mit dem Ausatmen zum Herzen der Erde. Mit dem Einatmen reist du nach oben – durch dein Herzzentrum hindurch – zur Quelle.

Danach bist du mit einem einzigen Ausatmen wieder in deinem Herzen zentriert.

HERZ – ERDE – QUELLE – HERZ
Du wirst merken, dass dir die Reise zur Quelle immer schneller gelingt. Irgendwann brauchst du dich nur noch dafür zu *entscheiden*, mit der Quelle verbunden zu sein – und schon erreicht dein Gehirn den Theta-Zustand. Du verschiebst sozusagen nur noch dein Bewusstsein vom Tagesbewusstsein ins Quellbewusstsein. Aber achte darauf, dass du immer vom Herzen aus startest und dich anschließend wieder in deinem Herzen zentrierst. Das ist wichtig, denn so erschaffst du immer in Bedingungslosigkeit und Liebe. Deshalb ist die Kurzversion ideal, in der du dein Zentriertsein mit dem Atem verbindest.

Tu's mit Gelassenheit

Erzwinge nichts, gib dich einfach hin. Sei leer und empfange. Tritt ein in das multidimensionale Bewusstsein, in die Leere, und empfange in Gelassenheit, Frieden und Ruhe. Wenn du mit der Quelle verbunden bist, dann verschwinden Angst und Verspannung aus deinem Gewahrsein, denn sie sind lediglich Anteile des Egos. Auch komplizierte Gedankengänge lösen sich einfach in

Klarheit auf. Die Wahrheit ist immer einfach. Das Quell- oder Einheitsbewusstsein vermittelt dir das Vertrauen, dass zu jeder Zeit, in jedem Moment für dich gesorgt ist und alles in Ordnung ist. Du bist offen, und die Antworten auf all deine Fragen breiten sich vor dir aus.

2. DIE INTENTION – ERSCHAFFEN IM QUELLBEWUSSTSEIN

In der tiefen Verbindung mit der Quelle, wenn dein Gehirn den Theta-Zustand erreicht hat, kannst du aktiv werden und deine Absichten verwirklichen. Dabei muss deine Absicht ganz klar und fokussiert sein. Fasse sie in unmissverständliche Worte. Anschließend empfehle ich dir, diese Intention wie einen *Befehl* abzuschicken. Hab keine Sorge, es geht dabei nicht um einen Befehl *an jemanden*, was wir leicht als negativ behaftet empfinden, sondern es geht um die *fokussierte Absicht*, die du voller Klarheit und innerer Sicherheit abschickst. Das ist vergleichbar mit der Programmiersprache in einem Computerprogramm: Man gibt Befehle ein, die urteils- und wertfrei umgesetzt werden. Mich hat jedenfalls mein Computer noch nie gefragt, ob das richtig ist, was ich da mache, oder ob ich es überhaupt verdient habe, dass er meinen Befehl ausführt. Er tut es einfach. Und genauso können wir mit dem »System Leben« arbeiten: wie mit einem riesengroßen *Bio-Computer*.

In diesem Schritt geht es vor allem um *Klarheit*. Wir müssen unsere Absicht klar und deutlich fokussieren und mit dem Befehl abschicken. Wir betteln nicht, sondern machen klare Ansagen. Dabei tricksen wir durch den Befehl das Unterbewusstsein aus, denn wir alle haben schon unzählige Male erfahren, dass eine Bitte auch abgelehnt werden kann. Mit einer Bitte geben wir unsere Macht ab. Wir müssen dann erst einmal warten, ob unsere Bitte, unser Gebet erhört wird oder nicht. Beeinflusst wird dieser Prozess durch unser Unterbewusstsein, das diese Entscheidung für oder gegen unsere Bitte anhand unserer Programmierungen und Glaubenssätze trifft. Kurz: Eine Bitte kann unerfüllt bleiben.

Anders ausgedrückt: Wenn du unsicher bist und bettelst, dabei vielleicht sogar noch Kompromisse anbietest, wie: »Bitte, könnte ich das vielleicht haben, aber wenn es eben nicht geht, nehme ich auch etwas anderes«, dann tust du das aus einer Energie des Mangels und der Unklarheit heraus. Unklare Ansagen werden unklar beantwortet, im besten Fall passiert gar nichts. Wenn du aber einen *Befehl* gibst, wird die Ausführung im Unterbewusstsein nicht infrage gestellt; er durchdringt geschickt die vorhandenen Barrieren. Wenn du einen Befehl gibst, wird dieser befolgt. Bevor du wieder zurückkreist, kannst du dich im Quellbewusstsein *bedanken*. Ob du das mit dem Wort »danke« tust oder mit dem *Gefühl* der Dankbarkeit, ist dabei gleichgültig. Auch das ist eine elegante Möglichkeit, dem Unterbewusstsein die Ausführung des »Befehls« zu bestätigen. Im Alltag sagen wir »danke« zwar meistens aus Höflichkeitsgründen, doch gerade deshalb ist dieses Wort tief im Unterbewusstsein eine Bestätigung dafür, dass wir bereits etwas erhalten haben. Sobald du »danke« sagst oder fühlst, akzeptiert das persönliche und kollektive Unterbewusstsein, dass es bereits geschehen ist und dein Befehl ausgeführt wurde.

Wichtig ist deine klare, innere Ausrichtung. Letztlich schickst du eine *Intention* ab, eine *fokussierte Absicht,* die durch deine gebündelte Aufmerksamkeit und Energie an Kraft gewinnt. Einzig und allein auf die Energie dessen, was du aussendest, kommt es an. Deshalb sei ganz klar und frei in deiner Absicht und lege dein ganzes Bewusstsein, deine konzentrierte Aufmerksamkeit in diese Intention. Lass dich dabei nicht ablenken. Nur die Worte zu sagen und dabei gedanklich schon wieder einen Schritt weiter zu sein bewirkt nichts. Sei ganz in dem präsent, was du aussendest. So verschränkst du dich leicht mit dem Erwünschten.

Transformation = Schwingungserhöhung

Es ist wichtig, dass du Blockaden erkennst und sie *transformierst*. Transformieren bedeutet, dass die Energie aus dem System entfernt und ins Licht geschickt bzw. durch Licht (Liebe) ersetzt wird. Angenommen, du transformierst eine Fremdenergie in deinem System, so wird diese Energie nicht nur aus dem System Körper – Geist – Seele entfernt, sondern auch aus allen Parallelrealitäten, -dimensionen und -welten. Das ist viel besser, als sie nur zu *entfernen,* denn dann steht sie nach wie vor zur Verfügung und kann sich dir oder anderen Personen wieder anheften. Ist sie aber *transformiert,* dann ist sie nicht mehr in der Form vorhanden, sondern sie hat sich in das umgewandelt, was sie ursprünglich war: reines Bewusstsein. Ist also eine Blockade *transformiert,* steht diese Energie nur noch in Form reinen Bewusstseins (= Liebe) zur Verfügung und erhellt das ganze System. Dieses reine Bewusstsein hat die höchste Schwingung, die höchste Frequenz im Universum. Liebe ist das, was alles Leben zusammenhält. Man kann auch von reiner, göttlicher Lebenskraft sprechen, es ist dasselbe. Liebe ist die Triebkraft allen Lebens, sie fließt durch alles Lebendige und zwischen allem Lebendigen. Überall, wo du Liebe integrierst, indem du etwas Blockierendes *transformierst,* erhöht sich die Schwingung. Jedes Mal, wenn du eine Blockade transformierst, steigt also deine eigene Frequenz an, und du betrittst neue Ebenen der Schwingung. Auf jeder Schwingungsebene erlebst du eine ganz eigene Realität. Die Wahrnehmung deiner Realität hängt davon ab, auf welcher Ebene du dich befindest. Erscheint dir die Welt ungerecht, hässlich und gemein, bist du auf einer niederen Schwingungsebene gefangen. Erscheint sie dir wunderschön, aufregend und liebevoll, hast du eine höhere Ebene betreten. Dazwischen gibt es unendlich viele Abstufungen. Jede Ebene hat ihre ganz eigenen Energien, und du klinkst dich automatisch in die entsprechenden Gedanken und Gefühle ein – und erschaffst wiederum Umstände, die dieser Ebene entsprechen. Wenn du nun eine niedere Ebene verlassen möchtest, hilft es dir wenig, diese Ebene zu verabscheuen und abzulehnen, denn damit bestätigst du sie erst recht: Du bist durch dein Urteil energetisch verhaftet. Es hilft dir auch nicht, mit anderen darüber zu diskutieren, und seien eure Gedankenvorgänge noch so intelligent und komplex. Du wirst dich nur mit ihnen zusammen auf dieser Ebene einschwingen und diese Schwingung damit immer weiter bestätigen. Das Einzige, was dir hilft, ist, die Schwingung zu erhöhen, indem du Licht = Liebe integrierst. Bist du mit der Quelle verbunden, dann kannst du mit den folgenden Befehlen wirken. Du kannst ganze Sätze formulieren (bitte immer positiv!) oder einfach Blockaden transformieren. Je nachdem, was du tun möchtest.

BEISPIELE FÜR BEFEHLE ZUM TRANSFORMIEREN VON STÖRUNGEN UND BLOCKADEN

Entzündung transformieren.
Ursache für … transformieren.
Kopfschmerzen transformieren.
…

WEITERE BEISPIELE

Zeige mir alles Wichtige und führe mich durch die Behandlung.
Die natürliche Ordnung im Körper wiederherstellen.
… (betroffenen Körperteil) heilen und in Harmonie mit sich selbst und allen anderen Teilen des Systems zu bringen, für optimale Gesundheit.

Danke. (Gefühl der Dankbarkeit)

3. DAS BEZEUGEN –
DIE WAHRNEHMUNG MIT
DEN SPIRITUELLEN SINNEN

Nachdem du deine Intention klar und deutlich abgeschickt hast, *bezeugst* du den Vorgang: Du *beobachtest*, wie die Veränderungen, die du angeordnet hast, geschehen. Du wirst *Zeuge* davon.

Wenn du eine klare Aktion angeordnet hast, zum Beispiel eine Heilung oder die Transformation einer Blockade, dann wirst du Zeuge, wie die Situation sich positiv verändert.

Es ist sehr wichtig, dass du dich immer auf das *positive Ergebnis* ausrichtest. Auch wenn du angeordnet hast, die Blockade zu transformieren, ist es wichtig, nicht in der Blockade stecken zu bleiben, sondern zu bezeugen, wie sie verschwindet und an ihre Stelle geordnete, strahlende Energie tritt. Der Fokus ist sehr wichtig! Am Ende muss immer das Erwünschte wahrnehmbar sein. Anders formuliert: Du arbeitest nicht auf das Ergebnis hin, sondern du hast es bereits erreicht und spürst die Freude und Dankbarkeit. Lautete deine Intention zum Beispiel, dir die Ursache für ein bestimmtes Problem zu zeigen, dann sei einfach offen für die Informationen aus der Quelle, fokussiere dich auf deine inneren Sinne, jedoch mit Absichtslosigkeit. So nimmst du wahr, was sich dir zeigt.

Diese Wahrnehmung kann auf jegliche Weise zu dir kommen. Du nutzt dabei die spirituellen Sinne: Hellsehen, Hellfühlen, Hellwissen und Hellhören. Diese sind zwar alle gleichzeitig aktiv, jedoch haben die meisten Menschen auf einer oder zwei Ebenen ihre Schwerpunkte.

Der hellsichtige Sinn

Der hellsichtige Sinn kommt über das dritte Auge und erlaubt es dir zu »sehen«. Du kannst ganz klar in den Körper hineinsehen, jeden Körperteil inwendig genau betrachten, und auch die Energiekörper, die Aura, die Chakren kannst du mit deinem inneren Auge sehen. Was du genau siehst, hängt von deinem Befehl ab. Hast du angeordnet, etwas zu transformieren, dann kannst du sehen, wie es sich auflöst und Licht an diese Stelle tritt. Hast du angeordnet, eine Beziehung zwischen zwei Menschen zu harmonisieren, dann kannst du sehen, wie diese Menschen zueinander stehen. Hast du angeordnet, die Ursache für eine bestimmte Blockade zu heilen, dann kannst du vielleicht sehen, wie eine traumatische Situation sich positiv verändert und in Licht auflöst. Man spricht hier auch vom Visualisieren, wobei nicht mit den körperlichen Augen geschaut wird, sondern innerlich. Ich erlebe immer wieder, wie die Menschen von innen auf ihre geschlossenen Augenlider starren und warten, bis sich dort ein Kinofilm abspielt. So funktioniert das nicht! Dieses Sehen will nach außen, doch der hellsichtige Sinn ist innen. Nicht hinter den Augenlidern, sondern tief in dir.

Du kannst folgende Übung machen:

Schließe deine Augen und stelle dir eine Banane vor. Die Farbe, die Form. Siehst du sie? Dann beobachte jetzt genau, »wo« du sie siehst. Es ist nicht in deinen Augen, sondern in deinem Gewahrsein. Sie erscheint einfach. Dasselbe kannst du mit deiner Wohnung machen. Schließe in deiner Vorstellung die Tür auf, geh hinein, sieh den Flur, die einzelnen Zimmer, die Möbel, Bilder an der Wand, Fenster nach draußen usw. Oder eine Erinnerungsszene aus dem letzten Urlaub, ein besonders schönes Erlebnis, einen geliebten Menschen: Du kannst alles mit inneren Bildern sehen. Genau das ist der hellsichtige Sinn. Präge dir die Art und Weise ein, wie du innerlich siehst, dann kannst du diesen Sinn kultivieren. Wenn du den hellsichtigen Sinn nutzt, kann es vorkommen, dass du weitere Energien in deinem feinstofflichen Körper wahrnimmst. Es gibt einiges, was dort gesehen oder gespürt werden kann:

• Farben
• Realitätsbilder (Hologramme)
• Verdichtungen von Hellgrau bis Schwarz (Blockaden und Fremdenergien)

- Implantate und Kästchen (Fremdenergien)
- Pfeile, Speere, Messer u. Ä. (i.d.R. Traumen aus anderen Leben)
- Schnüre, die den Menschen mit etwas außerhalb verbinden
- Blockaden auf den Meridianen
- lichtvolle Begleiter, Engel, Krafttiere
- dunkle Wesen (Fremdenergien, Besetzungen) u.v.m.

Du kannst mit diesen Bildern im Quellbewusstsein sehr gut arbeiten und weitere Informationen dazu bekommen. Frage einfach immer die Quelle, was deine hellsichtigen Wahrnehmungen zu bedeuten haben, und geh dann mit den entsprechenden THEKI-Techniken weiter, zum Beispiel siehst du

- eine Person, dann kannst du die Beziehung zu dieser Person harmonisieren
- eine Situation, die ein Trauma ausgelöst hat, dann transformiere dieses Trauma
- Wut, Hass oder Ähnliches, dann entferne diese Gefühle und integriere Liebe, Gelassenheit, Vergebung
- Fremdenergien oder Wesen, dann kannst du sie transformieren
- Realitätsbilder und Gegenstände, die du wahrnimmst, transformierst du ebenfalls.

Wie das alles geht, erfährst du ausführlich im Praxisteil dieses Buches.

Der hellfühlende Sinn

Dieser Sinn arbeitet über das Solarplexuschakra und bewirkt, dass du an dir selbst fühlst, was andere Menschen fühlen oder was das vorherrschende Gefühl in einer bestimmten Sache ist. Im Zusammensein mit anderen oder auch in deiner THEKI-Sitzung können Gefühle in dir entstehen, die dir einen wichtigen Hinweis geben. So kann es zum Beispiel sein, dass dich eine große Traurigkeit oder Leere überkommt oder du dich abgelehnt oder ungeliebt fühlst – dann weißt du, wie sich eventuell beteiligte Personen fühlen, und kannst hier ansetzen. Es kann jedes erdenkliche Gefühl sein, das du hellfühlst, sogar eine bestimmte körperliche Beschwerde, die dir zeigt, wo die Blockade liegt.

Der hellwissende Sinn

Dies ist der prophetische Sinn, der über das Kronenchakra kommt. Du erfährst reines Wissen. Du weißt einfach, wie sich etwas verhält. Du zweifelst nicht daran und musst auch nicht unbedingt etwas sehen, um es zu glauben. Du bist mit der Quelle verbunden und erhältst die Informationen direkt aus ihr. Sie sind einfach da, ähnlich wie Gedanken, doch in höherer und sehr klarer Qualität. Der hellwissende Sinn ist der direkteste aller Sinne, und wenn man einmal gelernt hat, ihm zu vertrauen, geht es unglaublich einfach, klar und schnell vonstatten, mit diesem Sinn zu arbeiten. Anfangs jedoch bringt er für manche Menschen auch eine große Herausforderung, denn es benötigt Erfahrung und Übung, um ihn von den »normalen« Gedanken zu unterscheiden.

Der hellhörende Sinn

Der intuitive Gehörsinn ermöglicht es dir, mit deinen spirituellen Ohren zu hören. Vielleicht hörst du eine Stimme, die dir sagt, was im Moment wichtig ist. Vielleicht hörst du einen Glaubenssatz, den du umprogrammieren sollst. Es kann auch vorkommen, dass du während einer Behandlung ständig ein Lied im Kopf hast. Achte mal auf den Text oder Titel dieses Liedes, auch das kann eine Form der Wahrnehmung sein. Ich hatte schon oft Lieder im Kopf, die mich geführt haben und mit bestechender Klarheit den Kern des Problems gezeigt haben.

Vielleicht hörst du auch Töne oder Melodien. Im Laufe deiner Entwicklung wirst du feststellen, dass du die jeweilige Energiefrequenz hören kannst, zum Beispiel die Energie im Raum, deine eigene Schwingung, die Schwingung deines Gegenübers oder auch die Synergie, die ihr gemeinsam erzeugt. Je höher die

Schwingung ist, umso klarer, schöner, angenehmer und auch höher werden die Töne. Ist die Energie verzerrt und langsam schwingend, werden die Töne eher unangenehm und ungeordnet. In meinen Seminaren höre ich immer, wie sich die Energie im Raum erhöht, wenn alle Teilnehmer bei einer Übung ins Quellbewusstsein gehen. Es ist ein wunderschöner, heller, klarer und wohltuender Ton.

> Egal, ob du nun etwas siehst, hörst, fühlst oder weißt: Wenn es dir nicht gefällt, dann transformiere es, indem du die Transformation *befiehlst*. Auf diese Weise löst es sich in Licht auf. Wenn du dir nicht ganz sicher bist, was eine bestimmte Wahrnehmung zu bedeuten hat, dann frage die Quelle.

Mit den Gedanken umgehen

Nachdem du im Quellbewusstsein deine bewusste Intention abgeschickt hast, gehst du in gewissem Sinn »aus dem Weg« und bezeugst mit deinen spirituellen Sinnen, was geschieht und wie dein Befehl ausgeführt wird. Falls du dich dabei ertappst, wie du von deinen Gedanken abgelenkt wirst, ist das nicht weiter schlimm. Sobald du es bemerkst, lässt du den oder die Gedanken einfach wieder los und kommst zurück ins Quellbewusstsein und zu dem, was du gerade bezeugen wolltest. Stell dir diese Gedanken, die da immer wieder kommen, wie Wolken vor, und lass sie einfach vorbeiziehen. Es ist eine Kunst, und vielleicht musst du es eine Weile üben, bis es gut klappt, doch es ist wichtig, nicht auf die aufsteigenden Gedanken einzugehen. Sobald du dich in den Verstand eingeklinkt hast, ist es vorbei, dann hat dein Ego gewonnen. Das sind die üblichen Fallen im Lauf deiner Ent-Wicklung.

Lass die Gedanken vorbeiziehen, gehe nicht auf sie ein, vor allem ärgere dich nicht darüber, wenn du abgelenkt warst, sondern finde dich mit einer sanften Bestimmtheit im Quellbewusstsein wieder. Es ist ganz normal, dass der Verstand hineinfunkt und mit den absurdesten Gedanken kommt, um dich abzulenken. So ist der Verstand nun einmal. Versuche nicht, die Gedanken zu unterdrücken, ganz gleich, ob sie dir banal oder wichtig erscheinen. Damit erschaffst du nur noch mehr davon, denn dann steigst du auf die Ebene des Verstandes ein. Es ist schlichtweg unmöglich, Gedanken vollständig zu unterdrücken, denn jedem kurzen Erfolg, einen Gedanken losgeworden zu sein, folgen zehn neue, die dich belagern. Der Gedankenfluss geht unaufhörlich weiter. Du kannst den Verstand nicht abschalten. Du kannst ihn aber überwinden, indem du ihm voller innerer Gelassenheit keine Bedeutung beimisst. Lass ihn einfach sein, gib deine Identifikation mit ihm auf. Du bist nicht er! Er ist – genau wie das Ego – lediglich dein Diener. Sage dir einfach mit einem inneren Schulterzucken: »Na gut, ich habe wieder ans Kochen gedacht, jetzt bin ich wieder ganz im Quellbewusstsein und offen für meine Wahrnehmungen …« Je öfter du auf diese Weise damit umgegangen bist, umso mehr wird es zu einer neuen Gewohnheit, und du wirst feststellen, dass du immer fokussierter und gelassener sein kannst. Dein Ego wird immer kleiner werden und immer weniger Kraft haben. So stellen sich ganz automatisch immer tiefere Ebenen der Wahrnehmung ein. Deshalb mach dir keine Sorgen, wenn du am Anfang noch nicht so viel und klar wahrnehmen kannst. Es ist wie eine neue Sportart, bei der du deinen Muskeln die Zeit geben musst, sich aufzubauen. Je mehr du übst, umso klarer wirst du wahrnehmen.

Der Tag, an dem du nicht mal für einen einzigen Moment mit deinem Verstand identifiziert bist, ist eine Offenbarung: Der Verstand stirbt einfach; er ist nicht mehr da. Wo er so voll war, wo er so konstant war – tagein, tagaus, im Wachen und im Schlaf – plötzlich ist er nicht mehr da. Du schaust dich um, und da ist Leere, da ist Nichts.

OSHO[12]

Das Hier und Jetzt
oder wie ein Spaziergang im Wald

Man kann die Wahrnehmung mit den spirituellen Sinnen auch mit einem Waldspaziergang vergleichen. Wenn du *bewusst* durch den Wald gehst, empfängst du mit allen Sinnen. Multidimensional. Du hörst die Vögel zwitschern, den Wind, der durch die Baumkronen zieht und die Blätter zum Rascheln bringt, Geräusche im Unterholz, die von Tieren stammen, das Plätschern eines Baches, Stimmen anderer Menschen. Du riechst den Geruch des Holzes, der feuchten Erde und siehst, wie die Bäume aussehen, wie das Licht durch die Kronen bricht, die Blätter sich verfärben, fühlst den kühlen Wind und vieles mehr. Du kannst aber auch völlig unbewusst durch den Wald gehen. Dann bist du so von deinen eigenen Gedanken gefangen, dass du kaum mitbekommst, was im Wald alles geboten ist. Du führst innere Dialoge, ärgerst dich über die Kollegin oder den Nachbarn, denkst und denkst und denkst … und auf einmal bist du wieder zu Hause. Was im Wald war, hast du ausgeblendet. Du hast weder bewusst gerochen noch gehört oder gesehen oder gefühlt. So kann es dir auch bei der spirituellen Wahrnehmung gehen. Wenn du ganz frei bist, dann nimmst du alles wahr, was ist. Die Gefühle, Eingebungen, inneren Bilder, alles fließt ganz einfach herbei und kann durch dein weiteres Vorgehen verstanden und transformiert werden. Wenn du aber gehetzt bist, dich unter Leistungsdruck setzt, jetzt doch ganz viel wahrnehmen zu müssen, dann hörst du nur deine eigenen Gedanken. Deshalb lass los, schalte ab, lass die Gedanken vorbeiziehen und sei einfach präsent. Das ist das Geschenk. Präsent = Geschenk. Das ist die tiefe Bedeutung von »hier und jetzt«. Ganz hier sein, in dieser Energie, an diesem Ort, mit dieser Person. Und ganz jetzt, frei von Gedanken an die Zukunft oder Vergangenheit. Egolos.

Informationen bewusst und unterbewusst

Nach vorsichtigen Schätzungen der Wissenschaft empfängt unser Gehirn im Alltag pro Sekunde über 11 Millionen Bits an Informationen. Diese Flut ist kaum vorstellbar. Einfach alles, was irgendwie irgendwo in unserem Wahrnehmungsradius geschieht, wird unserem Gehirn mitgeteilt. Die Augen senden ca. 10 Millionen Bits an das Gehirn, die Haut über das Fühlen etwa eine Million, die Ohren 100 000, der Geruchssinn 100 000 und der Geschmackssinn 1000 Bits. Jeder Geruch, jede Temperatur, jedes Bild, einfach alles wird an unser Gehirn weitergegeben. Der bewusste Verstand verarbeitet jedoch nur 0,1 Prozent davon. Die restlichen 99,9 Prozent werden aber nicht einfach ausgeblendet, sondern sie landen im Unterbewusstsein.[13] Das Unterbewusstsein hat – emotional betrachtet – seinen Sitz übrigens im Bereich des Darms, was du auch mit deinen spirituellen Sinnen wahrnehmen kannst, wenn du bewusst darauf achtest, woher die Informationen kommen. Man spricht nicht umsonst von einem »Bauchgehirn« oder »Bauchgefühl«. Kannst du dir anhand der oben genannten Zahlen vorstellen, was da alles in deinem Unterbewusstsein landet? Ein immenses Potenzial, das aussortiert wird. Wenn diese 99,9 Prozent Informationen bewusst zu bestimmten Zwecken wie Heilung, Erkenntnis oder Entscheidungsfindung angezapft werden, haben wir einen nicht wegzuleugnenden Vorteil gegenüber den 0,1 Prozent, die unser rationaler Verstand zu bieten hat. Nicht umsonst sage ich, dass der Verstand dein Diener ist und nicht umgekehrt!

Der Grund, warum so viele Menschen trotzdem mehr dem rationalen Verstand vertrauen als ihrer Intuition, liegt darin, dass das Unterbewusstsein wie anfangs erwähnt eine eigene Sprache spricht. Es erreicht dich nicht so logisch und versiert wie der Verstand, sondern es zeigt seinen Inhalt in Form von Gefühlen und inneren Bildern. Diese Sprache haben die meisten Menschen verlernt, doch es ist recht einfach, sie wieder zu erlernen, denn sie ist nichts Fremdes, sondern ein Teil von uns. Sie ist unsere Natur. Die bewusste Arbeit mit THEKI und unseren spirituellen

Sinnen hilft uns dabei. Bei unserer Wahrnehmung mit THEKI stoßen wir die Tür zu dem inneren Raum auf, wo all diese unbewussten Informationen vorhanden sind. Wir haben Zugang zu dem immensen Speicher unseres Unterbewusstseins und können hier auf unglaublich viele Informationen zugreifen.

Das persönliche Unterbewusstsein wird nicht allein aus den Eindrücken unserer Sinne gespeist. Es ist auch der Bereich, in den wir Gedanken, Gefühle, Ereignisse *verdrängen*. Ob es sich nun um Traumen aus der Kindheit oder Jugend handelt, um übernommene Vorstellungen der Eltern, um Schmerzen oder was auch immer: Wenn wir einen Zugang zum Unterbewusstsein finden, stehen uns all seine Inhalte zur Verfügung. Wertfrei. Hier gibt es kein »Das darfst du sehen und das nicht, das zeige ich dir und das nicht«, sondern es wird einfach alles ausgelegt. Wenn wir uns mit THEKI die Informationen aus dem Unterbewusstsein zugänglich machen möchten, dann bestimmt die Art und Weise unseres *Befehls* die Auswahl. Wir kommen dann mit unserem erweiterten Bewusstsein wie mit einer Taschenlampe und beleuchten genau das, was für die Heilung der angesprochenen Blockade sinnvoll ist. Alles Übrige kann ein anderes Mal mit einem weiteren Befehl beleuchtet und transformiert werden.

Neben dem *persönlichen* Unbewussten haben wir gleichzeitig Zugriff auf das *kollektive* Unbewusste, das die Informationen anderer Menschen und des gesamten Universums bereithält. In spirituellen Kreisen spricht man dabei von der Akasha-Chronik. Es gibt diverse Meditationen, die einen dorthin führen sollen. Allerdings gilt es, achtsam damit umzugehen, da die Motivation oft dem Ego entspringt und die Neugierde befriedigen soll. Bei der Arbeit mit THEKI steht die Absicht im Vordergrund, die eigenen Blockaden oder Schichten zu ergründen, die sich um das wahre Selbst herum gebildet haben, und sich dabei aller Informationsquellen, auch der des kollektiven Unbewussten, zu bedienen. Dabei ist es durchaus möglich, dass die Ursache einer Blockade nicht im eigenen Feld zu finden ist, sondern im Familienfeld, also zum Beispiel als Erinnerung oder Trauma von einem Vorfahren weitergegeben wurde.

MIT THEKI EINE HEILUNG MANIFESTIEREN

Jetzt hast du alle wichtigen Informationen und Werkzeuge an der Hand, um eine Heilung zu manifestieren. Beginne mit der ersten Übung, und zwar mit einem ganz allgemeinen Heilungsbefehl. Nachdem du dich mit der Quelle verbunden hast, sprich innerlich den Befehl: »Heilung« oder »Natürliche Ordnung wiederherstellen«. Anschließend sei Zeuge, wie dein Befehl ausgeführt wird.

Diese Übung kannst du allein an dir selbst machen oder auch mit einer anderen Person üben. In meinen Seminaren lasse ich eine solche Übung gern auch mal in einer Zweierübung machen, da hier oft erstaunliche Wahrnehmungen vom Gegenüber direkt bestätigt werden. Mache dir vor der Übung bewusst, welches Ergebnis du gerne erreichen möchtest. Darauf konzentriert, gehst du in die Übung. Erinnere dich noch einmal an die drei Schritte:

1. *Verbinde dich mit der Quelle*
2. *Befehl: Heilung.* Oder: *Natürliche Ordnung wiederherstellen*
3. *Bezeuge/Beobachte, wie es geschieht.*

 Wenn du möchtest, dann lege jetzt die CD ein: 5. Transformation & Heilung

Mit dieser Übung kannst du dich von dem Licht der Quelle durchfluten lassen und dabei alles Blockierende, Schwere, Krankmachende transformieren. So kann Heilung auf allen Ebenen geschehen.

Werde dir vor der Übung klar, welches Ergebnis du gerne erreichen möchtest. Darauf konzentriert, begibst du dich in die Übung hinein …

Nimm eine bequeme Haltung ein. Zentriere dich in deinem Herzen, nimm einen tiefen Atemzug und reise in deiner Vorstellung mit dem Ausatmen zum Herzen der Erde ... Mit dem Einatmen reist du durch dein Herzzentrum hindurch nach oben zur Quelle ...

Getragen von der kraftvollen Energie der Quelle schickst du nun deine Intention: »Heilung« ab ...

Du tauchst in deinen Körper ein und wirst mit deinen spirituellen Sinnen Zeuge, wie deine Intention ausgeführt wird. Beginne dabei im Kopf: Das ordnende, heilende Licht der Quelle fließt langsam in deinen Kopf hinein und erhellt alles, es transformiert alles Begrenzende. Wo etwas dunkel oder schattig ist, löst es sich in diesem hochfrequenten Licht auf.

Sieh dir alles genau an: die Augen, die Nase, die Ohren, das Gehirn ... überall, wo das Licht der Quelle hinfließt, wird alles Störende sofort transformiert. Dieses Licht fließt nun weiter, den Hals hinunter ... alles, was nicht Licht ist, wird erhellt. Und es fließt weiter in den Brustraum hinein ... vielleicht nimmst du auch einzelne Organe wahr, das Herz und die Lungen, und kannst beobachten, wie alles von Licht durchflutet wird. Von deinem Brustraum aus fließt es in deine Arme und Hände, alles wird hell. Vielleicht spürst du auch das Prickeln oder die Wärme oder ganz einfach ein angenehmes, entspannendes Gefühl. Sei ganz achtsam. Das Licht fließt in deinen Bauchraum und heilt alles, was der Heilung bedarf. Es fließt bis in den kleinsten Winkel und erhellt alle deine Organe: den Magen, den Darm, Galle, Leber, Milz, Nieren, alles wird von dieser wunderbaren Energie durchflutet. Sie fließt weiter in deinen Beckenbereich, in deine Geschlechtsorgane, alles wird Licht. Und die Beine hinab ... Hier kannst du vielleicht beobachten, wie überflüssige Energien über deine Fußchakren in der Mitte deiner Fußsohlen losgelassen werden. Dein ganzer Körper wird heil und licht. Vielleicht hast du in einem Bereich deines Körpers beobachtet, dass das Licht »arbeiten« musste, um etwas Dunkles aufzulösen. Dann schaue nun noch einmal zu dieser Stelle und lasse so viel Licht einfließen, bis sich jede Blockade restlos aufgelöst hat. Achte auf alle deine Sinne ... fühlst du dich schon leichter, heller, gelöster, heiler? Hörst du vielleicht eine Melodie oder einzelne Töne? Siehst du die Stellen, die mit Licht gefüllt werden? Sagt dir dein inneres Wissen, wo du nochmals hinspüren sollst oder dass jetzt alles gut ist? Lass dich ganz darauf ein … *Dein ganzer Körper ist nun so voller Licht, dass das Licht beginnt, durch die Poren deiner Haut herauszuleuchten, es beginnt, sich in deine Energiekörper auszubreiten, und erhellt auch hier jeden Bereich. Du beginnst, von innen heraus immer mehr zu strahlen, und du kannst beobachten, wie alles um dich herum, deine gesamte Aura, von Licht erfüllt ist …*

Genieße diesen Zustand noch ein paar Augenblicke …

Danach bist du mit einem einzigen Ausatmen wieder in deinem Herzen zentriert.

Dies war eine einfache, aber wirkungsvolle Möglichkeit, im Quellbewusstsein durch die fokussierte Absicht der *Heilung* eine Veränderung einzuleiten. Meist erhalten wir in der Phase des Bezeugens weitere Informationen, was noch zu tun ist, oder auch Anhaltspunkte oder Bilder zur Ursache der bestehenden Blockade. Dann ist deine Arbeit noch nicht zu Ende, sondern bekommt eine ganz andere Tiefe. Du wirst geführt, sprichst weitere Befehle, bezeugst und bekommst dabei wieder neue Informationen, die dich zu weiteren Befehlen bringen.

Jeder einzelne Schritt dieser Sequenz läuft dabei nach dem gleichen Muster ab wie oben beschrieben: Wenn du mit der Quelle verbunden bist, kannst du beliebig oft befehlen. Bezeuge nach jedem Befehl die Veränderungen. Du wirst selbst spüren, wann es genug ist, zumindest für dieses Mal. Dann kommen keine weiteren Informationen mehr, oder es ist ganz klar wahrnehmbar, dass für heute genug getan ist. Nun solltest du aufhören und diesem Gefühl folgen, denn die Veränderungen brauchen auch ihren Raum und ihre »irdische Zeit«, um sich zu integrieren.

Wie du wahrscheinlich schon gespürt hast, ist die Arbeit mit THEKI einfach und erfolgt in klaren Schritten. Ich möchte dir im Folgenden einige Tipps geben, die du im Verlauf deiner weiteren Ent-Wicklung nutzen kannst. Dann blättere einfach wieder zurück zu diesem Abschnitt und verinnerliche die einzelnen Punkte, die auf meiner Erfahrung aus unzähligen Seminaren und Einzelbehandlungen basieren und die ich dir mit auf den Weg geben möchte.

Vielleicht spürst du, ganz ähnlich wie ich, auch den Wunsch, andere an deiner Ent-Wicklung teilhaben zu lassen und sie mit zu behandeln. Auch dafür findest du im Folgenden Tipps. Denke aber daran, dass du als Erstes konsequent an dir arbeiten solltest. Dann wird das Licht deines erhöhten Bewusstseins ganz natürlich durch dich strahlen und andere Menschen anziehen, die deinen Rat suchen.

TIPPS FÜR DEINE ARBEIT MIT THEKI

Es gibt keine Grenzen – außer denen,
die wir uns selbst setzen!

- Achte darauf, dass während der Behandlung kein *Handy* im Raum ist bzw. es ausgeschaltet ist. Handys versetzen das Gehirn in einen unnatürlichen Zustand, der das Verweilen im Theta-Zustand stören kann.

- Werde dir klar, was genau dein zu behandelndes *Thema* ist. Höre dir ganz genau zu, was du so denkst zu dieser Sache, schreibe es gegebenenfalls auf. So kommst du auf die inneren Überzeugungen, die die Veränderung bisher blockierten. Welche Gefühle löst es in dir aus? Ganz wichtig: Seit wann besteht das Problem? Und was war damals los? Oft sind es traumatische Erfahrungen oder Krisenzeiten, die dazu geführt haben.

- Setze dir ein *Ziel* und beginne – ausgerichtet auf dieses Ziel – die Behandlung. Wo möchtest du am Ende der Behandlung sein? Was ist das gewünschte Ergebnis? Wie möchtest du dich fühlen?

- Deine *Körperhaltung* sollte bei der Sitzung ganz offen sein, das heißt, die Wirbelsäule ist aufrecht. Arme und Beine werden nicht überkreuzt, sondern liegen oder stehen bequem nebeneinander. Das hat den einfachen Grund, dass das Überkreuzen einer Abwehrreaktion gleichkommt, was sich im energetischen Bereich sensibel auswirken kann. Außerdem lässt das System viele Energien, die nicht mehr gebraucht, bzw. transformiert werden, über die Fußchakren los. Sind die Beine überkreuzt, wird dieses Loslassen erschwert oder sogar blockiert.

- Verbinde dich immer vollkommen mit der *Quelle*, bis du die Einheit spüren kannst. Dann beginne.

- Lass es grundsätzlich deine innere *Ausrichtung* sein, zum höchsten Wohl aller Beteiligten zu wirken, im Sinne der göttlichen Ordnung. Dann brauchst du diese Zusätze auch nicht jedes Mal wörtlich zu formulieren, denn sie sind die Basis, auf der die Sitzung abläuft.

- Manifestiere gleich zu Beginn das gewünschte *Ergebnis*, das du zuvor erarbeitet hast, zum Beispiel indem du den Befehl sprichst: »Ich befehle, alle zuständigen Themen und Beschwerden jetzt zu transformieren, um das gewünschte Ergebnis zu erreichen und mich bei dieser Arbeit zu führen sowie mir alle Informationen zukommen zu lassen, die wichtig und hilfreich sind.«

- Vielleicht nimmst du irgendwo in deinem Energiesystem oder auch physischen Körper einen Bereich wahr, der nicht erleuchtet ist, also dunkler aussieht oder sich schwerer anfühlt als der Rest. Das ist eine Blockade, die es zu behandeln gilt. Wenn du dir nicht sicher bist oder nicht deutlich genug siehst, frage immer die Quelle.

- Wenn möglich, arbeite immer *chronologisch*. Wenn du also zum Beispiel das Problem »Eifersucht« behandelst und dir als Ursache das Fremdgehen der Jugendliebe gezeigt wird, dann muss dieses Trauma aufgelöst werden. Wenn du aber in der Bezeugungsphase ein noch früheres Ereignis gezeigt bekommst, wie vielleicht die Untreue der Eltern, dann sollte das zuerst aufgelöst werden, da weitere Ereignisse nach dem Gesetz der Resonanz darauf aufbauen.

- Solltest du am Anfang weniger wahrnehmen, dann kann das daran liegen, dass noch sehr viel *Dichte* im System ist, das Ego also noch sehr stark ist. Je mehr du befreiend mit THEKI arbeitest, umso schneller wirst du hier Erfolge haben und dich einer immer feineren Wahrnehmung erfreuen dürfen.

- Wenn du bereits die grundlegenden Dinge transformiert hast, dann darfst du beim nächsten Mal feststellen, dass du viel schneller und direkter zum Punkt kommst. Die Schwingung hat sich bereits erhöht, und das System ist offener.

- Jeder Mensch hat seine *Abgründe*. Vielleicht darfst du tief blicken. Was auch immer sich dir zeigt, betrachte es wertfrei und ohne Urteil. Habe den Mut, das Wahrgenommene anzuschauen, um es zu erlösen. Ohne Mitleid oder Anklage, ganz neutral.

- *Atme* ganz normal weiter, was auch immer du tust. Beobachte deinen Atem während der Behandlung. Wenn du dich dabei beobachtest, wie du ihn anhältst, bist du gerade in einer Blockade. Sobald du den Befehl zur Transformation der Blockade gibst, fließt der Atem weiter. Es kann auch hilfreich sein, ganz bewusst in eine schmerzende Körperstelle oder Situation zu atmen, um die Blockade dort zu lösen.

- Wenn du in Verbindung mit der Quelle arbeitest, kannst du dich auf deinen *Schutz* verlassen. Du gehst keinerlei Gefahr ein, dir etwas »reinzuziehen« oder selbst irgendwie Schaden zu nehmen oder eigene Energie abzugeben. Das ist einer der großen Vorteile von THEKI.

- Wenn du dich während der Behandlung auf einmal fragst, ob du überhaupt noch im *Quellbewusstsein* bist, dann überlege nicht lange, sondern *entscheide* dich einfach für die Verbindung. Du bist Meister deines Reiches, und du bestimmst, wo sich dein Bewusstsein aufhält! Sage dir dann innerlich ganz bestimmt: »Ich bin ganz mit der Quelle verbunden / ganz im Quellbewusstsein verankert.«

- Sei darauf gefasst, dass während der Behandlung *Gefühle freigesetzt* werden. Das bedeutet, es muss vielleicht nochmals etwas beweint werden oder es entsteht ein Widerstand oder was auch immer. Bleib in solchen Momenten ganz bei dir und im Quellbewusstsein verankert. Mache dir klar, dass das jetzt dazugehört, das Alte sich nochmals zeigt, es aber wichtig ist, den Prozess jetzt nicht zu unterbrechen, sondern voller ruhiger Gelassenheit durch ihn hindurchzugehen, um diese Blockaden ein für alle Mal zu transformieren.

- Achte deshalb immer darauf, dass du gut sitzt, damit du nicht umfallen kannst und dass du sicher bist, also zum Beispiel keinesfalls ein Trauma beim Autofahren auflösen!

- Sehr wichtig: Sei dir während der ganzen Behandlung bewusst, dass du im Theta-Zustand bist, also auch empfänglich für *Programmierungen*. Deshalb schalte Radio, Fernseher und weitere Informationsquellen aus.

- Arbeite möglichst täglich an dir selbst. *Beobachte dich* mit deinen Gedanken und Gefühlen und Reaktionen rund um die Uhr. Je mehr du deine eigenen Überzeugungen und Gefühle veränderst und somit deine Beschränkungen aufhebst, umso klarer und freier wirst du in deinem Leben und auch in den Sitzungen und Wahrnehmungen sein, da immer weniger Hindernisse dein Wirken blockieren.

- Es kann vorkommen, dass sich durch deine Arbeit auch mal gar nichts tut. Dann ist es am besten, die Quelle nach dem *Vorteil der Beschwerde* zu fragen. Manchmal hält man die Beschwerde fest, weil sie einen Vorteil bringt, zum Beispiel mehr Aufmerksamkeit von der Familie, mehr Besuch, nicht mehr arbeiten müssen. In solchen Fällen müssen zuerst diese Themen beleuchtet werden, bevor sich der Zustand bessern kann.

- *Erinnerungen* an Behandlungen gehen manchmal verloren. Das ist ein gewisser Selbstschutz, denn du sollst die Dinge loswerden, anstatt sie in Gedanken oder auch Worten und Gesprächen weiter festzuhalten. Was hilft es dir, wenn du die ganze Behandlung noch im Kopf hast, jedoch sowieso alles bereits gelöst ist und neue darunter hervorkommende Schichten auf dich warten?

- Deshalb empfehle ich dir, *nichts* aufzuschreiben, denn damit hältst du es fest. Ich vertraue darauf, dass mir alles, was nochmals wichtig sein könnte, auch beim nächsten Mal gezeigt wird.

- Thema *Alkohol oder andere bewusstseinsverändernde Substanzen* bei der Behandlung: Es ist nicht empfehlenswert, vor oder bei jeglicher Art von Energiearbeit Alkohol zu trinken oder bewusstseinsverändernde Substanzen zu nehmen, da die Wahrnehmung dabei von niederen Ebenen beeinflusst werden kann. Daher rate ich grundsätzlich davon ab.

- Es kann vorkommen, dass du im Theta-Zustand immer wieder einen starken *Druck im Kopf,* vor allem an der Stirn, wahrnimmst. Dein System muss sich erst an diesen Zustand gewöhnen, da der Theta-Zustand normalerweise nicht über längere Zeit und schon gar nicht willentlich gehalten wird. Im Zuge dieses Prozesses öffnet sich dein drittes Auge, und auch Zirbeldrüse und Hypophyse wachsen. Das kann sich unter Umständen wie Kopfschmerzen anfühlen. Gegendruck hilft, presse einfach deine Finger auf dein drittes Auge und drücke für eine Weile fest dagegen. Es kann dir helfen, in den Druck hineinzugehen, ihn richtig wahrzunehmen. Du verstärkst ihn damit sozusagen, bis er sich auflöst. Du kannst auch der Quelle mitteilen, dass der Prozess schmerzfrei ablaufen soll. Bleib dran, dein System gewöhnt sich daran und wird immer fließender und angenehmer im Theta-Zustand bleiben. Gönne dir anfangs auch genügend Pausen, damit dein System sich an die höhere Frequenz gewöhnen kann.

Andere behandeln

Eines möchte ich gleich vorneweg klarstellen: Die Arbeit an dir selbst sollte zuerst kommen. Je freier und authentischer du bist, umso leichter stellen sich deine Wahrnehmungen ein und umso klarer und sicherer kannst du auch anderen mit THEKI helfen. Früher oder später kommt der Punkt, an dem die ersten Freunde und Verwandten THEKI erfahren möchten – vielleicht deshalb, weil sie die positiven Veränderungen oder ganz einfach die Freude bemerken, die du durch THEKI in deinem Leben manifestiert hast. Vielleicht bist du aber auch bereits HeilpraktikerIn oder TherapeutIn und es gewohnt, mit anderen zu arbeiten. Wenn du dich bereit dazu fühlst, dann trau dich! Die Arbeit zu zweit kann unglaublich spannend und aufschlussreich für alle Beteiligten – auch für dich – sein. Bitte beachte dazu die folgenden Punkte:

- Arbeite grundsätzlich nur mit Personen, deren *Erlaubnis* du hast. Wenn du diese nicht persönlich einholen kannst, dann frage über die Quelle nach, ob du mit der Person arbeiten darfst, zum Beispiel bei kleinen Kindern oder Komapatienten. Grundsätzlich ist es aber immer besser, direkt zu fragen. Es kann zwar bedauerlich oder sogar schmerzhaft sein, vielleicht helfen zu können, aber ein Nein zu bekommen, doch jeder Mensch ist für sich selbst verantwortlich, und diese Grenze sollte unbedingt respektiert werden. Durch effektive Energiearbeit wird nicht »nur« ein bestimmtes Problem gelöst, sondern es wird ein umfassender, ganzheitlicher Prozess angestoßen, und dafür muss die Person offen und bereit sein. Sie muss nicht daran »glauben«, aber sie sollte auch nichts dagegen haben.

- Das *Vorgespräch* ist sehr wichtig. Wenn du mit einer anderen Person arbeitest, dann lass dir das zu behandelnde Thema genau erklären. Stelle Fragen dazu, wenn dir etwas unklar ist. Höre der Person dabei ganz genau zu. Was sie dir im Vorgespräch zum Thema erzählt, das sind oft schon die destruktiven Glaubenssätze, die du später positiv verändern darfst wie zum Beispiel »es wird immer so sein«, »ich schaffe das nicht«, »da muss man eben damit leben« usw.

- Außerdem erarbeite das *Endziel* im Vorgespräch. Wie soll sich die Sache verändern? Wie möchte sich die Person fühlen? Es ist wichtig, dass dabei die Person ihr Ziel selbst setzt, damit sie sich damit verbindet und du selbst frei von Projektionen und Interpretationen bist. Das, was *dein* Ziel in einer bestimmten Situation wäre, muss nicht unbedingt das Ziel der Person sein.

- Bevor du mit der Behandlung beginnst, erkläre in deinen eigenen Worten kurz den *Behandlungsablauf,* zum Beispiel dass du jetzt in den Theta-Zustand gehen wirst, was eine langsamere Gehirnwellenfrequenz ist, die die Person dann automatisch auch annimmt und die den Zugriff auf das Unterbewusstsein ermöglicht. Dass du dann die Lösung der Blockaden eingeben wirst, auf weitere Informationen wartest und dich auf diese Weise durch die Behandlung führen lässt. Und dass du immer alles mitteilst, was sich dir zeigt. Die Person soll sich wohlfühlen und wissen, dass sie bei dir gut aufgehoben ist und informiert wird. Und dass diese Sitzung eine Art Teamwork ist, das heißt, ihr geht gemeinsam durch den Prozess hindurch, sie darf jederzeit noch etwas erzählen oder nachtragen, was ihr bedeutungsvoll erscheint. Das ist ein wichtiger Punkt, da die Person so auch mehr in ihre Eigenverantwortung kommt. Beim nächsten Mal kommt sie vielleicht schon vorbereitet zur Sitzung, da sie jetzt weiß, worauf sie achten muss, und so schon eine neue Denk- und Sichtweise übernommen hat. Sie ist also bewusster geworden und hat das Prinzip von Ursache und Wirkung erkannt. Das ist ein sehr kraftvoller Schritt, der ganz nebenbei geschehen kann.

- Es ist wichtig, dass die Person weiß, um was es bei der Arbeit mit THEKI geht. Wir heilen keine Krankheiten, sondern wir lösen im psychisch-seelischen Bereich Blockaden und bringen den Menschen auf diese Weise in seine Ganzheit zurück, wodurch wahre Heilung auf allen Ebenen möglich wird. Deshalb stellen wir auch keine medizinischen Diagnosen. Wenn dir in der Wahrnehmung etwas im körperlichen Bereich gezeigt wird, dann kannst du die Person fragen, ob sie das schon einmal hat medizinisch untersuchen lassen und ihr gegebenenfalls dazu raten.

- Tauche immer in das *Energiefeld der Person* bzw. in ihr Leben ein, um die Veränderungen dort zu bezeugen. Es ist nicht nötig, extra den Namen dazu zu nennen.

- Jeder Mensch hat seinen *freien Willen* und bestimmt selbst, wie tief die Sitzung geht und wie schnell die Veränderungen sich zeigen. Alles, was sich in der Wahrnehmung zeigt, soll und darf verändert werden, doch du kannst niemanden manipulieren und daher auch keine Zeitangaben machen.

- Genauso ist es auch bei *Kindern*. Da sie üblicherweise viel weniger Blockaden haben als im Erwachsenenalter, sind die Behandlungen in der Regel viel kürzer und direkter, und auch die Erfolge stellen sich oft sofort ein, da wenig bis keine einschränkenden Überzeugungen vorhanden sind.

- Halte die *Schweigepflicht* ein. Was während einer Behandlung besprochen und wahrgenommen wird, geht niemanden etwas an. Sei unbedingt vertrauenswürdig.

- Wie oben bereits erklärt, empfehle ich auch hier, nichts zur Erinnerung aufzuschreiben. Einfach aus dem Grund, weil es *losgelassen* werden soll und du die Person beim nächsten Mal ganz neu betrachten sollst. Alles, was wichtig ist, wird dir nochmals im Vorgespräch erzählt oder auch in der Behandlung gezeigt werden. Vertraue darauf!

- Mit *Tieren* kannst du genauso THEKI machen wie mit Menschen. Bitte frage sie vorher über die Quelle um Erlaubnis. Die meisten Tiere haben keine Probleme mit der Schwingungserhöhung, denn sie leben noch immer in ihrem ganz natürlichen, egolosen Rhythmus und halten ein stabiles Energiesystem. Nur unsere Haustiere und die gefangenen Tiere in Zuchtbetrieben, Schlachthöfen usw. erleben Leiden, denn sie sind auch Spiegel für die Menschen, mit denen sie leben, und nehmen diesen einiges ab. Oft kann man ein Tier erst heilen, wenn der mit ihm verbundene Mensch geheilt ist.

- In *Extremsituationen,* zum Beispiel wenn du an einem Unfall vorbeifährst oder in den Nachrichten eine Katastrophe siehst und den Impuls zu helfen verspürst, kannst du dir wieder die

Erlaubnis der Quelle einholen. Ich mache es in solchen Situationen dann so, dass ich die ordnende, heilende, universelle Energie dorthin schicke. Ich nehme sie über dem betreffenden Gebiet wahr wie eine Wolke. Diese Wolke ist sozusagen ein Angebot. Jeder, der auf übergeordneter Ebene bereit und offen dafür ist, wird von ihr mit heilender Energie versorgt.

NACH DER BEHANDLUNG – DER REINIGUNGSPROZESS

Wenn wir an uns oder anderen Menschen mit THEKI arbeiten, kommen wir an die Ursachen vieler Leiden, Ängste und Probleme heran, wodurch ein individueller Heilungsprozess in Gang gesetzt wird.

Meiner Erfahrung nach fühlen sich die meisten Menschen schon während der Behandlung oder spätestens in den nächsten Tagen deutlich besser. Aber manchmal gibt es auch Gründe, warum die behandelten Themen noch einmal hochkommen. Gefühle, von denen man glaubte, sie schon vor Jahren verarbeitet zu haben, treten auf einmal wieder an die Oberfläche. Traurige Erinnerungen überkommen einen, und man fühlt nochmals die Schmerzen, Unsicherheit, Eifersucht oder was auch immer es war. Diese Gefühle tauchen wieder auf, weil sie damals verdrängt wurden und nun angeschaut werden wollen, bevor sie sich auflösen. Vielleicht soll noch eine letzte Erkenntnis daraus gezogen werden, oder man soll bewusst in Dankbarkeit loslassen. Aus dem Chaos entsteht eine neue, höhere Ordnung. Deshalb kann man fast grundsätzlich sagen, dass bewusst angeschaute Themen, die jetzt »nur noch« energetisch aufgelöst werden, keinen Reinigungsprozess, sondern direkt Erleichterung und höhere Schwingung bringen. Wer aber seine Themen bisher *verdrängt* hat und sich erst durch den Prozess mit THEKI bewusster darüber geworden ist, wird mit größerer Wahrscheinlichkeit einen Reinigungsprozess erleben. Man wird dazu aufgefordert, sich das anzuschauen oder das zu fühlen, was bisher verdrängt wurde. Nicht mehr und nicht weniger. Keiner wird über seine Grenzen hinaus gefordert. Die unendliche Weisheit der Quelle weiß ganz genau, wie viel jemand braucht und ertragen kann. Im Reinigungsprozess solltest du auch wirklich auf dich hören. Wenn du viel an dir gearbeitet hast und mal ein paar Tage keine Lust hast, dann hat das seinen Sinn. Gönne dir eine Pause. Die ganzen Veränderungen brauchen vielleicht etwas »irdische Zeit«, um sich zu festigen. Sehr interessant ist auch das Phänomen des totalen Gegensatzes: Man hat sich der spirituellen Arbeit geöffnet, und es wurden einige Veränderungen angestoßen. Das Ego merkt, dass es so nicht auf Dauer überleben kann. Es bäumt sich auf. Das kann sich so äußern, dass man auf einmal die ganze Sache inklusive aller Beteiligten lächerlich macht: Was mache ich nur hier?, fragt man sich. Bin ich auf irgendwelche Quacksalber hereingefallen? Habe ich mich beeinflussen lassen? Bin ich größenwahnsinnig geworden? Diese Visionen können doch nur Einbildungen sein!

Das erleben auch Menschen, die bereits seit langer Zeit, oft schon seit Jahren, an sich arbeiten. Solange das Ego nicht wirklich überwunden ist, kommt man immer wieder an den Punkt, an dem das Ego kämpft. Diese Zweifel und Fragen entspringen dem Ego. Vielleicht beschließt man, sich von der Arbeit an der eigenen Entwicklung abzuwenden, wieder Vernunft anzunehmen und endlich wieder das ganz »normale«, rationale Leben zu leben. Schließlich hat man jetzt ja genug herumgesponnen mit diesem »Esoterik-Kram«.

Im Prinzip zeigen diese Gedanken und Zweifel nur an, dass du bereits besonders gute Arbeit geleistet hast. Vielleicht stehst du kurz vor einem entscheidenden Quantensprung, einer Veränderung, vielleicht hast du gerade eine besonders große Blockade aufgespürt. Ansonsten wäre dieser Widerstand nicht nötig.

Der beste Umgang damit ist es, das Ego bei seinem Bemühen einfach lächelnd zu beobachten, seine Strategien zu erkennen, um dann ganz gelassen wieder ins Bewusstsein zu wechseln, wo diese Gedanken wie Wolken vorbeiziehen, ohne dich weiter zu stören. Das klingt einfach, und das ist es auch. Es braucht nur die Erkenntnis, dass du gerade im Ego bist. Das ist alles. Wenn du weißt, wo du stehst, kannst du auch wieder eine andere Position einnehmen. Wenn du es nicht gleich erkennst, ist es auch nicht schlimm. Dann wirst du vielleicht wieder ganz ins Egobewusstsein eintauchen und versuchen, das materielle, auf Macht und Dualität basierende Leben zu leben – und schnell merken, dass du das nicht mehr kannst. Wenn du die andere Welt einmal betreten hast, dann gibt es kein Zurück mehr. Es ist das tiefste Bedürfnis jedes Menschen, sein wahres Selbst zu erkennen und zu leben. Und es wird dich anziehen wie ein Magnet … Du wirst vielleicht etwas länger brauchen, als wenn du es gleich erkannt hättest, aber dafür bist du so auch um eine wichtige Erfahrung reicher geworden.

Egal, was geschieht, denke immer daran: Es ist zum Wohl aller Beteiligten. Es ist die Reinigung, die zur Heilung gehört. Habe Vertrauen in die Weisheit der Quelle und begib dich voll von diesem Vertrauen in den Prozess – in dem Bewusstsein, dass gerade Großartiges geschieht.

Verwandeln wir den Garten voll Unkraut in ein wunderschönes Blumenmeer

Bist du bereit? Dann lass uns vorgehen wie in der Natur. Wir müssen zuerst den Garten vom Unkraut befreien. Der Boden ist überwuchert und hart. So können keine positiven Dinge eindringen, keine Samen sprießen und keine Blumen wachsen. Zuerst muss das Unkraut entfernt werden, der Boden gelockert. Das geschieht durch die Grundreinigung und anschließend durch deine ganz persönliche Arbeit an deinem Energiesystem (auf Basis der Chakrenthemen) und auf deiner Lebenslinie.

Anschließend kommt die Phase, in der die Samen gesät werden. Die Samen der Dinge, die fortan in deinem Garten wachsen sollen …

KAPITEL 3:
ERSTE REINIGUNG
UND CHAKREN INTENSIV

DIE GRUNDREINIGUNG

Die nachfolgenden Übungen sollte jeder einmal gemacht haben, bevor er sich seinen ganz persönlichen Themen widmet, denn einige bestehende Blockaden betreffen uns alle gleichermaßen. Bevor wir uns im Anschluss mit dem feinstofflichen Körper und den Chakren eingehend beschäftigen, schlage ich deshalb vor, mit der *Grundreinigung* zu beginnen. Hat man diese absolviert, sieht man bereits klarer und erkennt die restlichen Themen, die sich im feinstofflichen System inklusive der Chakren zeigen, viel leichter.

Zur Grundreinigung gehören die folgenden Übungen:

1. Narben entstören

Narben können den Energiefluss im ganzen Energiesystem, in den Meridianen und Chakren stören oder sogar blockieren.

Man kann sich das Energiesystem vorstellen wie ein großes Verkehrsnetz. Wenn eine einzelne Schranke die Fahrt blockiert, ist das im Gesamtsystem nicht sonderlich spürbar, doch je mehr Wege durch solche Blockaden nicht mehr befahrbar sind, umso mehr Staus sorgen für Verstopfung und verminderten Energiefluss. Diese Schranken sind Blockaden, die wir entfernen sollten. Bei den Narben gelingt dir das ganz einfach, daher wollen wir mit ihnen beginnen.

Beispiele für Störfelder in Form von Narben
- sichtbare Narben durch Schnitte, Stiche, Operationen und andere Verletzungen
- Bauchnabel, wenn die Nabelschnur nicht auspulsieren konnte
- Dammschnitt
- Schwangerschaftsnarben
- Beschneidung
- Sterilisation
- gezogene Zähne

- entfernte Organe wie Mandeln, Blinddarm etc.
- Knochenbrüche
- Blutergüsse
- Piercings
- Tätowierungen

Nach der Entstörung kann die Energie wieder frei fließen, was oft zu einem direkt spürbaren Anstieg der Lebensenergie führt.

Gehe nun vor, wie du es bereits aus Kapitel 1 und 2 kennst. Du kannst auch die CD einlegen und die Narbenentstörung mithilfe der Übung »Transformation und Heilung« vornehmen.

Verbinde dich mit der Quelle.
Befehl: Narben entstören.
Jetzt bezeuge, wie es geschieht.

2. Selbstbegrenzungen

Dies sind Blockaden aus dem aktuellen oder auch aus einem anderen Leben, die uns an unserer freien Entfaltung im Hier und Jetzt hindern. Hierzu gehören:

EIDE

Ein Eid verpflichtet zur Wahrheit und Einhaltung einer Vereinbarung sowie zum Tragen der Konsequenzen bei Eidbrüchigkeit. Eide sind auf der ganzen Welt in nahezu allen Völkern Tradition. Zu ihnen zählen beispielsweise Treueeide, Lehnseide, Führereide in Monarchien und Diktaturen, Berufseide (zum Beispiel der Eid des Hippokrates bei Ärzten), katholische Priester leisten dem Papst einen Treueeid, Soldaten leisten einen Fahneneid. Eide werden auch als Selbstverfluchung bezeichnet, da bei religiösen Eiden eine Rächung der Unwahrheit inbegriffen ist. So war zum Beispiel im alten Orient in Staatsverträgen eine ganze Reihe von Göttern dafür zuständig, die Eidbrüchigen zu bestrafen, indem diese kein hohes Alter erreichten oder Schlaflosigkeit, Trübsal, Verlust der Ehepartnerin, Krankheit u. a. erleiden mussten.

Wenn ein Eid geleistet wird, besitzt er eine Gültigkeit, die in manchen Fällen über den Tod hinausreicht. Dabei wird die Tatsache außer Acht gelassen, dass das Leben einer ständigen Veränderung unterliegt, und es entstehen Blockaden im Energiefeld, die unser Denken, Fühlen und Handeln im Jetzt behindern. Eide, Schwüre und Gelübde mögen für die Gegenwart gelten, können aber später ein Festhalten an vergangenen Begebenheiten bedeuten oder auch die Unfähigkeit, eine erwünschte Handlung oder Veränderung zu realisieren.

Schwüre

Es gibt unterschiedliche Schwüre, die sowohl die Gesellschaft als auch den Einzelnen betreffen. Leistet man den Schwur zur Wahrheit (zum Beispiel vor Gericht) und hält diesen nicht ein, so kann das zu Schuldgefühlen und Blockaden im 5. Chakra führen (siehe Kapitel 3). Aber auch der gebrochene Schwur, etwas zu vollbringen, eine Aufgabe zu lösen, eine Abmachung einzuhalten etc. kann Zwangshandlungen oder ähnliche Programme auslösen.

Ehegelübde

»Ich werde dich immer lieben«, »Ich werde immer für dich da sein«, »Ich werde dir ewig treu sein« ... Gelübde dieser Art haben wie die Eide Gültigkeit für die Gegenwart und drücken den Wunsch aus, dass das zugrundeliegende Gefühl sich nicht wandeln möge. Doch wir wissen bereits, dass alles sich verändert – auch die Gefühle und die Energien eines Menschen. Darüber hinaus sind wir nicht in der Lage abzuschätzen, wie lange der Zeitraum »immer« oder »bis in alle Ewigkeit« wirklich bemessen ist. In manchen Fällen wirken solche Gelübde sogar über mehrere Inkarnationen. So können sich Ehegelübde später so auswirken, dass man an einem Partner hängt und ihn nicht verlassen kann, obwohl man unglücklich ist; dass man sich für den anderen aufopfert; sich gebunden fühlt, auch gefangen; immer für ihn da ist, auch wenn nichts dergleichen zurückkommt oder die Zuwendung sogar unerwünscht ist.

SCHWEIGEGELÜBDE

Meist aus religiöser Überzeugung abgegeben, können sie dazu führen, dass man im 5. Chakra blockiert ist und zum Beispiel nicht sprechen kann, sich nicht artikulieren kann, die Worte nicht herauskommen (siehe Kapitel 3).

KEUSCHHEITSGELÜBDE

Sie führen zu sexueller Unfreiheit, Schuldgefühlen und weiteren Blockaden im 2. Chakra (siehe Kapitel 3).

ARMUTSGELÜBDE

Die innere Überzeugung, nichts besitzen zu dürfen, führt zu finanziellen Problemen und Blockaden, entweder dass man nie genug Geld verdient oder dass man es immer wieder verliert.

VERSPRECHEN AM STERBEBETT

Diese Worte haben eine große Kraft, da hier eine Energie der Verantwortung freigesetzt und vom Sterbenden abgegeben wird, die eine andere Person aufnimmt, indem sie sich mit dem Versprechen verpflichtet (zum Beispiel für jemanden da zu sein, sich um jemanden zu kümmern, etwas Bestimmtes zu erledigen). Dies kann sich so auswirken, dass man sich gedrängt und sogar getrieben fühlt, dieses Versprechen zu erfüllen, selbst wenn man eines Tages erkennt, dass man es nicht mehr möchte – möglicherweise auch hier über Inkarnationen hinweg.

URTEILE

Wird ein Urteil über eine Person gesprochen, wie zum Beispiel »... darf nie wieder seinen Beruf ausüben«, erfolgt eine Blockade, die in diesem Beispiel die Suche nach einer Arbeitsstelle blockieren oder auch zu Blockaden in Sachen Studium etc. führen kann.

Bei der Entfernung von Selbstbegrenzungen gehe folgendermaßen vor:

Verbinde dich mit der Quelle.
Befehl: Selbstbegrenzungen transformieren.
Jetzt bezeuge, wie es geschieht.

Wiederhole diese Übung von Zeit zu Zeit, um immer frei von allen Begrenzungen dieser Art zu sein. Doch bedenke: Die Tatsache, dass du dich ab sofort von Blockaden befreien kannst, die durch Eide, Gelübde, Versprechen und Urteile entstanden sind, bedeutet nicht, deine Verantwortung für künftige Handlungen abzulegen. Wir können andere Formulierungen dafür finden, dass unser Wort Gewicht hat und wir uns an unsere Aussage halten werden. Das empfiehlt auch Jesus im Neuen Testament in seiner Bergpredigt: überhaupt nicht zu schwören, sondern sein Wort auch ohne eidliche Bekräftigung zu halten.

Du wirst es selbst spüren, wenn du eine der oben genannten Begrenzungen erlebst, und diese jetzt viel schneller erkennen und transformieren können.

3. Fremdenergien | Wesenheiten entfernen

Es gibt negativ ausgerichtete Wesenheiten, die sich in unserem System wie Parasiten verhalten, indem sie sich von unseren unbewussten Anteilen ernähren und diese damit verstärken. Wir erkennen sie hauptsächlich daran, dass wir an unkontrollierbaren Mechanismen leiden, wie Süchten, Gefühlsausbrüchen, Depressionen, Essstörungen, Zwangshandlungen, Gewalttätigkeit, Wahnvorstellungen usw. Aber auch eine ganze Reihe weiterer Blockaden kann durch Wesenheiten ausgelöst werden, von mentalen Störungen bis hin zu schwerwiegenden körperlichen Erkrankungen. Viele Traditionen wissen von diesen Wesenheiten und haben teilweise sehr komplexe Rituale und Möglichkeiten erarbeitet, sie zu erkennen und sich von ihnen zu befreien, wie zum Beispiel im Ayurveda oder der tibetischen Medizin, wo sie in ihrer Wichtigkeit der Chirurgie in nichts nachstehen. In unserem Kulturkreis wird ein solches Wissen eher als »Humbug« abgetan. Es ist außerordentlich wichtig zu verstehen, dass wir von negativen Fremdenergien nicht einfach wahllos angefallen werden und ihnen hilflos ausgeliefert sind. Es gibt bestimmte Gründe, warum dies geschehen konnte, zum Beispiel aufgrund einer Schwächung unseres natürlichen Schutzsystems. In traumatischen Situationen (siehe Kapitel 5) oder auch unter Alkohol- oder Drogeneinfluss ist man empfänglicher, da das Schutzsystem temporär außer Betrieb gesetzt wird. In Situationen, in denen großer Schmerz oder große Angst herrschen, treffen wir unterbewusst sogar Vereinbarungen mit diesen Energien.

Eine weitere Möglichkeit wäre, dass wir auf tieferer Ebene eingewilligt haben, sie in unser System zu lassen, um die eine oder andere Erfahrung damit zu machen.

Auch wenn jemand im Familiensystem verstorben ist, besteht eine höhere Wahrscheinlichkeit, etwas von dieser Person zu übernehmen. Die unerlösten Energien, die der Verstorbene mit sich getragen hat, bleiben zum Teil zurück und suchen sich einen neuen »Wirt«. Weitere Fremdenergien können sich durch negative Aussendungen und Verwünschungen oder Flüche von außen im Energiesystem blockierend niederlassen, wenn temporär oder dauerhaft der entsprechende Schutz fehlt. Ein wichtiger Grund, warum man unbewusst Fremdenergien annimmt, sind sogenannte psychische Haken oder Öffnungen im Schutzsystem, durch die die Energien hereinkommen können. Mitleid, psychische Abhängigkeit, Hass, Schuldgefühle oder ein verzerrtes Verantwortungsbewusstsein können psychische Haken entstehen lassen. Und ganz weit machst du die Tür auf, wenn du Angst hast. Manche Menschen nutzen diese Tatsache unbewusst, indem sie jemandem Angst machen, um einen Teil ihrer eigenen Fremdenergien auf diese Weise loszuwerden. Wenn du dich auf die Suche nach den Ursachen für eine Blockade durch Fremdenergien begibst, achte darauf, dich nicht vom Ego beschäftigt zu halten und somit von der Arbeit an dir selbst abhalten zu lassen. Weiter vorn hast du erfahren, dass du nicht die Blockade selbst bezeugen sollst, sondern ihr *Verschwinden*. Die Zeit, die du mit der Suche nach den Ursachen für Blockaden jeglicher Art verwendest, ist im Grunde viel zu wertvoll, denn so verpasst du das Hier und Jetzt. Wichtig ist also nicht, das

Ego mit dem ganzen Wissen zu befriedigen, sondern die Energieräuber einfach loszuwerden. Und das gelingt dir folgendermaßen:

Verbinde dich mit der Quelle.
Befehl: Fremdenergien, Wesenheiten, psychische Haken und verwandte Energien sowie alle Vereinbarungen und Verträge mit diesen Energien transformieren.
Jetzt bezeuge, wie es geschieht.

4. Filterloses

Wenn jemand eine traumatische Situation erlebt, einen Schock, einen Unfall, eine Narkose oder Ohnmacht, im Alkohol- oder Drogenrausch oder auch wenn er im Koma liegt, ist er »nicht ganz bei Sinnen«. Kurz passieren wir diesen Zustand immer dann, wenn wir einschlafen oder wieder aufwachen. In unserem Normalzustand verfügen wir durch unser selektives Bewusstsein über einen Filter, der Unwichtiges nicht in uns hineinlässt bzw. entscheidet, was uns betrifft und was angenommen wird und was nicht. Wenn also zum Beispiel der Fernseher oder das Radio laufen, erkennt das aktive Bewusstsein, dass das Gesprochene nicht uns betrifft. In filterlosen Situationen ist lediglich unser reaktives Bewusstsein verfügbar. Seine Funktion ist wesentlich primitiver, hier wird nicht überprüft, sondern wertfrei aufgezeichnet. Ob es um jemand anderen geht oder nicht, ob es wahr ist oder nicht, ob es Werbung ist, der Inhalt eines Horrorfilms, was auch immer, es geht direkt in unser Unterbewusstsein und wird dort abgespeichert. Dadurch kann ein fremdes Bewusstsein Veränderungen in uns bewirken, ohne dass wir uns dessen bewusst sind oder es beeinflussen können. Wohlgemerkt muss das keine Absicht vonseiten der anderen Person sein. Es fehlt einfach unser Verstand als »Filter«. Deshalb ist es empfehlenswert, darauf zu achten, nicht bei laufendem Fernseher oder Radio einzuschlafen und sich morgens nicht vom Radiowecker wecken zu lassen. Auch Songtexte können sich so in unser Unterbewusstsein einschleichen und von dort wiederum auf uns einwirken. Solche unbewusst aufgenommenen Worte, Kommentare, Urteile und Meinungen sollten immer wieder transformiert werden, wenn wir uns ent-wickeln und von fremden Energien befreien möchten.

Verbinde dich mit der Quelle.
Befehl: Filterloses transformieren.
Jetzt bezeuge, wie es geschieht.

5. Taufe und weitere Rituale bereinigen

Bei vielen religiösen Ereignissen (zum Beispiel Taufe, Kommunion, Firmung, Hochzeit, Sterbesakramente) werden uralte Rituale vollzogen, deren ursprüngliche Bedeutung und Absicht heute oft nicht mehr bekannt sind bzw. nicht hinterfragt werden. So kann mit einem Kreuzzeichen auf dem Stirnchakra (oder auch auf mehreren Chakren) eine Schließung dieser Energiezentren bewirkt bzw. eine wichtige Verbindung eingeschränkt werden. Die Wahrnehmung wird blockiert, und die eigene Meinungs- und Handlungsfreiheit werden eingeschränkt. Legt man die flache Hand auf das Kronenchakra einer anderen Person, so wird alles, was man in dem Moment denkt, fühlt und spricht, in diese Person eingegeben. Genau das wird bei solchen Ritualen oftmals getan und wenn man dabei einmal genau auf die Worte achtet, kann man schnell erkennen, dass das nicht nur förderliche Programmierungen sind.

Diese Rituale waren und sind eine oftmals wirksame Methode, Menschen von einer Institution abhängig zu machen – und sie somit ihrer Freiheit und der ganz natürlichen Gabe, in Einheit mit allem Göttlichen zu leben, zu berauben. Da sie in der Regel nur einmal durchgeführt werden, greifen sie nicht so extrem wie in früheren Zeiten, denn die Wiederholung des Vorgangs wird heute nicht mehr vermittelt – im Gegensatz zu früher, als man sich auch zu Hause täglich das Kreuzzeichen mit den Fingern auf die Stirn malen sollte. Trotzdem ist es wichtig, die Blockaden dieser Rituale aufzulösen.

Verbinde dich mit der Quelle.
Befehl: Taufe und verwandte Rituale transformieren.
Jetzt bezeuge, wie es geschieht.

Natürlich kannst du die Rituale, denen du unterzogen wurdest, auch einzeln benennen, wenn du möchtest.

6. Realitätsbilder

Dies ist die wahrscheinlich subtilste Form der Fremdenergien in der Grundreinigung. Realitätsbilder sind Projektionen; du kannst sie dir in etwa vorstellen wie feinstoffliche bunte Bilder, die durch die Beobachtung einer Person oder auch eines Gegenstandes entstehen. Jeder, der etwas beobachtet, »hängt« ein neues – nämlich sein eigenes – Realitätsbild auf, und so hat jedes dieser Bilder seine ganz eigene Qualität und Färbung. Ich nehme die Realitätsbilder wahr wie Hologramme, durch die man blicken muss und die eine klare Sicht verzerren.

Ein Beispiel: In einer Ausstellung steht eine Skulptur, die ein berühmter Künstler gefertigt hat. Schon allein aufgrund seiner Berühmtheit wird sie interessiert »beobachtet«, das Schöne, Besondere und Exklusive wird in ihr gesucht – und gefunden. Es sind Realitätsbilder entstanden, die die Skulptur umgeben. Da die meisten Menschen unbewusst beobachten, steigen die weiteren Beobachter nun auf dieses Realitätsbild ein und geraten in dessen Einfluss. Sie finden die Skulptur automatisch schön, ohne es für sich zu überprüfen. Genauso kann es sein, dass eine Skulptur als »okkult« oder »verflucht« gilt. Dann bekommen die Menschen unangenehme Gefühle, ja Ängste, wenn sie die Skulptur ansehen.

Dieser Mechanismus gilt nicht nur für Gegenstände, sondern auch für Menschen. Wann immer jemand einen bestimmten Ruf hat, sei es unehrlich, faul, dumm, aber auch schön, charismatisch, talentiert, wird er von mehr und mehr Personen so gesehen. Wir beobachten dieses Phänomen in dem Kult, der um Stars betrieben wird, die die Menschen regelrecht in ihren Bann ziehen. Erwähnenswert ist hier, dass jede Person ab einer bestimmten

Kraft der an ihr haftenden Realitätsbilder selbst unter diesen Einfluss kommt – im Positiven wie im Negativen. Wenn dich eine Person an jemanden erinnert, schaust du sie durch deine eigenen Realitätsbilder an bzw. projizierst die Realitätsbilder der einen Person auf die andere. Magst du die »Ausgangsperson« gern, wirst du auch an der »neuen« Person Gründe für Sympathie finden. Verbindest du eher Negatives mit ihr, so wirst du diese Eigenschaften vielleicht auch an der »neuen« Person entdecken oder mit Abwehr oder Vorsicht reagieren. Ähnlich verhält es sich mit bestimmten Kategorien, unter die wir Menschen einteilen, wie Sternzeichen, Berufsgruppen und Ähnliches. Einen Anwalt zum Beispiel umgeben ganz andere Realitätsbilder als einen Skilehrer oder eine Bewusstseinstrainerin. Kurz: Menschen erschaffen durch ihre eigenen Wertungen Projektionen, die sich wiederum an Menschen und Dinge anheften können. Unter diesen Gesichtspunkten betrachtet, muss man sich genau überlegen, wem man was von sich erzählt. Probleme und Krankheiten erzeugen ebenfalls Realitätsbilder, durch die andere dich fortan betrachten. Es wird dadurch nicht einfacher, gesund und glücklich zu werden. Erzählst du es hingegen ausgewählten Menschen, bei denen du sicher sein kannst, dass sie in *Lösungen* denken und nicht im *Problem* hängen bleiben, dann bist du besser dran.

Alle Realitätsbilder stärken und entwickeln sich so kontinuierlich weiter. Je stärker die Realitätsbilder werden, umso wahrscheinlicher ist die Vernetzung mit entsprechenden »Quantenfeldern« (siehe Kapitel 6) und damit eine erhebliche Verstärkung der entsprechenden Qualitäten. Letztendlich entstehen sie aus unseren eigenen inneren Wertungen und Urteilen, und wir sehen uns ein Stück weit immer selbst. Entfernt man sie, ist man fähig, den Menschen oder die Sache dahinter zu erkennen. Das, was ist, und nicht das, was alle sehen. Praktisch alles, was existiert, ist umgeben von Realitätsbildern. Auch du. An dir selbst haften Realitätsbilder, die durch andere entstanden und durch dich selbst eventuell verstärkt wurden. Du hast aber auch Realitätsbilder, die du auf andere Personen oder Gegenstände projizierst, was dazu beiträgt, dass du nicht die *reine* Wahrheit siehst. Deine eigenen Realitätsbilder kannst du transformieren. Es wird dir dabei helfen, urteils- und wertfreier zu leben.

Verbinde dich mit der Quelle.
Befehl: Destruktive Realitätsbilder transformieren.
Jetzt bezeuge, wie es geschieht.

7. Sieg über den erfolglosen Helfer

Ein weiteres Phänomen in manchen Behandlungen ist die Thematik, dass der Klient eine starke Behandlungsblockade hat, die man als den »Sieg über den erfolglosen Helfer« bezeichnen darf. Das bedeutet, dass ein Mensch Hilfe und Heilung sucht, jedoch innerlich so programmiert ist, »beweisen« zu wollen, dass es auf diesem Weg nicht funktionieren kann. So ignoriert er unbewusst alle Veränderungen. Dadurch zeigt sich entweder gar kein Erfolg, oder es ergeben sich immer wieder kurzfristige Erfolge, die jedoch nicht anhalten. Der große Durchbruch lässt auf sich warten.

Verbinde dich mit der Quelle.
Befehl: Blockaden »Sieg über den erfolglosen Helfer«
transformieren.
Jetzt bezeuge, wie es geschieht.

Die Grundreinigung gehört zur sogenannten »spirituellen Hygiene«. Das heißt, es sollte unser Anliegen sein, unser System energetisch rein zu halten. Da sich durch Unbewusstheit negative Energien wieder einschleichen und ansammeln können, kannst du die Grundreinigung von Zeit zu Zeit wiederholen. Vor allem die Punkte 2., 3., 4. und 6. sollten anfangs alle paar Wochen und später alle paar Monate bzw. nach aktuellem Bedarf wiederholt werden.
Typische Anzeichen dafür, dass es an der Zeit ist, die Grundreinigung durchzuführen, sind Energiemangel, Müdigkeit, Antriebslosigkeit, Nervosität, innere Unruhe, Angstgefühle sowie das Gefühl, fremdgesteuert

zu sein. Manchmal meldet der Körper in Form von Hautausschlägen und -unreinheiten oder auch Durchfällen, dass er entgiften möchte und auf diesem Weg versucht, belastende Energien loszulassen.

Du wirst feststellen, dass du bei den folgenden Grundreinigungen immer weniger entfernen musst und auch die Abstände immer größer werden, da dein Bewusstsein sich kontinuierlich durch deine Arbeit erhöht und immer weniger begrenzende Energien entstehen bzw. andocken können, da du immer weniger Fläche dazu bietest. Du gehst ganz einfach nicht mehr in Resonanz mit diesen Energien, die letztlich nur die eigenen inneren Schatten und Ängste spiegeln. Mit der Zeit wirst du immer bewusster und spürst es sofort, wenn du nicht ganz in deiner eigenen Energie stehst. Sobald du weißt, wie du dich gereinigt und zentriert anfühlst, spürst du sehr schnell, wenn du es nicht mehr bist.

AKTIVIERE DEIN NATÜRLICHES SCHUTZSYSTEM

Nachdem du von all diesen störenden Energien befreit bist, kannst du dein ganz natürliches Schutzsystem aktivieren und stärken. Vergleichbar mit unserem Immunsystem sind wir auch um unser feinstoffliches System herum durch ein überaus intelligentes Zusammenspiel vor Fremdenergien jeglicher Art geschützt. Zu den Fremdenergien gehören die oben entfernten Energien genauso wie destruktive Gedanken und Gefühle unserer Mitmenschen, mit denen wir im feinstofflichen Bereich ständig konfrontiert werden. Es ist dabei ganz egal, ob diese Energien bewusst oder unbewusst ausgesendet werden: Das Schutzsystem hält alles Unnötige von uns fern, ist darüber hinaus aber intelligent genug, das durchzulassen, was unserer Entwicklung dient. Dies alles gilt für den aktiven und stabilen Zustand des Systems. In Krisenzeiten, traumatischen Situationen

und bestimmten Phasen der Entwicklung sind wir jedoch anfälliger für destruktive Fremdenergien und Anhaftungen, da das Schutzsystem geschwächt oder sogar temporär inaktiv ist. Deshalb ist es wichtig, das natürliche Schutzsystem von Zeit zu Zeit zu aktivieren. Vor allem in Phasen, in denen du dich weiterentwickelst, brauchst du einen stabilen Schutz, um dein Leben selbstbestimmt meistern zu können.

Ich empfehle dir, immer nur mit deinem ganz natürlichen Schutzsystem zu arbeiten.

Verbinde dich mit der Quelle.
Befehl: Natürliches Schutzsystem aktivieren.
Jetzt bezeuge, wie es geschieht.

Wenn es dir möglich ist, dann mache jetzt für dich die gesamte Grundreinigung und aktiviere im Anschluss dein natürliches Schutzsystem, bevor du weiterliest. Am besten ist es, die Reinigung über Nacht wirken zu lassen. So gibst du deinem System Zeit, sie auf allen Ebenen zu verwirklichen, bevor du mit den nächsten Übungen weitermachst.

DIE SIEBEN HAUPTCHAKREN

KRONENCHAKRA

STIRNCHAKRA

HALSCHAKRA

HERZCHAKRA

SOLARPLEXUSCHAKRA

SEXUALCHAKRA

WURZELCHAKRA

Wir leben in einer Zeit, die uns ungeheuer viele Chancen eröffnet. Die Schwingung ist hoch, immer mehr Menschen »wachen auf« und begeben sich auf ihren Weg, der innere Ganzheit, wahres Glück und echte Bestimmung bringen soll. So dürfen wir uns aber auch neuen Herausforderungen stellen: Die bisher eher ego-orientierten Menschen, die hauptsächlich aus ihren unteren Chakren heraus lebten, kommen nur über die Spiritualität der oberen Chakren in die angestrebte Ganzheit – und die Menschen, die sich bisher hauptsächlich um ihre oberen, spirituellen Chakren gekümmert hatten und Meditation und Stille, Askese und Erleuchtung anstrebten, dürfen erkennen, dass sie nur in ihrer absoluten Ganzheit aufsteigen können, inklusive der geläuterten und gereinigten unteren Chakren.

Die Chakren zeigen uns auf einzigartige und einleuchtende Weise, wie alles in diesem Universum zusammenhängt und welchen kosmischen Gesetzen es unterliegt. Wir sind weder nur Körper noch nur Seele oder nur Geist. Wir sind eine wunderbare Einheit und Begegnung all dessen. Wir haben uns diesen Körper *ausgesucht* und – damit verbunden – auch die Tatsache, in die Ebene der Dualität zu inkarnieren. Das haben wir ganz bestimmt nicht getan, um der Welt zu *entsagen*. Wer das tut, der gleicht vielleicht ein Ungleichgewicht über Inkarnationen hinweg aus. Letztlich geht es jedoch nicht darum, der Materie zu entsagen, sondern Meister darüber zu werden. Wir haben das komplette System vom Wurzelchakra (bzw. Erdherz) bis zum Kronenchakra (bzw. Quelle) nicht bekommen, um die Hälfte davon zu verleugnen und zu unterdrücken. Damit erschaffen wir nur unglaubliches Leid und viele Blockaden. Der Schlüssel heißt, ich wiederhole mich hier gern: Bewusstsein.

> *Wenn das Eingehen ins Nirwana alles ist, gibt es keine Abenteuer mehr, und dann hat Gott uns die Pointe versaut. In meinen Augen ist das wahre Abenteuer des Lebens unsere Verkörperung hier.*
>
> MICHAEL MURPHY[14]

Wenn du bewusst bist, sowohl auf den spirituellen als auch den weltlichen Ebenen, dann bist du befreit. Man kann dies auch die Befreiung von der Materie nennen oder die Befreiung von allem, was außen ist. Es ist nicht die Welt, die du aufgeben musst, sondern das *Verhaftetsein* an sie. Hast du diese Herausforderung gemeistert, bist du frei und unbeeinflussbar. Du bist selbst unter vielen Menschen *all-ein*. Die Welt, so wie du sie vorher erlebt hast, existiert nicht mehr. Dann kannst du alles haben und dich auch materieller Dinge erfreuen – sind sie doch eine schöne Möglichkeit zum Selbstausdruck –, doch du bist in deinem Glück und Wohlbefinden nicht auf sie angewiesen. Sie sind – wie das Ego und der Verstand – deine Diener und nicht umgekehrt.

Dein wahres Selbst ist nicht verhaftet. Wenn du das Ego gemeistert hast, sind alle Chakren voll aktiv und verbinden dich in göttlicher Perfektion mit allem.

Tiefe Erkenntnisse, wie diese Meisterschaft zu erreichen ist, können dir die nachfolgenden Seiten über die Chakren und die mit ihnen verbundenen Themen geben.

Die Chakrenlehre

Chakren sind die »Energiezentren« unseres Systems, durch die Energie aufgenommen, umgesetzt und abgegeben wird. Ihr Aussehen ist vergleichbar mit farbigen Kugeln aus feinstofflicher Energie, die ständig in spiralförmiger Bewegung sind. Die Energie, die von den Chakren aufgenommen und verteilt wird, fließt von dort in die umgebenden Körperteile. Sind die Chakren offen und gesund, funktionieren sie einwandfrei und versorgen unser gesamtes System mit Energie. Probleme treten auf, wenn die Chakren blockiert sind und daraus resultierend der gesamte Energiefluss gestört wird.

Das Wissen um die Chakren wird dir dabei helfen, dich selbst und andere tiefer zu verstehen und zu erkennen, wie Blockaden überhaupt entstehen. So wird es dir in Zukunft leichter fallen, ohne diese Blockaden authentisch zu sein und zu prüfen, was du annehmen willst und was nicht.

Alles um dich herum ist Energie und beeinflusst dein System, und nur wenn du im Alltag bewusst bist, entscheidest du auch bewusst über dein Energiesystem und hältst deine Energie im Fluss.

Die körperlichen Aspekte und Zuordnungen betreffen immer den Körperteil, in dem sich das Chakra befindet. Ich erwähne diese nur am Rande und gehe hauptsächlich auf die seelischen Aspekte der sieben Hauptchakren ein, denn hier liegen die tiefen Ursachen aller Blockaden – der Körper dient lediglich als Wegweiser (dazu mehr in Kapitel 4).

Grundsätzlich sind die unteren Chakren 1 bis 3 die weltlichen, mit der Materie verbundenen Chakren, wobei die oberen Chakren 5 bis 7 die spirituellen, feinstofflichen Chakren darstellen. Alle Chakren sind über das Herzchakra (4) miteinander verbunden. Es ist das Zentrum, über das alles läuft, das Oben und Unten miteinander verbindet. Ohne das Herzchakra ist der gesamte Energiefluss begrenzt, denn es arbeitet als göttliche Transformationszentrale in unserem System.

Was aus dem feinstofflichen Bereich von »oben« ins System kommt (göttliche Inspiration, Ideen, Führung, Lebenskraft), wird durch das Herzchakra »übersetzt« und nach unten gegeben, um es in die Welt zu bringen: es auch *fühlen* zu können und in Form von Entscheidungen und Handlungen umzusetzen. Stimmt diese Verbindung nicht, dann bleibt die Information stecken. Man hat zum Beispiel Ideen, kann sie aber nicht umsetzen.

Umgekehrt wird das, was wir erleben, aus den unteren Chakren nach oben durch das Herz geleitet und in den oberen, spirituellen Chakren verarbeitet. Höhere Erkenntnisse und Lehren können gewonnen werden, die dann wiederum ihren Weg nach unten in die Welt finden.

Deshalb ist es essenziell, *alle* Chakren zu beleuchten und von Begrenzungen zu befreien, damit die Energie wieder frei fließen kann. Genau dies wird sich anschließend in deiner erlebten Realität spiegeln.

1. Chakra – Wurzelchakra

Instinkte, Urvertrauen, Lebenskraft, Stabilität, Sicherheit, Erdung, Nahrung, Geld, Heim, Materie, Beziehung zu unserem Körper und zu Mutter Erde sowie zur eigenen Mutter.

Wer die Freiheit aufgibt, um Sicherheit zu gewinnen, wird am Ende beides verlieren.

BENJAMIN FRANKLIN

Wir leben entweder die Mentalität der Fülle oder des Mangels. Anders ausgedrückt: Das Glas ist entweder halb voll oder halb leer.

Das *Fülle-Bewusstsein* zeigt uns unser Leben im Fluss, in Liebe, Harmonie und Gesundheit. Hindernisse werden als Herausforderungen erkannt, als Chance zu persönlichem Wachstum. Liebe, Mitgefühl, Teilen, Freundlichkeit und ähnliche Qualitäten gehören zu unserem Weg in der Welt, die uns in wundervollen Synchronizitäten auf diese innere Einstellung antwortet. Alles scheint uns zuzufliegen. Wir fühlen uns klar, sicher und geerdet und leben im Jetzt. Das *Mangel-Bewusstsein* sagt uns ständig, dass nicht genug da ist, wir immer von irgendetwas zu wenig bekommen, auf etwas verzichten müssen. So können wir nicht bedingungslos geben. Wir fühlen uns einsam und haben Angst. Was denkst du von dieser Welt? Glaubst du, dass du hier sicher bist? Oder lebst du in Angst, dass etwas passieren könnte? Lebst du in vollkommenem Vertrauen, oder siehst du die Gefahr in jedem Auto, jedem Urlaub, jedem Sport und jedem anderen Menschen? Lebst du in Leichtigkeit und Freude, oder bist du ständig auf der Hut? Angst bringt die größte Verletzlichkeit mit sich. Wenn du voller Sorgen bist, negative Gedanken hegst, dich ängstlich und bedroht fühlst, bietest du negativen Energien eine viel größere Resonanzfläche.

Ein Mensch, der Urvertrauen hat und dadurch ruhig, entspannt, gelassen und glücklich ist, ist unantastbar. Wenn du von Herzen lachst und Freude hast, erlaubst du unbewusst den anderen, auch so zu sein.

Schädigung des 1. Chakras

Wer im Mangel lebt, identifiziert sich mit der materiellen Welt. Geld, Status, Wissen, Titel und andere Personen sind dann enorm wichtig. Das Ego hat freie Fahrt, und das wahre Selbst wird immer mehr verdeckt. Angst und Unsicherheit machen sich im Untergrund breit. Das äußert sich in der Folge als Depression, als Gefühl der Leere und Unzufriedenheit. Viele unserer prägenden Gewohnheiten, Überzeugungen und Verhaltensmuster haben wir direkt von den Eltern übernommen. Die Beziehung zu unserer Mutter spielt hier eine tragende Rolle. Fühlte diese sich glücklich, wohl, sicher und beschützt, dann stehen unsere Chancen gut, dass wir uns auch so fühlen. Andernfalls – und das kommt leider viel häufiger vor – sehen wir das Bild verzerrt. Hinzu kommt, dass viele Menschen religiösen Dogmen unterworfen waren und sind. Die daraus resultierende Angst vor strafenden Gesetzen beeinträchtigt enorm.

AUFTRETENDE PROBLEME BEI BLOCKADEN IM 1. CHAKRA

Gefühl der Bedrohung durch die Umwelt, wobei man sich machtlos fühlt und unfähig, für den eigenen Schutz und die eigenen Belange einzustehen; Gefühl, nirgendwo hinzugehören, nirgendwo richtig zu Hause zu sein, ganz allein auf der Welt zu sein; Existenzängste; mangelnde Lebensfreude und Lebensenergie; Phobien; Depressionen; Darmprobleme; Verstopfung; Durchfall; Hämorrhoiden; Blasenleiden; Krampfadern und Venenleiden; Schmerzen im unteren Rücken, in Beinen und Füßen; Blutarmut.

Heilung des 1. Chakras

Um das 1. Chakra zu heilen, müssen wir die *Beziehung zur eigenen Mutter* klären und alle Muster, die dem Mangelbewusstsein dienen, loslassen. Das *Urvertrauen* sollte sich in den ersten sieben Lebensjahren bilden, vor allem aber im ersten Lebensjahr. Hatte die Mutter es selbst nicht und konnte es daher nicht weitergeben oder erlaubten es die Umstände nicht, so können wir es nachträglich integrieren (siehe Kapitel 6). Es ist von großer Wichtigkeit, dass die Traumen aus dieser Zeit transformiert werden und dass essenzielle Gefühle wie *Erwünscht-Sein, Liebe* und *Urvertrauen* integriert werden (siehe Kapitel 5 und 6). Das Mangelbewusstsein muss transformiert werden: Lass deine Angst los, dass nicht genug für alle da sein könnte. Es ist genug da. Mehr als genug. Doch das will auch von dir gelebt und ausgestrahlt werden. Wenn du zum Beispiel etwas kaufst und dabei denkst: »Das kann ich mir doch gar nicht leisten«, oder wenn du jemanden einlädst und dabei denkst: »Immer zahle ich die Rechnung«, dann bestätigst du dir selbst den Mangel.

Es ist eine *Entscheidung,* ob wir in einem Bewusstsein von Mangel oder in einem Bewusstsein von Fülle leben wollen. Wenn wir uns für die Fülle entscheiden, dann ist die ganze Welt voller Möglichkeiten, die wir nur ergreifen müssen. Fülle ist das Resultat unserer Gedanken und Handlungen. Dieser Prozess ist voller erwachender Selbsterkenntnis und Stärke. Wir erkennen unsere tiefe Beziehung zur (Mutter) Erde und spüren unsere Verbindung mit allem. Wir verstehen, dass wir nie allein sind, dass für uns gesorgt ist und dass genug von allem da ist. Genug Liebe, genug Intelligenz, genug Möglichkeiten, genug Geld, genug Nahrung ... Wenn das Wurzelchakra geheilt ist, können wir endlich geben, und zwar von ganzem Herzen, denn wir fühlen uns sicher dabei. Wir geben von ganzem Herzen unseren Freunden, unserer Familie, unserem Partner, aber auch Fremden – und sei es »nur« ein Lächeln! Wir verstehen auf einer höheren Ebene, dass alles, was wir geben, multipliziert zu uns zurückkommt. Das ist das Gesetz des Universums!

2. Chakra – Sexualchakra

Sexualität, Partnerschaft, Fortpflanzung, Gefühle, Lebensfreude, Vitalität, Austausch

> »*Du und ich, wir sind eins. Ich kann dir nicht wehtun, ohne mich zu verletzen.*«
>
> MAHATMA GANDHI

Im 2. Chakra geht es um unsere Beziehungen auf der Ebene der Gefühle und des Austauschs – inklusive sexuellem und finanziellem Austausch.

Schädigung des 2. Chakras

Durch *Verletzungen,* meist schon im Kindesalter, haben wir uns bestimmte *Verhaltensmuster* angeeignet (= Schichten), die uns schützen sollen. Wenn später aufgrund unserer Unfähigkeit zu wahrer Begegnung und Authentizität unsere Beziehungen oder Freundschaften scheitern, bestätigt uns das darin, uns weiterhin »schützen« zu müssen. Die Schichten werden immer dicker und schotten uns mehr und mehr ab, die Gefühle fließen und verwirklichen sich nicht mehr.

Eine weitere starke Belastung im 2. Chakra ist die Verleugnung der *Sexualität*. Dies begann schon vor Jahrtausenden mit der Unterdrückung des Weiblichen. Frauen wurden dazu gebracht, sich für die eigene Sexualität zu schämen. Ihnen wurde eingetrichtert, dass sie »billig« und »unanständig« sind, wenn sie ihre Sexualität ausleben. Männer wurden eher umgekehrt geprägt. Aus dieser verzerrten Sicht der Sexualität entstehen Blockaden im 2. Chakra. Sexualität und Spiritualität sind untrennbar miteinander verbunden. Wenn wir uns für etwas so Fundamentales schämen, wenn wir das, was wir sind und woraus wir entstanden sind, ablehnen, wie können wir uns dann hoch zum 3. Chakra bewegen und uns selbst lieben?

Dazu wurde uns schon im Kindesalter beigebracht, dass viele unserer Gefühle nicht in Ordnung sind. Deshalb kontrollieren wir uns selbst ständig, wir merken das nicht einmal mehr. Wir unterdrücken die Gefühle, von denen wir meinen, dass sie nicht in Ordnung sind und gerade nicht ausgelebt werden dürfen, wie zum Beispiel Wut, Sexualität, Zorn, und erwarten das auch von anderen. Noch schlimmer: Wir kontrollieren sogar andere in ihrem Gefühlsausdruck.

Es gibt so viel Scheinheiliges in unserer Welt, das uns vermittelt, man müsse gottgefällig, demütig und »gut« sein, ganz zu schweigen von befürchteten Bestrafungen und dem Jüngsten Gericht. Die Konditionierungen der Institution Kirche und weitere Beeinflussungen wiegen bei vielen Menschen noch sehr schwer und begrenzen sie mit falschen Moralvorstellungen in vielfältigster Weise.

Wer Gott liebt, hat keine Religion außer Gott.

RUMI

AUFTRETENDE PROBLEME BEI BLOCKADEN IM 2. CHAKRA

Mangelnde Lebensfreude; starke Stimmungsschwankungen; Unehrlichkeit; Manipulation; Mangel an Ehre; sexuelle Probleme, zum Beispiel sich machtlos und ausgeliefert fühlen, aber auch in einer durch Manipulation und Kontrolle bestimmten Beziehung leben, sich sexuell nicht annehmen können, Triebhaftigkeit, sexuelles Desinteresse, Potenzstörungen; Abneigung oder Unbehagen gegenüber dem anderen Geschlecht; Schuldgefühle; Angst vor Schwangerschaft und Geburt; Eifersucht; Menstruationsbeschwerden, Probleme in den Fortpflanzungsorganen; Blasen- und Nierenprobleme; Probleme der Wirbelsäule in dem Bereich.

Heilung des 2. Chakras

Unterziehe dein religiöses *Glaubenssystem* einer ernsthaften Prüfung auf Sinn, Liebe und Freiheit und behalte nur das, was sich für dich wahr anfühlt. Alles andere lass los, ganz egal, wer es dir beigebracht hat! Es ist an der Zeit, zu erwachen und diese Begrenzungen loszulassen.

All unsere *Gefühle*, auch die »negativen«, sind große Freunde, wenn wir lernen, sie zu transformieren – in reine Energie, was sie sowieso waren, bevor wir sie bewertet haben. Unsere Beziehungen – egal ob freundschaftlich, partnerschaftlich, sexuell oder geschäftlich – sind die wertvollsten Chancen, die uns geboten werden, dieses Ziel zu erreichen. Deshalb müssen wir uns dafür *entscheiden*, in Beziehungen authentisch zu sein.

Wenn wir das schaffen, sind wir fähig, eine wahrhaftige, enge Beziehung einzugehen, in der wir ganz wir selbst sein dürfen, mit allem, was zu uns gehört. Dann erlauben wir niemandem mehr, uns zu manipulieren, zu kontrollieren oder zu erniedrigen. Und wir verhalten uns keinem Menschen gegenüber auf eine solche Art und Weise. Wir stehen ganz in unserer eigenen Kraft und haben die unterdrückten Aspekte unseres Selbst integriert.

3. Chakra – Solarplexuschakra

Balance von Ego und Seele, Selbstliebe, Selbstbewusstsein, Hellfühlen (=Bauchgefühl), Freiheit, Wille, Kontrolle, Macht

Ohne Liebe zu sich selbst
ist die Nächstenliebe unmöglich.
HERMANN HESSE[15]

In seinem *gesunden Zustand* repräsentiert das 3. Chakra die Leichtigkeit des Seins und die Fähigkeit, das zu leben, was für uns selbst wahr und gut ist. Die Sonnenseite des Lebens, das sonnige Gemüt; man nennt das 3. Chakra auch das Sonnengeflecht. Man fühlt sich mit sich selbst wohl, genau so, wie man ist. Im *blockierten Zustand* hat das Ego die Macht, und viele Angst- und Machtmuster können in diesem Energiezentrum entstehen. Hier sehen wir uns selbst entweder als Opfer oder als Schöpfer. Hier balancieren wir Ego und Seele. Hier können wir lernen, uns selbst so zu akzeptieren, wie wir sind, und uns selbst zu vertrauen und danach zu handeln – nicht nach dem, was andere sagen.

Schädigung des 3. Chakras

Unsere Selbsteinschätzung wird von der Welt positiv und negativ beeinflusst. Ständig wird uns durch unsere Mitmenschen, die Gesellschaft, Massenmedien usw. auf ganz subtile Art und Weise eingetrichtert, dass man »nicht richtig« ist, wenn man nicht in die Schablone der Gesellschaft passt, sich also passend kleidet und auch verhält und die Meinungen der Gesellschaft größtenteils akzeptiert. Man wird als schön bezeichnet, wenn man diese und jene Kriterien erfüllt, und der Erfolg wird daran gemessen, wie viel Geld man hat und welche Autos und Häuser man sich leisten kann.

Prinzipiell ist diese Beeinflussung nicht schlimm. Wenn wir zentriert sind und mit unserem wahren Selbst verbunden, dann erkennen wir, was lediglich in der Welt des Egos bedeutsam ist.

Wenn wir über einen stabilen »Filter« verfügen, werden nur die Informationen, die für uns wahr sind und unserem höchsten Wohl dienen, aufgenommen. Der Rest interessiert uns nicht. Doch wenn unser Denksystem verzerrt ist, wenn wir im Ego stecken, dann verlieren wir immer mehr wertvolle Energie.

AUFTRETENDE PROBLEME BEI BLOCKADEN IM 3. CHAKRA

Mangelndes Selbstwertgefühl; Befangenheit; Schüchternheit; Angst vor Verantwortung und Entscheidungen; Wut, Wutanfälle; Angst vor Kritik; Kritiksucht; Angst vor Versagen; Rücksichtslosigkeit; Gleichgültigkeit; Machtbesessenheit; Manipulation; übertriebener Ehrgeiz; Ziele nicht erreichen können; kaum Durchsetzungskraft; Magenprobleme; Sodbrennen; Erkrankungen in Milz, Leber, Gallenblase; Bauchspeicheldrüse; Diabetes; Magersucht; Bulimie; Übergewicht; Verdauungsstörungen; Nervenprobleme; Probleme in der Wirbelsäule in dem Bereich; Schlafstörungen.

Heilung des 3. Chakras

Der Gebrauch unseres Egos ist sinnvoll in vielen Angelegenheiten, doch auf die Frage »Wer bin ich?« kennt es viele verschiedene Antworten. Zu viele. Denn dem Ego geht es nur ums Außen, es definiert uns nach Name, Beruf, Stellung, Eigenschaften, Beziehungen, Können. Unsere Seele hingegen kennt nur eine Antwort: ICH BIN.

Wenn das deine Wahrheit ist, dann erkennst du, dass du alles bist und alles sein kannst, dass du mit allem verbunden bist und dass du absolut einzigartig bist. Dass du die Erfahrung deiner Realität nach deinen Wünschen verändern kannst. Dann kannst du dich lieben, genau so, wie du bist. Das Ego löst sich auf, du lebst deine eigene Wahrheit und bist dir selbst treu. Selbstliebe gibt uns Sicherheit, ganz egal, was passiert. Und sie gibt uns inneren Frieden. Wir erwarten keine Erfüllung mehr von der äußeren Welt, sondern wir achten auf uns selbst. Wir wissen, was unsere höchste Wahrheit ist, und sind vollkommen zentriert. Wir erschaffen unser Leben bewusst selbst.

Du brauchst keine Titel, Auszeichnungen, Urkunden und Zertifikate. Das alles hält dich in den Ego-Strukturen, die du eigentlich loswerden willst, gefangen. Es hält dich vom Sein ab. Erwache jetzt! Wenn du dein Sein immer in die Zukunft schiebst, weil du etwa noch dieses und jenes Zertifikat brauchst, dann hält dich das Ego gefangen.

4. Chakra – Herzchakra

Bedingungslose Liebe, Toleranz, Mitgefühl, Urteilsfreiheit, Vergebung

Freu dich nicht so sehr, dass du geliebt wirst,
als dass du lieben kannst.

LAVATER

Das Herz verbindet die oberen, spirituellen Chakren mit den unteren, materiellen Chakren. Es ist sozusagen der Transformator für die Energien, die durch das Herz in eine »verständliche Sprache« übersetzt werden. Stehen wir in Herzkontakt mit der Welt, dann sind wir fähig, die Göttlichkeit in allem zu entdecken und somit alles lieben zu können.

Schädigung des 4. Chakras

Ein großes Thema des Herzchakras ist die *Vergebung*. Wenn wir unseren negativen Gefühlen und Erfahrungen nicht vergeben können, können wir sie auch nicht loslassen und halten sie dadurch in unserem System fest. Wir quälen uns selbst. Die Unfähigkeit zu vergeben ist der Hauptgrund für viel Angst und Verbitterung.

Ein weiteres Thema sind die »Mauern«, die wir um unser Herz errichtet haben. Wenn wir als Kinder beispielsweise Ablehnung erfahren mussten, entwickelten wir daraus unsere eigenen, unbewussten Schutzmechanismen. Wir wurden verletzt, und deshalb haben wir Angst vor der »Liebe« und öffnen uns nur ungern und vorsichtig, vielleicht auch gar nicht mehr. Wenn wir die alten Verletzungen weiter festhalten, dann erstarren die Gefühle irgendwann durch die Unfähigkeit zu lieben, zu vertrauen und zu verzeihen. Das *Urteilen* stellt ein weiteres großes Problem im Herzchakra dar, denn wenn du urteilst, erschaffst du *Trennung*, was dich automatisch in eine niedere Schwingungsfrequenz fallen lässt. Um die Schwingung zu erhöhen, musst du wieder in die *Einheit* finden.

Ein Problem ist auch, dass die *weiblichen und männlichen Energien* nicht balanciert sind, das heißt, eine der beiden Seiten wird bevorzugt gelebt und die andere eher unterdrückt. Das kann zu schmerzhaften Begegnungen im Leben führen, wenn uns andere Menschen unseren unterdrückten Anteil spiegeln.

AUFTRETENDE PROBLEME BEI BLOCKADEN IM 4. CHAKRA

Lieblosigkeit; Verbitterung; Einsamkeit; Angst, nicht geliebt zu werden; Angst, Gefühle zu zeigen und zu erwidern; Schuldgefühle, weil man anstelle von Liebe nur Ärger, Feindseligkeit und Kritik äußern kann; Urteilen; Unfähigkeit zu vergeben; Kontakte ohne Herz; Herzrhythmusstörungen; Herzprobleme; Herzanfälle; Asthma; Allergien; Lungen-, Bronchien- und Atemprobleme; Blutdruckprobleme; Durchblutungsstörungen; Kreislaufprobleme; Schmerzen im entsprechenden Rückenbereich, in Schultern, Armen und Händen; Thymusdrüse; schwaches oder irritiertes Immunsystem.

Heilung des 4. Chakras

Wir müssen *vergeben*. Uns selbst und anderen! Es ist wichtig zu erkennen, dass alle unsere Erfahrungen, schön oder schmerzhaft, nur Erfahrungen sind, die wir selbst gewählt haben, um uns zu entwickeln und zu wachsen. Indem wir vergeben, loslassen und weitergehen, holen wir uns unsere Kraft zurück. Wie das funktioniert, liest du in Kapitel 6.

Außerdem müssen wir erkennen, dass wir uns selbst beides bieten können – die männliche *und* weibliche Energie. Dann braucht uns niemand mehr den unterdrückten Aspekt unseres

Selbst zu spiegeln. Mit THEKI können wir die männlichen und weiblichen Energien voll und ganz integrieren und balancieren (siehe Kapitel 5). Endlich wissen wir, dass wir alles haben, was wir brauchen. Nur wenn dieser Prozess in uns stattfindet, können wir frei sein von Abhängigkeit und Projektion. So können wir freie und reine Beziehungen zu anderen Menschen aufbauen, denn dann wollen wir sie nicht besitzen oder kontrollieren, sondern wollen sie glücklich sehen und ebensolche Interaktionen mit ihnen erleben. Wir übernehmen die volle Verantwortung für uns und alles, was sich in unserem Leben zeigt. Niemand kann uns das geben – es kommt von innen. Wir können erst dann eine Einheit mit einem anderen Menschen bilden, wenn wir sie in uns selbst gebildet haben.

Um *urteilsfrei* leben zu können, gibt es einen guten Trick: Liebe. Liebe stellt augenblicklich die Einheit und Verbundenheit wieder her, und deine Schwingungsfrequenz steigt an. Je höher du schwingst, umso leichter und schöner zeigt sich deine Realität, daher ist es nicht nur für die anderen, sondern ganz besonders für dich selbst wichtig, urteilsfrei zu sein. Wann immer du dich beim Urteilen ertappst, füge deinem Urteil drei Worte hinzu: »so wie ich«. Dieser Tipp stammt von Arjuna Ardagh[16], einem spirituellen Lehrer und Autor. Mit diesen Worten stellst du nach einem trennenden Urteil – gleich ob negativ oder positiv – die Einheit wieder her. Du wirst merken, wie schnell sich ein Gefühl der Verbundenheit in dir einstellt und was das wiederum für einen erheblichen Unterschied in deiner energetischen Schwingung macht. Jegliche *Polarität* trifft sich im Herzchakra: oben/unten, männlich/weiblich, Vater/Mutter, Himmel/Erde, gut/böse, links/rechts, reich/arm, ja/nein usw. Werde dir der Polaritäten bewusst und arbeite damit. Die Verbindung und Balance erfolgt im Herzchakra. Die zwei mächtigsten Polaritäten unserer Dimension sind· *Liebe und Angst*. In deinem ganzen Leben gilt: Du dienst entweder der Liebe oder der Angst. Es gibt nichts dazwischen. Alle anderen Begriffe, die wir so kennen, ordnen sich diesen unter. Das Verwirrende an diesem Spiel ist, dass die Angst oft im Kleid der Liebe kommt und wir sie nicht gleich erkennen. Dabei ist es eigentlich ganz einfach, wenn man es sich einmal bewusst gemacht hat und dann überprüft: Wenn die »Liebe« wehtut, verletzt, einengt, kontrolliert ..., dann ist es keine Liebe. Dann steckst du einfach nur im Ego fest. Wer wirklich liebt, der hält nicht fest, weder an Freundschaften noch am Partner. Der verbietet auch niemandem, seinen Weg alleine zu gehen, sei es für einen Abend oder für den Rest des Lebens. Es ist keine Liebe, wenn du alles tust, um jemandem zu gefallen, und es ist auch keine Liebe, den anderen emotional zu erpressen, weil man ihn immer bei sich haben möchte, auch wenn man glaubt, dass dies aus Liebe geschieht. Nein, das alles sind raffinierte Verkleidungen der Angst. Angst, den anderen zu verlieren, alleine weniger wert zu sein, das Leben nicht mehr als lebenswert empfinden zu können, Angst, ohne den anderen nicht leben zu können. Also reines Ego-Spiel.

Die wahre, bedingungslose Liebe ist so göttlich, dass man sie nur schwer mit Worten beschreiben kann, denn in allererster Linie *ist* sie. Ein Mensch, der im Herzchakra zentriert und mit seinem wahren Selbst verbunden ist, lebt diese Liebe. Es ist eine ruhige, unaufdringliche Melodie, die dieser Mensch aussendet, niemals laut oder aufgedreht. Aufgedrehtes und Lautes kommt eher bei Blockaden im Sexualchakra vor, während die Freude im Herzchakra eine stille Freude ist. Man *ist* einfach. Diese Liebe führt dich zum Absoluten, sie transzendiert dich, und sie erhebt dich und andere über alle Urteile. Sie bringt dich in Kontakt mit deinem göttlichen Selbst. Du brauchst keine Anerkennung von außen, denn tief in dir hast du alles, was du brauchst. Bedingungslose Liebe bedeutet, Situationen und Menschen so anzunehmen, wie sie sind, ohne sie verbessern zu wollen. Sie bedeutet, in anderen Menschen das Gute zu sehen und ihnen Mitgefühl und Verständnis entgegenzubringen. Sie bedeutet, ALLES zu lieben, nicht nur das Schöne, Glatte, Weiche, sondern auch das Hässliche, Harte, Kratzige. Nicht nur die Leichtigkeit, sondern auch die Herausforderung. Nicht nur den Wohlstand, sondern auch den Verzicht. So erhebst du dich über das Ego und über alle Polaritäten hinaus in die Einheit. Also frage dich immer, wem du dienst: der Angst oder der Liebe? Du kannst nur einem von beiden dienen.

Die härteste Lektion, die wir lernen müssen,
ist die bedingungslose Liebe.
Doch es ist das Einzige, das für immer lebt.

ELISABETH KÜBLER-ROSS

5. Chakra – Halschakra

Kommunikation, Ausdruck in jeglicher Form, Authentizität,
Kreativität, Wahrheit

Authentische Menschen handeln als Individuum
auf Basis eigener Überzeugung. Dazu gehört Selbst-
findung, objektive Selbsterkenntnis und der Mut,
anders, individuell zu sein.

GUDRUN-AIMÉE SPALKE

Mit einem gesunden 5. Chakra können wir unser wahres Selbst,
unsere Bedürfnisse und Gefühle authentisch ausdrücken. Dieser
Ausdruck kann Kommunikation sein, es kann aber auch ein
künstlerischer Ausdruck wie malen, tanzen, dichten, musizieren
sein. Wir stehen voll und ganz zu unseren Entscheidungen und
Meinungen, auch wenn es denen der Allgemeinheit oder einer
bestimmten Person widerspricht. Wir stehen zu uns selbst, können uns klar ausdrücken, und wir sind fähig, zuzuhören und
zu verstehen. Ist das 5. Chakra blockiert, können wir uns nicht
ausdrücken, wie wir eigentlich wollen, finden vielleicht nicht die
richtigen Worte oder fühlen uns missverstanden, haben Angst
vor Ablehnung oder davor, ausgelacht zu werden und uns zu
blamieren. Deshalb verhalten wir uns angepasst und unterdrücken unser wahres Selbst, sind also nicht authentisch.

Schädigung des 5. Chakras

Fehlende Authentizität blockiert das 5. Chakra enorm. Dann
scheint es oft sehr schwer, unsere Gefühle auszudrücken und dafür einzustehen, was wir fühlen, denken und wollen. Oft scheint

es der leichtere Weg zu sein, einfach zu schweigen und in die Rolle zu schlüpfen, die unserer Ansicht nach von uns erwartet wird. Doch dieses Verhalten verletzt unser Halschakra, denn wir unterdrücken damit unsere Wahrheit. Dabei steht das Bedürfnis, gehört zu werden und authentisch zu sein, im Vordergrund, und es ist nicht so wichtig, ob wir »recht« haben oder nicht.

Ebenfalls blockieren *Lügen* das Halschakra. Leider merken wir es oft gar nicht mehr, wenn wir lügen, denn es wurde uns schon früh beigebracht: Wir mussten lügen, wenn wir uns für etwas entschuldigen sollten, wofür wir uns gar nicht schuldig fühlten. Wenn wir zu jemandem nett sein sollten, den wir nicht mochten. Manchmal ist es auch das Ego, das uns übertreiben lässt, um uns in den Vordergrund zu rücken. Auch das ist lügen.

AUFTRETENDE PROBLEME BEI BLOCKADEN IM 5. CHAKRA

Unehrlichkeit; Übertreibung; Klatsch und Tratsch; Unfähigkeit, sich selbst auszudrücken, die eigenen Bedürfnisse, Gefühle oder Meinungen zu äußern; Unfähigkeit zu sagen: »Ich liebe dich«, »Ich vergebe dir« oder »Verzeih mir«; Unfähigkeit, Trauer, Schmerz oder Kummer auszudrücken oder zu weinen; Heiserkeit; Halsentzündung; Probleme im Unterkiefer (auch Zähne); Nackenprobleme; Mandelentzündungen; Schilddrüsenprobleme; Stoffwechselprobleme; Abhängigkeit von Drogen, Alkohol, Zigaretten, Süßigkeiten.

Heilung des 5. Chakras

Die Fähigkeit zum authentischen Ausdruck unserer Gefühle, Gedanken und Wünsche ist essenziell, wenn wir bewusste Schöpfer unseres Lebens sein wollen. Wir müssen darauf achten und lernen, dass wir klar und ehrlich sprechen und dabei auch unserem Gegenüber zuhören. Oft löst sich schon allein dadurch eine Blockade, dass einem jemand zuhört, während man seine eigene Wahrheit ausspricht. Es erfordert Mut, diese Qualität zu leben. Den Mut, anders zu sein. Gegen den Strom zu schwimmen. Für deine eigenen Meinungen einzustehen und nicht in die Negativität anderer mit einzustimmen. Wenn in deinem Umfeld über

Hass, Krieg und Krankheit geredet wird, wenn getratscht, gelästert und geurteilt wird, dann klinke dich nicht ein! Du schadest dir damit nur selbst. Auch wenn diese Menschen das nicht verstehen, dich vielleicht komisch anschauen oder gar belächeln, mache dir bewusst, dass sie es einfach (noch) nicht besser wissen. Verurteile sie nicht dafür, sondern segne sie und bleib ganz bei dir. So hältst du deine Energie im Fluss. Es ist deine freie Entscheidung, ob du dich mit solchen Menschen triffst oder nicht. Richtig ist das für dich, was sich gut und sauber anfühlt. Dann ist es authentisch. Ganz wichtig: Mut bedeutet nicht, keine Angst zu haben! Wenn jemand keine Angst hat, kann man ihn nicht mutig nennen. Mut ist, wenn du Angst hast und es trotzdem wagst. Mut heißt, voller Angst zu sein, aber sich nicht von ihr beherrschen zu lassen, sondern sich für Vertrauen zu entscheiden.

Wer sich mit dem Reden schwertut, der kann auch durch *Schreiben, Malen und Tanzen* zu sich finden. Du kannst Tagebuch schreiben, du kannst deinen Ärger aufschreiben und anschließend das Papier verbrennen, um dich davon zu lösen. Du kannst jemandem einen Brief schreiben. Selbst wenn du diesen Brief nie abzuschicken gedenkst, hat das Schreiben eine heilende und klärende Wirkung in deiner Energie. Es geht nicht darum, dass es beim anderen *ankommt*, sondern dass es dein System *verlässt*! Manche Menschen malen wunderschöne Bilder oder sie schreiben Gedichte, wieder andere haben eine Möglichkeit für ihren Ausdruck im Tanzen gefunden – das alles stärkt das Halschakra und transformiert blockierte Energien. Wichtig ist dabei nur, dass du es auf *deine* Art tust und nicht jemanden nachahmst oder festgelegte Tanzschritte tanzt. Dabei würde der Selbstausdruck logischerweise unterdrückt.

Das 5. Chakra können wir sehr bewusst steuern und reinigen – durch den achtsamen, respektvollen und ehrlichen Umgang mit unserer eigenen Wahrheit und unseren Gefühlen.

6. Chakra – Stirnchakra

»Drittes Auge«, Weisheit, Intuition, Hellsehen, Weitblick, Spiritualität, höheres Wissen, Vorstellungskraft

Schön ist eigentlich alles,
was man mit Liebe betrachtet.

CHRISTIAN MORGENSTERN

Das 6. Chakra sucht immer nach der tiefen Wahrheit und ist unser Portal zu Bewusstsein und Erleuchtung. Hier »sehen« wir mit dem inneren Auge. Es ist wie eine Art Vogelperspektive, aus der heraus wir in der Lage sind, das ganze Bild zu sehen, Muster und Zusammenhänge zu erfassen, uns selbst in diesem Schöpfungsprozess zu verstehen und die tiefere Bedeutung zu erkennen. Die *Intuition* wächst mit unserer Offenheit, das heißt, du kannst nicht wirklich dein drittes Auge »trainieren«, sondern es öffnet sich mit deiner Entwicklung ganz von selbst. Mit THE-KI kannst du aber diese Entwicklung beschleunigen. Ist deine Intuition klar und vertraust du auf sie, dann fällt es dir leicht, ins 7. Chakra weiterzugehen und dich führen zu lassen.

Schädigung des 6. Chakras

In unserer Kultur wird das logische Denken der Intuition vorgezogen. Von Kindheit an wurden wir so erzogen. Kinder sind in den ersten sieben Lebensjahren sehr formbar. Wird in dieser Zeit ihre Intuition übergangen oder sogar belächelt, entstehen Blockaden in diesem Chakra.

Kinder nehmen auf vielfältigste Art und Weise wahr und wissen meistens sehr genau, was Sache ist. Probleme entstehen, wenn die Wahrnehmung des Kindes negiert statt verifiziert wird. Wenn ein Kind zum Beispiel seine Mutter weinen sieht, dann weiß es nicht nur aufgrund der Tränen in den Augen, dass die Mutter traurig ist. Die Wahrnehmung ist viel feiner und tiefer, das Kind *spürt* die Traurigkeit und die Verzweiflung, es sieht vielleicht die veränderten Farben der Aura oder fühlt die Energie der Traurigkeit. Wird es dann angelogen, zum Beispiel mit den Worten: »Mama weint nicht, sie hat nur Zwiebeln geschnitten«, entsteht ein Konflikt. Dabei ist es ganz egal, ob die Mutter zum »Schutz des Kindes« gelogen hat oder warum auch immer. Es gibt unzählige Beispiele, mit denen uns die Intuition regelrecht »wegerzogen« wurde. Mit Widersprüchen kann ein Kind schwer umgehen, deshalb verleugnet es eher die eigene Wahrnehmung als die der Erwachsenen. Das Vertrauen in die eigene Intuition wird nachhaltig gestört.

AUFTRETENDE PROBLEME BEI BLOCKADEN IM 6. CHAKRA

Konzentrationsschwäche; Lernblockaden; mangelnde Vorstellungskraft; schlechtes Gedächtnis; fehlende Erkenntnis; Angst, in sich selbst zu schauen; Angst vor der eigenen Intuition; Unruhe; Selbsttäuschung; Verwirrung; Aberglauben; psychische Störungen; Probleme im Gehirn; Wahnvorstellungen; neurologische Störungen; Blindheit; Probleme der ganzen Wirbelsäule; Hypophyse (kontrolliert alle anderen Drüsen, Hormone, Muttermilch, Urinproduktion etc.); Kopfschmerzen; Migräne; Probleme im Oberkiefer (auch Zähne).

Heilung des 6. Chakras

Wir müssen uns von der Unsicherheit, dem Zweifel und der Befangenheit bezüglich unserer Intuition befreien und das, was unterdrückt und wegerzogen wurde, wieder freilegen. So können wir mit kleinen Schritten immer mehr der eigenen inneren Stimme vertrauen lernen. Visualisierungsübungen sind eine wunderbare Möglichkeit, das 6. Chakra zu öffnen. Auf diese Weise werden unsere Visionen immer klarer, und wir finden das Vertrauen in unsere Intuition wieder.

Wenn wir unser 6. Chakra öffnen, öffnet sich damit eine neue Realität für uns. Das 6. Chakra erlaubt uns, das Leben so zu sehen, wie es ist, und nicht so, wie wir erzogen wurden, es zu sehen. Wir erkennen, dass all unsere Begrenzungen selbst gemacht sind, und lassen sie los. Sie wurden uns so gelehrt, und wir haben es – oft über Jahrzehnte hinweg – geglaubt. Hätte man uns beigebracht, dass wir die Schöpfer unseres Lebens sind, hätten wir das auch geglaubt, und dies wäre weitaus gesünder gewesen. Wir erkennen uns selbst als Schöpfer unserer Realität an und sehen unsere Rolle im Prozess der anderen – das ist Einheit. Und das macht glücklich. Die Schönheit liegt wahrlich im Auge des Betrachters ...

Die wahre Entdeckungsreise besteht nicht darin,
neue Landschaften zu suchen, sondern darin,
neue Augen zu haben.

D*RUIDENWEISHEIT*

7. Chakra – Kronenchakra

Quelle, Gott, Höheres Selbst, Verbindung, Einheit, Führung, Hellwissen

Die Liebe ist der Endzweck der Weltgeschichte
und das AMEN des Universums.

N*OVALIS*

Das 7. Chakra ist unsere Verbindung zur Quelle, zur Einheit, zu Gott. Es lehrt uns, dem Fluss des Lebens vollkommen zu vertrauen und uns ihm hinzugeben.

Schädigung des 7. Chakras

Wenn das Ego stark ist, dann beschäftigen wir uns möglicherweise mit den Themen des 7. Chakras, bleiben dabei aber im rationalen Verstand stecken und analysieren und urteilen, anstatt uns völlig hinzugeben. Wir möchten uns weiterentwickeln, ohne uns weiter zu ent-wickeln. Wir möchten erleuchtet sein, ohne das Ego aufzugeben. Wir wollen wachsen, doch wir scheitern an dem Punkt, an dem es darum geht, wahres Vertrauen ins Leben, in Gott zu haben, was immer wir darunter verstehen. Wenn wir hier stecken bleiben, hat das Ego gewonnen.

Viele Menschen sind in dogmatischen Glaubenssystemen erzogen worden: Verbote im Namen Gottes, übertriebene Autorität und Bestrafungen im Namen der Religion erschaffen Schuldgefühle, die tief aus dem Unterbewusstsein wirken und uns an einem glücklichen, freien Leben hindern. Angst und Schuldgefühle machen es uns sehr schwer, unsere Kontrolle aufzugeben, wir können dem Leben nicht vertrauen und loslassen.

AUFTRETENDE PROBLEME BEI BLOCKADEN IM 7. CHAKRA

Weltschmerz; Gefühl von Leere und Bedeutungslosigkeit; Glaubenskrisen; totale Verunsicherung, weil man dem Leben nicht vertraut; fehlender Mut und fehlendes Vertrauen in sich selbst; die Angst, sich selbst zu verändern, das heißt auch, sich selbst kennenzulernen; Beschränktheit des Denkens, des Horizonts, »nicht über den eigenen Tellerrand hinausschauen können«; die Weigerung, innerlich zu wachsen und sich weiterzuentwickeln und damit die Verantwortung für sich selbst und das eigene Leben zu übernehmen; Rechthaberei; nur das glauben, was man sehen und greifen kann; geistige Erschöpfung; Unzufriedenheit; Nervenleiden; Lähmungen; Zirbeldrüse (biologische Uhr, Immunsystem, Hormone etc.).

Heilung des 7. Chakras

Das Schlüsselwort heißt *Loslassen*. Loslassen bedeutet nicht, etwas in unserem Leben aufzugeben, sondern vielmehr das *Ego* loszulassen, das uns vom Rest der Schöpfung trennt. Dazu musst du erkennen, dass das Ego dir eine Sicherheit vorgaukelt, die aus Angst gemacht ist. Du kannst dein Auto versichern, deinen Hausrat, ja sogar deinen Körper. Es beginnt schon in der Kindheit: Wir suchen die Sicherheit in der Familie, später in unseren Partnerbeziehungen, die wir möglicherweise aus Sicherheitsgründen auch noch mit einem Vertrag (Ehe) versehen. Wir möchten Sicherheit durch ein geregeltes Einkommen, Sicherheit im Beruf, durch ein gutes »Polster« auf dem Bankkonto oder durch eigene Immobilien. Wir versichern uns gegen Unfälle, Unglücksfälle und sonstige Schäden. In Religionen suchen wir nach Glaubenssicherheit und hoffen, schon im Leben Gewissheit darüber zu erlangen, was uns nach dem Tod erwartet. Doch so hart es klingt: Eine solche Sicherheit gibt es nicht! Der Versuch, diese Form von Sicherheit für unser Leben zu finden, ist eine Illusion des Egos, der die meisten Menschen unterliegen und die uns verzweifelt und ängstlich macht. Kein Geld der Welt kann uns vor allen Widrigkeiten unseres Lebens schützen. Millionen auf dem Konto können uns nicht vor Krankheiten bewahren, und sie geben uns auch keine Garantie dafür, dass wir Liebe erfahren dürfen. Du kannst dir zwar eine sichere Arbeitsstelle suchen, aber du hast keine Sicherheit, dass sie dich noch nach Jahren erfreuen wird. Du kannst heiraten, um scheinbare Sicherheit in einer Beziehung zu erlangen, aber das sichert dir nicht die *Liebe* deines Partners für alle Ewigkeit. Auch nicht, wenn er es unterschrieben hat. All diese »Sicherheiten« sind künstlich angelegt. Sie befriedigen das Ego, sonst nichts. Unser wahres Selbst geht dabei leer aus. All die Bemühungen, die wir in die Erschaffung von Sicherheiten setzen, führen zur Stagnation des natürlichen Lebensflusses. Inmitten von Sicherheitszonen, die man auf keinen Fall verlassen darf, weil man sonst ja alles verlieren könnte, kann es keine Freiheit und kein Wachstum mehr geben. Anstatt also nach Sicherheiten zu streben, die es sowieso nicht gibt, ja, in diesem dynamischen System des Universums nicht geben kann, ist es viel angemessener, sämtliche Qualitäten in uns zu entwickeln, die wir benötigen, um das Leben mit all seinen Herausforderungen, Abenteuern, Hindernissen, Freuden und schwierigen Momenten meistern zu können. Wenn wir begreifen, dass das Leben uns alles bietet, was wir brauchen, und dass wir genau so, wie wir sind, goldrichtig sind und jede Situation unserem Wachstum und unserer Ganzheit dient, dann sind wir wirklich sicher. Sicher, dass wir alles meistern werden, was kommt, was auch immer es sein mag. Wirf deine veralteten Überzeugungen, Traumen und weiteren Blockaden über Bord und brich zu neuen Ufern auf! Die einzige Sicherheit, die es gibt, liegt im Leben selbst. Sie entsteht durch die Erkenntnis unserer inneren Kraft und Liebe, durch ein gesundes Urvertrauen und eine gute Prise Mut.

Wenn du das Ego überwindest und dich dem Fluss des Lebens hingibst, wenn du darauf vertraust, dass das Leben für dich sorgt, wenn du dich aus deinen künstlichen Sicherheitszonen herauswagst, dann bist du frei. Dann *erlebst* du, anstatt zu kontrollieren. Der Fluss des Lebens ist dein Zuhause, deine Sicherheit, deine Geborgenheit. Die einzige Sicherheit ist das Leben selbst. Und die kann dir keiner mehr nehmen, hast du sie einmal erlangt, denn dein Leben hat eine höhere Stufe erreicht. Die Egolosigkeit führt dich ganz automatisch in die Einheit.

Jage Geld und Sicherheit nach,
und dein Herz wird sich niemals öffnen.

LAOTSE

Weitere Chakren

Fußchakren

Über die dunkelroten Fußchakren verbinden wir uns mit der Erde, mit der Natur, mit unseren eigenen erdgebundenen Anteilen, unserem physischen Körper. Über die Fußchakren lassen wir Energie los, vor allem solche, die wir nicht mehr brauchen oder die im Überschuss vorhanden ist. Es ist deshalb sehr wichtig, dass die Fußchakren offen sind, damit der Kontakt zur Erde stimmt und wir mit beiden Beinen fest auf dem Boden und im Leben stehen. Damit das Loslassen »negativer« Energien über die Fußchakren jederzeit reibungslos funktioniert, sollten die Füße immer locker nebeneinanderstehen, bitte nie während einer THEKI-Sitzung die Beine überkreuzen.

Handchakren

Aus unseren türkisfarbenen Handchakren strömt ständig Lebenskraft. Je nach Stimmungslage und Öffnung der Person ist der Energiefluss mal stärker und mal schwächer. Je bewusster wir diese Lebenskraft einsetzen, umso stärker und direkter kann sie auch durch Handauflegen heilsam wirken.

Chakren außerhalb des physischen Körpers

Außerhalb unseres Körpers haben wir noch weitere Chakren nach oben und unten. Über deren Anzahl und vor allem Bedeutung herrscht Uneinigkeit. Bei der Arbeit mit THEKI konzentrieren wir uns auf das unterste Chakra, das Herz der Erde, sowie das oberste Chakra, die Quelle. Mehr muss man nicht wissen. Wenn es zu komplex wird, wird das Ego zu sehr beschäftigt. Mach es einfach. Die großen Wahrheiten sind immer einfach.

Abschliessende Anmerkungen zu den Chakren

> *Der, der das Gleichgewicht hält*
> *jenseits des Wechsels von Liebe und Hass,*
> *jenseits von Gewinn und Verlust,*
> *von Ehre und Schmach,*
> *hält die höchste Stellung in der Welt.*
> LAOTSE, TAO TE KING[17]

Farben

Jeder Mensch unterstützt ganz intuitiv seine anstehenden und in ihm arbeitenden Prozesse, indem er das jeweilige Chakra unterstützt. So tut es zum Beispiel jemandem, der viel im Kopf ist, sehr gut, sich mit einem Spaziergang in der Natur zu *erden,* womit er sein Wurzelchakra aktiviert und so die Energie, die bisher im Kopfbereich kreiste und sich staute, wieder herunterzieht und auf diese Weise gleichmäßig zum Fließen bringt. Wenn ein wichtiges Gespräch bevorsteht, kann man einen hellblauen Rollkragenpulli oder eine hellblaue Kette anziehen und somit das Halschakra unterstützen. Beobachte einfach, welche Farben du dir intuitiv zu welchen Anlässen aussuchst. Jeder hat auch eine grundsätzliche Vorliebe für bestimmte Farben und damit ein Gefühl für unterstützende Energien. Jedem stehen andere Farben: dem einen kühle, dem anderen warme, dem einen pastellige, dem anderen kräftige. Diese Farben helfen dem Menschen, seine grundlegende energetische Konstitution auszugleichen, sie wirken sich positiv auf die bioenergetische Strahlung aus und helfen ihm, in Harmonie zu sein. Darüber hinaus können es auch längere Phasen sein, in denen man einen Schwerpunkt setzt, um einen bestimmte Entwicklung zu unterstützen, der sich irgendwann verändert.

Kundalini-Energie: ein aufsteigender Prozess

Der Prozess durch die Chakren ist ein *aufsteigender Prozess*. Das bedeutet, dass die Energie im Wurzelchakra bereinigt werden und frei fließen muss, um sie eine Stufe höher ins Sexualchakra ziehen zu können. Ist dort alles blockadefrei, wird reine Energie ins Solarplexuschakra gezogen usw. Dieser Energieverlauf wird auch »Kundalini-Energie« genannt. Seit Jahrtausenden wird uns aus alten Schriften und Weisheitslehren das Wissen um diese zu aktivierende, aufsteigende Energie sowie um die Chakren vermittelt. Dem Begriff Kundalini haftet etwas Mystisches an, wird sie doch als »Schlangenkraft« beschrieben, die im Bereich unseres Wurzelchakras »schläft« und »aufgeweckt« werden soll. Deshalb möchte ich zuerst klarstellen, dass diese Energie nichts Außerordentliches ist, sondern sie repräsentiert die Art und Weise, wie du mit deinem Leben, deinen Gefühlen und Themen umgehst. Ist sie erwacht, beginnt sie nach oben zu fließen; ansonsten »schläft« sie noch. Dies wiederum hängt davon ab, ob du mehr im Innen (= wahres Selbst) oder im Außen (= Ego) bist. Lenkst du deine Energien nach außen, beschäftigst dich also mehr mit anderen, mit der Welt und deiner Rolle darin, fließt die Energie nach unten. In diesem Fall werden die unteren Chakren aktiver sein, und die Kundalini wird weiterschlafen. Lenkst du deine Energien hingegen nach innen, so beginnt die Energie nach oben zu fließen. Die Kundalini erwacht, und die oberen Chakren werden aktiv. Deine Lebenskraft fließt komplett durch alle Zentren, wird transzendiert und im System gehalten, fließt wieder nach unten und versorgt das ganze System mit noch feinerer, höherer Schwingung – anstatt ständig ungenutzt zu verpuffen. Das System wird ganzheitlich und dauerhaft energetisiert und angehoben. Dies ist auch das Endziel von Methoden wie Yoga oder Tantra. Letztlich geht es immer um das Bewusstsein.

Am Wiener »Institut für angewandte Biokybernetik und Feedbackforschung« gelang inzwischen auch der wissenschaftliche Nachweis der Kundalini: Es konnte ein Energiefluss aus dem Becken heraus entlang der Wirbelsäule bis ins Gehirn verfolgt werden. Das Aktivieren und Aufsteigen der Kundalini ist mittlerweile in jedem Labor der Welt objektiv mess- und überprüfbar. Als das Aufsteigen dieser Kraft entlang der Wirbelsäule mithilfe von Elektroden gemessen wurde, entdeckte man sieben ganz besondere Punkte am Rückgrat, an denen der Energiefluss bei verschiedenen Testpersonen immer wieder ins Stocken kam. An diesen sieben Stellen treffen sich die Sympathikusstränge mit dem zu Gehirn und Rückenmark gehörenden Nervensystem. Genau hier treten Störzonen für den Fluss der Lebensenergie auf, deren Ursache die Forscher in den blockierten Chakren vermuten.[18]

ORGASMUS UND KUNDALINI

Die Reise auf der Acht (Herz-Erde-Quelle-Herz) ist dem Energieverlauf des Orgasmus sehr ähnlich. Beim Orgasmus beginnt die Energie im Körper, im Wurzelchakra. Hier ist sie im Materiellen, also körperlich spürbar. Von dort schießt sie aufwärts, durch alle Chakren hindurch, und verlässt durch das Kronenchakra den Körper. Es wird spirituell, das Körpergefühl ist nicht mehr vorherrschend. Man landet automatisch im Quellbewusstsein, oft nur für Bruchteile einer Sekunde, man kann nicht mehr denken, alles ist Licht, alles ist erfüllt von diesem Licht. Wenn die Vereinigung ihren Ursprung im Herzen hatte, erreicht die Energie das Herz wieder. Hatte die Vereinigung ihren Ursprung in der rein körperlichen Befriedigung, verpufft die Energie, und man fühlt sich danach leer und verlangt nach mehr. Letztendlich ist auch das Sexuelle die Suche nach der Vollkommenheit, die durch die Acht mit Zentrierung im Herzen angezeigt ist.

Die Arbeit mit THEKI an den Chakren

Du kannst alle Chakren gemeinsam in Harmonie bringen oder auch mit einem einzelnen Chakra arbeiten, das deiner Aufmerksamkeit bedarf:

Verbinde dich mit der Quelle.
Befehl: Chakrenharmonisierung. oder
Befehl: Harmonisierung ... Chakra.
Jetzt bezeuge, wie es geschieht.

 Wenn du möchtest, dann lege jetzt die CD ein:
6. Die Chakrenharmonisierung

Mit dieser Übung werden deine sieben Hauptchakren geöffnet, gereinigt und auf der höchstmöglichen Frequenz ideal eingestellt. Diese Harmonisierung bewirkt den Ausgleich deines gesamten Energiesystems und löst viele Blockaden ganz von selbst. Sie hilft dir, ideal ausgerichtet und zentriert zu sein und somit stabil und selbstbewusst durch dein Leben zu gehen.

Setze dich bequem und aufrecht hin. Zentriere dich in deinem Herzen, nimm einen tiefen Atemzug und reise in deiner Vorstellung mit dem Ausatmen zum Herzen der Erde. Mit dem Einatmen reist du nach oben – durch dein Herzzentrum hindurch – zur Quelle.
Sende innerlich deine Intention »Chakrenharmonisierung«. Dann werde Zeuge, wie diese Harmonisierung geschieht. Beginne ganz unten, im Wurzelchakra, und beobachte, wie dieses Chakra von dem hochfrequenten Licht der Quelle berührt wird und sich öffnet, reinigt und ideal einstellt, in Harmonie und Balance mit allen anderen Chakren. Seine Farbe ist rot, und dieses Rot wird nun immer klarer. Weiter oben im Sexualchakra beobachtest du das Gleiche: eine wunderbare Reinigung, bei der alles Begrenzende transformiert und das Chakra auf die höchste Energie eingestellt wird, sodass die Farbe dieses Chakras, Orange, klar leuchtet ... Wandere nun wieder ein Stück höher zum

Solarplexuschakra, das sich ebenfalls reinigt und in klarem Gelb einstellt. Dasselbe bezeugst du beim Herzchakra – seine Farben sind Rosa und Hellgrün ... sowie beim Halschakra, das nach seiner Reinigung in klarem Hellblau strahlt. Du nimmst nun wahr, wie dein Stirnchakra sich reinigt und in der Farbe Indigoblau strahlt. Und auch dein Kronenchakra strahlt nun, in der Farbe Violett. Alles Begrenzende wird losgelassen, und deine Chakren stellen sich auf die höchste Energie ein – in Harmonie und Balance mit deinem gesamten System.

Danach bist du mit einem einzigen Ausatmen wieder in deinem Herzen zentriert.

Zur Chakrenharmonisierung

Wichtig ist, dass du nie eingibst, ein Chakra einfach zu öffnen oder gar alle. Das Chakrensystem ist ein ganzheitliches, dynamisches und intelligentes System, das ganz genau weiß, wann es sich auf welche Art ausrichtet. So zieht es sich zum Beispiel in einer großen Menschenmenge oder in Konfrontation mit vielen diffusen, niedrig schwingenden Energien eher zusammen, und in meditativen Zuständen oder ähnlich schwingenden Situationen macht es ganz weit auf. Deshalb verwende immer den Kurzbefehl »Chakrenharmonisierung«, womit sie einfach gereinigt, entstört und *ideal* eingestellt werden. Diese Harmonisierung ist alltagstauglich, das heißt, du kannst sie immer wieder machen, wenn dir danach ist, sogar mehrmals am Tag oder in bestimmten Situationen. Sie ist eine gute Hilfe, um dich in Sekundenschnelle energetisch wieder »in die Spur« zu bringen. Wenn du aber merkst, dass du immer wieder harmonisieren musst und die positiven Resultate nicht lange anhalten, dann liegt eine grundsätzliche Blockade vor, die du transformieren musst. Um sie aufzuspüren, hilft dir das Wissen über die Chakren und auch die tiefere Arbeit, die auf den folgenden Seiten beschrieben wird.

DER CHAKRENZYKLUS

Im Laufe unseres Lebens durchläuft jeder Mensch verschiedene Perioden. Man nennt diese Perioden den »Chakrenzyklus« oder auch den »Sieben-Jahres-Zyklus«.

Die Idee des Sieben-Jahres-Zyklus ist in vielen Lehren zu finden; von den frühen Hochkulturen über die alten Griechen bis hin zu diversen Lehren wie zum Beispiel der Anthroposophie spielt er eine wichtige Rolle. Forscher wie beispielsweise Paracelsus oder Rudolf Steiner, die eine rhythmische Gliederung im Leben wahrnahmen, sind ebenfalls auf diesen Zyklus gestoßen.

Von der Geburt an befinden wir uns immer für sieben Jahre in den Themen eines Hauptchakras, die diese Zeit grundlegend bestimmen. In diesen sieben Jahren durchlaufen wir im »Kleinen« wieder alle Chakren, die dann sozusagen die Unterthemen darstellen. Immer am Geburtstag wechselt man in das nächste Unterthema, das dann für ein Jahr gilt. Diesen Wechsel kann man oft schon einige Wochen vorher spüren. Der große Wechsel, der sich alle sieben Jahre vollzieht, ist häufig auch mit Änderungen der Lebensumstände, Gewohnheiten oder Beziehungen verbunden.

In meiner Praxis kommt es immer wieder vor, dass sich bei Menschen plötzlich etwas ganz Grundlegendes verändert, scheinbar aus dem »Nichts« heraus, womit die Betreffenden oft erst einmal zu kämpfen haben bzw. damit klarkommen müssen. Wenn ich nach dem Geburtsdatum frage, stelle ich nicht selten fest, dass gerade ein neuer Zyklus angebrochen ist. Manchen Menschen hilft dieser neue Zyklus, Dinge endlich verändern zu können, an denen sie sich oft schon seit Jahren abgemüht hatten. Anderen fällt es erst einmal schwer und sie brauchen Hilfe und Unterstützung bei der Neustrukturierung ihres Lebens und ihrer Prioritäten. Dann können die Ereignisse in einem neuen höheren Zusammenhang verstanden und gewinnbringend eingesetzt werden.

Hauptthemen | Hauptchakren

1. Chakra: Alter 0–6
2. Chakra: Alter 7–13
3. Chakra: Alter 14–20
4. Chakra: Alter 21–27
5. Chakra: Alter 28–34
6. Chakra: Alter 35–41
7. Chakra: Alter 42–48

Mit dem 49. Geburtstag beginnt der Zyklus wieder von vorne, jedoch auf einer neuen Ebene, denn jetzt darfst du die Themen als erwachsener Mensch und bestenfalls mit viel mehr Bewusstsein und Wissen durchlaufen und transzendieren. Das ist eine großartige Chance!

Unterthemen | Unterchakren

Im 1. Jahr eines neuen Hauptthemas geht es darum, Urvertrauen darin zu finden, sich darin zu stabilisieren und mit der eigenen Lebenskraft ganz in das neue Thema einzutauchen.

Im 2. Jahr geht es darum, diese neue Energie in Beziehungen einzusetzen, aber auch, sich mit den Gefühlen auseinanderzusetzen und diese zu harmonisieren.

Im 3. Jahr ist die Herausforderung, sich selbst in Bezug dazu zu bringen, sich selbst in diesem Thema zu verstehen, die Eigenverantwortung und eigene Macht ganz anzuerkennen.

Im 4. Jahr kommt die Herzenergie mit dazu, das heißt loslassen und vergeben, sollte noch etwas vorhanden sein, das hier begrenzt. Das Thema lautet, »mit dem Herzen« zu betrachten und sich damit zu verbinden, es zu integrieren, »ins Herz zu nehmen«.

Im 5. Jahr sind wir gefordert, dies alles auch auszudrücken. Wir haben die höhere Wahrheit erkannt, integriert, und nun geht es darum, authentisch darin zu sein und dieses neue Sein zu transportieren.

Im 6. Jahr dürfen wir höhere Zusammenhänge erkennen, das Thema in Verbindung mit anderen Themen und Teilen unseres Lebens bringen und durch neue Einsichten neue Lösungen finden. So ist es in den Bereich unserer Intuition integriert, und wir haben diese auf eine höhere Ebene gehoben.

Im 7. Jahr vollenden wir das Thema. Wir sind eins damit geworden, verstehen es im Konsens des universellen Bewusstseins und lassen uns führen.

Alter		Alter		Alter		Alter		Alter		Alter		Alter	
0	1–1	7	2–1	14	3–1	21	4–1	28	5–1	35	6–1	42	7–1
1	1–2	8	2–2	15	3–2	22	4–2	29	5–2	36	6–2	43	7–2
2	1–3	9	2–3	16	3–3	23	4–3	30	5–3	37	6–3	44	7–3
3	1–4	10	2–4	17	3–4	24	4–4	31	5–4	38	6–4	45	7–4
4	1–5	11	2–5	18	3–5	25	4–5	32	5–5	39	6–5	46	7–5
5	1–6	12	2–6	19	3–6	26	4–6	33	5–6	40	6–6	47	7–6
6	1–7	13	2–7	20	3–7	27	4–7	34	5–7	41	6–7	48	7–7

CHAKREN UND AURA –
VERSCHIEDENE ENERGIESTRUKTUREN

In deiner Arbeit mit THEKI kann es vorkommen, dass du bei dir selbst oder auch anderen wahrnimmst, dass das Energiesystem allgemein unausgeglichen ist. Es gibt verschiedene Varianten:

1. Die oberen Chakren sind sehr aktiv, die unteren kaum

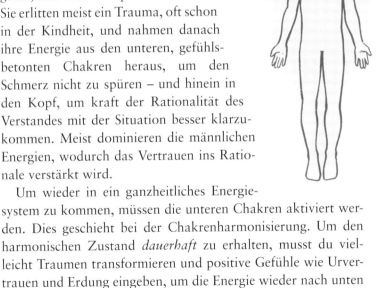

Diese Menschen leben hauptsächlich im Kopf. Das macht es ihnen schwer, spontan zu sein, sich dem Fluss des Lebens hinzugeben und das Leben zu »spielen«. Meist sind es sehr intelligente, aber auch komplexe Menschen. Sie erlitten meist ein Trauma, oft schon in der Kindheit, und nahmen danach ihre Energie aus den unteren, gefühlsbetonten Chakren heraus, um den Schmerz nicht zu spüren – und hinein in den Kopf, um kraft der Rationalität des Verstandes mit der Situation besser klarzukommen. Meist dominieren die männlichen Energien, wodurch das Vertrauen ins Rationale verstärkt wird.

Um wieder in ein ganzheitliches Energiesystem zu kommen, müssen die unteren Chakren aktiviert werden. Dies geschieht bei der Chakrenharmonisierung. Um den harmonischen Zustand *dauerhaft* zu erhalten, musst du vielleicht Traumen transformieren und positive Gefühle wie Urvertrauen und Erdung eingeben, um die Energie wieder nach unten zu ziehen. Auch können Überzeugungen auftauchen, die diese Energiestruktur unterstützen und verändert werden dürfen.

2. Die unteren Chakren sind sehr aktiv, die oberen kaum

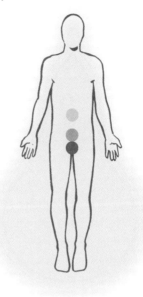

Diese Menschen leben oft in familiären, alten und überholten Mustern, die sich ständig wiederholen. Sie lassen sich von ihren Gefühlen leiten. Sie mögen es nicht, ihre Entscheidungen zu diskutieren, und hinterfragen auch nicht gerne den Sinn. Sie haben einfache Vorstellungen vom Leben und der Liebe. Generell interessieren sie sich eher für den materiellen Besitz, das äußere Erscheinungsbild und den Titel eines Menschen als für sein Inneres oder gar für spirituelle Aspekte. Es sind selbstsichere, seriöse und zuverlässige Menschen, die sich an materiellen und körperlichen Bedürfnissen orientieren.

Hier werden bei der Chakrenharmonisierung hauptsächlich die oberen Chakren aktiviert. Weiter kannst du übernommene Familienmuster auflösen sowie Überzeugungen verändern, die die Freiheit im Denken blockieren. Es kann sich lohnen, die Beziehung zum Vater anzuschauen und gegebenenfalls Traumen zu transformieren und die Beziehung zu harmonisieren.

3. Die mittleren Chakren sind sehr aktiv, die oberen und unteren kaum

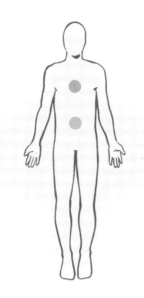

Sie haben in der Regel weder sonderliches Interesse für ihren Körper noch für ihre Spiritualität. Sie interessieren sich mehr für Beruf, Politik und Kontakte, sind also im Außen und somit stark im Ego verhaftet. Es sind meist sehr freundliche und offene Menschen, die aber nicht in die Tiefe gehen möchten. Sie nehmen ihren Körper als selbstverständlich, es sei denn, er wird krank (Wegweiser). Und sie haben kein spirituelles Interesse, es sei denn, eine Krise zwingt sie dazu, zu suchen und zu hinterfragen.

Auch hier bewirkt die Harmonisierung der Chakren einiges. Sowohl die unteren als auch die oberen Chakren werden aktiviert und in Bezug zueinander gebracht. Damit dies auch so bleibt, ist es wichtig, im Solarplexus zu arbeiten und das wahre Selbst zu stärken und zu befreien, was durch die Arbeit an Selbstliebe und Selbstbewusstsein möglich wird.

4. Obere und untere Chakren sind aktiv, das Herzchakra ist blockiert

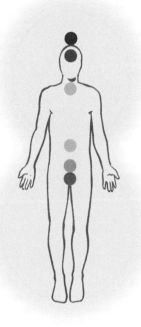

Diese Menschen sind sich sowohl ihres Verstandes als auch ihres Körpers sehr bewusst. Sie sind geistig wach, intelligent, kreativ und intuitiv. Auch ihren Körper spüren sie stark; oft ist er sehr sensibel und schmerzempfindlich. Durch die mangelnde Verbindung der oberen und unteren Chakren sind sie eher introvertiert. Sie haben oft ein Gefühl der Leere, speziell im Herzen. Entscheidungen fallen schwer, da der Informationsfluss nicht stimmt. Wahrscheinlich existiert eine tiefe Verletzung im Herzchakra.

Das Herzchakra aber ist immens wichtig, da es alle anderen Chakren verbindet. Integriere die Gefühle, die diesen Bereich betreffen, wie Vergebung, Mitgefühl, Toleranz und Liebe. Löse die Traumen auf und harmonisiere die dazugehörigen Beziehungen. Vor allem die Vergebung ist sehr wichtig, um das Herz zu befreien und dieses Chakra dauerhaft zu aktivieren.

5. Das System ist perfekt balanciert

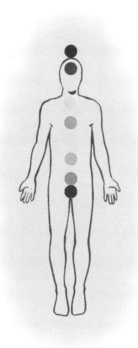

Es ist tatsächlich möglich, ein balanciertes System zu haben, ohne gleich ein erleuchteter Meister zu sein. Menschen, die an ihrer Ent-Wicklung gut gearbeitet haben oder die einfach ein glückliches Leben mit bewussten Eltern genossen haben, können gut balanciert sein. Diese Menschen stehen in harmonischem Kontakt zu ihrem Körper und sind geerdet. Sie haben eine gute Gesundheit und Vitalität. Sie sind sich ihrer Gefühle bewusst, ohne von ihnen regiert zu werden. Sexuell sind sie zufrieden, ohne getrieben zu sein. Sie sind vertrauensvoll und zuversichtlich, liebevoll und mitfühlend und frei von Kontrolle. Sie können sich klar und ehrlich ausdrücken und aufmerksam zuhören. Sie sind klug, weise und fantasievoll und haben eine starke Verbindung mit ihrer Seele.

Diesem Menschen kannst du von Herzen gratulieren, dass er so gesund und balanciert durchs Leben gehen darf!

Perfekt gehimmelt und geerdet sein

Du findest den Himmel nur,
wenn du auch die Erde gefunden hast.
In dir findet die Vereinigung
dieser Kräfte statt.

Letztlich geht es immer um das perfekte Gleichgewicht, um die Vereinigung und Integration aller Aspekte des Selbst. Die oberen und unteren Chakren müssen in Balance sein, damit wir in Balance sind. Dies geschieht nicht irgendwo in »anderen Sphären«, sondern genau hier, jetzt, in unserem täglichen Leben. Die Ausgewogenheit spielt eine zentrale Rolle in deinem Entwicklungsprozess.

Du kannst dir das bildlich vorstellen wie bei einem Baum – je mehr er wächst und sich entwickelt, umso höher ragt seine Krone in den Himmel, jedoch wachsen gleichzeitig seine Wurzeln immer tiefer in die Erde hinein, um dort fest verankert zu sein. Wer hoch hinaus will, braucht tiefe Wurzeln.

Die Vereinigung der oberen und unteren Chakren geschieht *immer* durch das Herz. Hier findet die eigentliche Transformation statt.

KAPITEL 4:
BLOCKADEN ERKENNEN UND LOSLASSEN

BLOCKADEN ERKENNEN:
SPIEGEL SIND GESCHENKE!

Es ist alles ein kosmisches Spiel –
und es gibt nichts als dich!

ITZHAK BENTOV

Innerhalb der Bewusstseinsebene der Dualität, auf der die meisten Menschen sich hauptsächlich bewegen, entsteht oft der Eindruck, dass wir uns »Prüfungen« oder »Aufgaben« gegenübersehen, die wir meistern müssen. Dies ist insofern richtig, als dass wir immer von unserem Höheren Selbst auf unserem Weg geleitet und zu den Erfahrungen geführt werden, die unserer Entwicklung dienen. Doch man kann diese Prozesse auch einfach *Spiegelungen* unseres Selbst nennen. Nach dem universellen Gesetz der Resonanz ziehen wir im Außen das an, was wir in unserem Inneren sind, was wir glauben, denken und auch unterdrücken. Im Positiven wie im Negativen. Deshalb ist all das, was wir in unserem Leben vorfinden, eine wunderbare Kontrollmöglichkeit, wie weit wir im Inneren schon entwickelt sind und an welchen Themen wir noch arbeiten dürfen.

Wir sind der Spiegel und das Gesicht,
das sich darin spiegelt.

RUMI

Da wir alle eins und miteinander verbunden sind, sind wir auch alle Spiegel füreinander. Wenn uns nicht gefällt, was oder wen wir in unserem Leben anziehen, dann sollten wir ehrlich in den Spiegel schauen und uns fragen, was wir ausstrahlen, wo wir genauso sind oder welche unterdrückte Eigenschaft in uns durch unsere Lebensumstände und Begegnungen ans Licht geholt wird.

Ziehst du immer dominante Menschen an, die über dich bestimmen wollen? Diese Menschen halten dir den Spiegel deines eigenen fehlenden Selbstvertrauens vor, und sie lehren dich, dich selbst zu lieben, dir treu zu sein und deine Eigenmacht zu erkennen. Oder vielleicht bist du selbst sehr dominant und sollst mehr auf die Balance achten. Ziehst du gewalttätige Partner an? Dann kann die Frage hilfreich sein, in welcher Hinsicht du brutal zu dir selbst oder zu anderen bist. Oder es kann eine Herausforderung für dich sein, dich aus der Opfermentalität zu befreien und deine Selbstliebe und deinen Selbstwert zu erhöhen. Welche Lektion sich auch immer dahinter verbirgt: Sobald du sie gelernt hast, hast du deine Schwingung erhöht und sendest nicht mehr auf derselben Frequenz. Folglich werden diese Menschen entweder sich dir gegenüber verändern oder aus deinem Leben verschwinden. Jeder Einzelne erfährt auf deinem Entwicklungsweg eine äußerst präzise Gerechtigkeit. Keiner kann sich verstecken, gespielte Frömmigkeit ist sinnlos. Es gibt kein Schummeln und kein Täuschen. Titel und Zertifikate werden dir nicht helfen. Es ist sinnlos, dich zu verstellen, denn du kommst nicht weiter und landest immer und immer wieder an demselben Punkt und bist mit den sich ständig wiederholenden Themen so lange konfrontiert, bis du den Spiegel erkennst und das Thema *in dir* transformierst. Die Lösung ist niemals im Außen, sie kann nur in dir sein. Und nur die reine Schwingung zählt. Es ist deine eigene Schwingung, die du im Außen erlebst. Dein Leben zeigt dir, wie weit du schon entwickelt bist.

Wenn du also rein und wahrhaftig bist, frei von Urteilen, authentisch und voller Liebe zu allem, kommst du in immer höher schwingende Bereiche der Realität, dann zeigt sich dir ein Leben, das deine kühnsten Träume übertrifft.

Sei du die Veränderung,
die du dir für die Welt wünschst.
MAHATMA GANDHI

Durch die Spiegelungen wirst du nach und nach auf die Ego-Schichten hingewiesen, die du lösen darfst. Jeder Spiegel trägt in sich die Chance, in ihm alte Muster zu erkennen und zu erlösen. Daher sind die Spiegel hilfreiche Begleiter, auch wenn sie unangenehm sein können. So unpassend und ungerecht etwas auch aussehen mag – wenn du es nach dem Gesetz der Spiegel betrachtest, erkennst du das Geschenk. Man kann durchaus sagen: Je unangenehmer die Erfahrung, umso größer das Geschenk.

Damit du die Spiegel in deinem Leben besser erkennen kannst, lass uns gemeinsam der Reihe nach vorgehen.

1. Der aktuelle Spiegel

Dieser Spiegel zeigt dir in jedem Moment deines Lebens, wie du momentan energetisch aufgestellt bist, was du also ausstrahlst. Glaubst du, dass das ein schlechter Tag wird, weil du morgens verschlafen hast? Dann wird dir dein Glauben bestätigt werden: Du verschüttest deinen Kaffee auf die Kleidung, begegnest lauter unfreundlichen Menschen, führst sinnlose Diskussionen, der Bus fährt dir vor der Nase weg, oder alle Ampeln sind rot ... Bist du wütend und aggressiv? Dann werden dir Menschen begegnen, die deine Wut weiter anheizen, die vielleicht selbst aggressiv sind und dich auf diese Weise mit dir selbst konfrontieren. Bist du gut gelaunt und freust dich über etwas oder erwartest von dem Tag einfach nur das Beste? Dann wirst du lauter freundliche, glückliche Menschen treffen, die dich anlächeln oder dir anderweitig dein Glück spiegeln.

2. Der Spiegel des Unterdrückten

Kannst du keinerlei Verständnis für manche Menschen aufbringen? Verurteilst du aus tiefstem Herzen eine bestimmte Lebensweise oder -einstellung? Dann wird dir dieser Spiegel sicherlich begegnen, und zwar in Gestalt von ebensolchen Menschen, durch die du dich vielleicht provoziert oder angegriffen fühlst. Oder du begegnest diesem Spiegel, indem du in eine Situation kommst, die es dir erlaubt, eine zuvor abgelehnte Lebensweise zu verstehen.

Vielleicht verhält es sich aber auch so, dass du wichtige Aspekte deines Selbst unterdrückt hast, indem du Kompromisse eingegangen bist oder es von deinen Eltern übernommen hast, diese nicht zu leben. Vielleicht schlummert auch irgendwo in dir ein Talent, das nie herauskommen durfte? Dieser Spiegel zeigt es dir, indem du dich von Menschen, die »es« haben oder leben, angezogen fühlst – positiv oder negativ.

3. Der Spiegel der größten Angst

Wenn du deine größte Angst immer nur unterdrückst, ohne sie anzuschauen oder dich mit ihr auseinanderzusetzen und sie zu transformieren, so wird sie einen Weg finden, sich dir zu zeigen. Dies ist meist sehr schmerzhaft und zeigt sich oft in Form von plötzlich eintretenden, scheinbar katastrophalen Ereignissen, zum Beispiel dem Verlust der Arbeitsstelle, des Partners oder gar der Gesundheit. Tritt dieser Spiegel auf, dann geschieht genau das, was du am meisten *vermeiden* oder *verhindern* wolltest, denn hier lag deine unterdrückte Angst, die sich nun auf diese Weise zeigt. Es ist der extremste aller Spiegel, birgt aber auch die größten Chancen. Du wirst gereinigt und darfst vielleicht erkennen, dass du dich letztlich sogar befreit fühlst. Du erkennst auch, was das Problem war, und wirst bewusster. Wer diesen Spiegel durchlebt hat, wird sich nie wieder über ein gekipptes Fenster oder eine offene Zahnpastatube ärgern. Er ist transformiert.

4. Der Spiegel des Egos

Wenn du zu sehr im Ego lebst und dein wahres Selbst gar nicht mehr zu dir durchdringt, dann wirkt früher oder später dieser Spiegel: Du verlierst etwas oder dir wird etwas genommen, was dir wichtig war und worüber du dich anteilig vielleicht sogar definiert hast: dein großes Haus, deine schöne Frau, deinen tollen Job, dein jugendliches Aussehen, deinen reichen Mann ... Wenn es lediglich dem Ego diente, aber nicht von Herzen kam, also dein wahres Selbst dabei außer Acht gelassen hat, dann sorgt dieser Spiegel für Ausgleich und Erkenntnis. Er fordert von dir, dich nicht weiter anhand von Normen zu beurteilen (oder zu verurteilen), sondern dein wahres Selbst zu erkennen und zu befreien und dich dabei als das perfekte Wesen anzuerkennen, das du bist. Die Erkenntnis lautet: Ich bin liebenswert. Ich bin schön. Ich bin.

Was bin ich in Bezug dazu?

Die zentrale Frage, die du dir stellen kannst, wenn du einem Spiegel begegnest, also in einer schwierigen oder schmerzhaften Situation steckst, lautet: Was bin ich in Bezug dazu? Erinnere dich: Es geht nie wirklich um das Außen, es geht nur darum, wie du auf das Außen reagierst. Die Antwort auf die Frage bringt dich direkt zu deiner Blockade. Wie beantwortest du dir diese Frage? Spüre tief in dich hinein. Wie fühlst du dich? Was bist du in Bezug dazu? Bist du in Bezug dazu klein und untalentiert? Unwichtig? Hässlich? Bist du wütend?

Traurig? Bist du erfolglos? Arm? Ein Pechvogel?
Ungeliebt?

Akzeptiere den Ist-Zustand

Um Veränderungen wirklich möglich zu machen, musst du zuerst den IST-Zustand akzeptieren. Egal, wie unerwünscht und verfahren die Situation ist: Als Erstes musst du sie so anerkennen und akzeptieren, wie sie ist. Erst dann kann die Veränderung eintreten. Solange du etwas ablehnst, stellst du den Bezug dazu nicht richtig her. Dann lehnst du diese Energie ab, und damit drängt sie sich dir umso mehr auf. Du möchtest aber ja gern zum Gegenpol wechseln. Das kann nur geschehen, wenn du die eine Seite des Pols, egal wie schmerzhaft sie ist, annimmst. Durch das Erkennen und Akzeptieren, dass es jetzt so ist, wie es ist, verschränkst du dich damit und bekommst die Macht darüber. Dann entsteht die Möglichkeit zur Transformation.

Ein Beispiel:

Jemand wird von seinen Kollegen gemobbt und erkrankt aufgrund dieser belastenden Zeit anschließend an einer Depression. Natürlich ist das erst einmal eine Situation, mit der man umgehen lernen muss. Wer jetzt aber in die Opferrolle geht und dort verharrt, wird auch die Situation so erhalten. Sie wird sich nicht positiv verändern können, denn die Verantwortung für das eigene Leid wird bei den anderen gesehen. Die früheren Kollegen, der Therapeut, die Medikamente, der Ex-Partner ... alle sind plötzlich für die eigene Situation verantwortlich. Aus dieser Perspektive sind sie die Schuldigen, und man selbst ist das hilflose Opfer, das nichts dafürkann und folglich auch nichts ändern kann. Nimmt man hingegen diese Situation mit all dem damit verbundenen Schmerz und Ärger an, ganz einfach aus dem Grund, weil es zum Leben gehört und es durch die Lektionen und Erkenntnisse auch bereichern kann, dann geht man in die eigene Kraft und übernimmt die Verantwortung dafür. Jetzt hat man sich die Situation geschaffen, erkennen zu können, warum es so weit gekommen ist, und kann dabei auch das eigene (Fehl-)Verhalten beleuchten. Dabei stellt sich vielleicht heraus, dass das eigene Selbstwertgefühl schon immer gering war, womit man das respektlose Verhalten anderer angezogen und geduldet hat. Diese Erkenntnis ist der notwendige Schritt, um die Ursachen zu transformieren, das Selbstwertgefühl (wieder-)herzustellen und die Beziehungen zu klären. Dann kann Veränderung geschehen. Am Ende kann man sogar gestärkt aus dieser Erfahrung hervorgehen.

KÖRPERSPIEGEL

Der menschliche Körper existiert nicht für sich, sondern in der *Dreiheit* Körper-Geist-Seele. Diese Existenzebenen wirken stark zusammen, und nur wenn sie in Harmonie sind, fühlen wir uns gesund, glücklich, ausgeglichen, fit und vital. Andernfalls spüren wir eine Disharmonie in Form destruktiver Gedanken und Gefühle. Der Körper ist in der Regel die letzte Ebene, die diese Disharmonie ausdrückt. Seine »Meldungen« sind eher von der unangenehmeren Art, sprich Krankheiten, Schmerzen und Ähnlichem.

Das Ungleichgewicht zeigt sich sowohl in unseren Chakren, wenn wir diese Themen verstanden haben, als auch in unserem Tagesbewusstsein in tausend Gesichtern. Sind wir fit oder müde, konzentriert oder wirr, klar oder benebelt …? Greifen wir gleich hier transformierend ein, muss der Körper sich nicht die Mühe machen zu erkranken. Ignoriert man aber die Blockaden, verdrängt man sie und erzeugt somit einen »Schatten«. Sie sind dadurch keinesfalls weg, sondern verdichten sich und zeigen sich irgendwann auf grobstofflicher Ebene, also im Körper. Das tiefste Bedürfnis jedes Menschen ist es, den Weg nach Hause zu finden, den Weg zum wahren Selbst. Jedes Unwohlsein, jede Krankheit, egal auf welcher Ebene, ist ein Zeichen dafür, dass man sich von seinem wahren Selbst wegbewegt hat. Betrachtet man diese Signale umgekehrt – wie im oberen Beispiel die Depression, die aufgrund des Mobbings und der damit verbundenen ungeklärten Beziehungen sowie des niedrigen eigenen Selbstwertgefühls entstanden ist –, dann sind sie die Wegweiser zur Gesundheit. Das ist Selbstheilung. Mit einer ganzheitlichen Betrachtung und Behandlung ist jeder Mensch in der Lage, sich selbst zu heilen. Durch die gezielte Lösung von Blockaden und damit verbundene Wiederherstellung der Einheit und des natürlichen Energieflusses kommt der Körper ganz von selbst in die Heilung. THEKI ist somit die Hilfe zur Selbsthilfe, mit THEKI können wir uns und andere von Abhängigkeiten befreien und den Weg zu Selbstbestimmtheit und Freiheit ebnen.

Du kannst kein Problem auf der Schwingungsebene lösen, auf der es entstanden ist. Um es zu lösen, musst du deine Schwingung erhöhen.

Ganzheitlich betrachten

Wenn du auf der Ebene des Körpers zu arbeiten beginnst, scheinen viele Probleme durch äußere Einflüsse entstanden zu sein. Je tiefer du aber gehst, desto klarer wird dir werden, dass auch diesen Einflüssen innere Blockaden zugrunde liegen. Beginnen wir mit dem Offensichtlichen:

Viele Beschwerden können durch Fehlverhalten wie ungesunde Ernährung, unnötige Impfungen, Hormonpräparate und weitere Medikamente entstehen. Die folgende Liste hat keinen Anspruch auf Vollständigkeit und soll dir als Beispiel dienen:

<u>Ungesunde Ernährung</u> mit zu viel Zucker, Geschmacksverstärkern, Kochsalz, künstlichen Süßstoffen und genmanipulierten Produkten können unzählige Beschwerden und schwerwiegende Krankheiten auslösen.

<u>Fleisch- und Fischkonsum</u> sowie der Verzehr von Eiern und Milchprodukten können nachweislich vielerlei Krankheiten auslösen, darunter Diabetes Typ 2, Krebs, Bluthochdruck, Alzheimer, Demenz, Herzinfarkt, Schlaganfall usw.

<u>Impfungen</u> bringen nicht nur Fremdeiweiße, teilweise aktive Krebszellen (zum Beispiel Grippeimpfung), tierische Zellen und DNS abgetriebener Föten in unser System, sondern auch 98 Prozent Nervengifte, Formaldehyd, Quecksilber und gentechnisch hergestellte Stoffe. Durch das direkte Einspritzen in den Blutkreislauf beraubt man den Körper jeglicher Möglichkeit, sich dagegen zu wehren und einen Teil der Fremdsubstanzen wieder loszuwerden (zum Beispiel durch Übergeben). Es gibt unzählige Studien, inzwischen auch Langzeitstudien, die belegen, dass ungeimpfte Menschen gesünder sind und viele Krankheiten mit

Impfungen zusammenhängen, wie beispielweise Autismus oder AD(H)S, Entwicklungsstörungen, Epilepsie, Allergien, Sehstörungen, Neurodermitis, Krebs, Autoimmunerkrankungen, Diabetes und nicht zuletzt der plötzliche Kindstod.

<u>Künstliche Hormone</u> können Thrombosen, Migräne, Übelkeit, Haarausfall, Embolien, Asthma, Hörsturz, Herzinfarkt und Krebs auslösen.

<u>Antibiotika</u> bewirken durch die mit ihrer Einnahme verbundene Zerstörung der Darmflora vielerlei Probleme: Übergewicht, schwaches Immunsystem (ca. 80 Prozent unseres Immunsystems sitzen im Darm), schwerste Erkrankungen und Todesfälle durch antibiotikaresistente Erreger, die durch den hohen Einsatz epidemieartig auftreten. Selbst einige psychische Störungen werden auf die Ungleichgewichte in der Darmflora zurückgeführt.[19]

<u>Psychopharmaka</u> können vielfältige körperliche und psychische Störungen verursachen, wie zum Beispiel Aggressivität, Lebensmüdigkeit, sexuelle Störungen, Schlaflosigkeit, Übelkeit, Durchfall, Kopfschmerzen, Fehlbildungen am Kind bei Einnahme während der Schwangerschaft, Angstzustände, erhöhtes Suizidrisiko vor allem bei Kindern und Jugendlichen.[20]

<u>Weitere Medikamente:</u> Allein in Deutschland gibt es jährlich ca. 300 000 Fälle von Erkrankungen, die durch Medikamente *verursacht* wurden. Bis zu 25 000 Menschen sterben jedes Jahr daran.[21] Die Zahl derer, die die Nebenwirkungen überleben, aber unter den dadurch entstandenen Folgeschäden zu leiden haben, kann nur geschätzt werden.

<u>Strahlung</u>
Handys, Smartphones, Spielkonsolen, DECT-Telefone, Mikrowellen, WLAN, Elektrosmog, Babyphone, Ultraschall können nachweislich zu irreparablen Schäden der DNS führen sowie vielfältige Krankheitsbilder verursachen, wie Herzrhythmusstörungen, Schlafstörungen, Nervosität, Burn-out, verschiedens-

te Krebsarten, Allergien, Schwellungen, Ohrensausen, Gewebe-zerstörung im Gehirn, multiple Sklerose, Alzheimer, Morbus Parkinson, verklumptes Blut, Depressionen, ständige Müdig-keit, Kopfschmerzen u.v.m.[22] Dies ist seit Jahren bekannt, doch trotzdem werden ständig noch mehr und noch leistungsfähigere Sendemasten aufgebaut und gefährliche Produkte in Umlauf gebracht.

Giftstoffe, die sich in Kosmetika, Möbeln, Plastikware und auch Kleidung befinden, könnte man endlos aufzählen. Einige Beispiele: Das viel gepriesene Fluorid, das in fast jeder Zahnpasta enthalten ist, ist doppelt so giftig wie Arsen, giftiger als Blei, reduziert die Anzahl der Spermien beim Mann signifikant, kann die Schilddrüse schädigen sowie das Herz, die Nieren, Knochen und die ungeborenen Kinder. Es gilt als stark krebserregend. Dass Aluminium in Deodorants unglaublich schädigend ist, dürfte inzwischen ebenfalls bekannt sein. Zahlreiche Experimente haben die verheerenden Auswirkungen bestätigt: von Krebs über Allergien, Schädigungen des Nervensystems, Gedächtnisverlust, Muskelschwund bis hin zu Alzheimer. Auch künstliche Licht-schutzfilter, wie sie in den gängigen Sonnenschutzpräparaten enthalten sind, gelten als hochgradig krebserregend. Plastikware (PET-Flaschen, Verpackungen usw.) sind meist voller Weich-macher und hormonwirksamer Substanzen, die erhebliche Schä-den, Krankheiten und sogar Geschlechtsveränderungen hervor-rufen können.[23]

Es ist wichtig, diese Punkte zu berücksichtigen und sich hier gründlich zu informieren, um auch auf der grobstofflichen Ebene heilende Veränderun-gen einzuleiten. Denn was nützt es, wenn du deine feinstofflichen Energien bereinigst, aber deinen Körper mit all diesen Dingen belastest? Die ganzheitliche Betrachtung schließt alles mit ein: Körper, Seele, Geist.

Behandle nicht die Krankheit, sondern behandle den Menschen

Es gibt auch immer einen *Grund,* warum der Körper reagiert, es einen sozusagen »erwischt«. Egal, ob es ein chronischer Schmerz, eine Grippe, eine Depressionen oder eine Sehschwäche ist. Eine Grippe auf den bösen Virus zu schieben ist sehr einseitig gedacht. Denn warum stecken sich die einen an, die anderen aber nicht? Warum erleidet der eine einen Impfschaden, der andere nicht? Warum kann sich der eine ungestraft durch seine ungesunde Lebensweise vergiften, während ein anderer davon krank wird?

Die Gründe dafür liegen im psychisch-seelischen Bereich und sind gekoppelt an die Überzeugungen, Prägungen und sogar Erwartungen eines Menschen.

Deshalb *heilst* du mit THEKI *keine Krankheiten,* sondern du stellst die spirituelle Ganzheit wieder her. Heilung bedeutet nicht die »Besserung eines Zustandes«, sondern Heilung bedeutet, die Blockaden und Störungen, die dich von der Vollkommenheit deines Seins *trennen,* zu entfernen. So kann dein Körper sich selbst heilen, was er sowieso tut, wenn er nicht daran gehindert wird. Die Menschen sprechen schnell von einer »Wunderheilung«, dabei geht es einfach um die Transformation von Blockaden. Der gesunde Zustand, der sich danach einstellt, ist der natürlichste überhaupt.

Körperlesen: Wegweiser erkennen

Im Folgenden gebe ich dir ein paar Beispiele aus meiner Praxis, die dir die logische Sichtweise der Körperspiegel vermitteln sollen. Bitte betrachte sie lediglich als Leitfaden. Lass dich immer von der Quelle führen und höre auf die Botschaften, die du aus ihr bekommst. Die meisten Teile des Körpers sind durch logisches Erfassen zu deuten. So stehen die Hände für die Handlungen und das Geben und Nehmen, die Augen für das Anschauen der Themen. Wenn du dich mit den folgenden Beispielen wirklich beschäftigst, trainierst du deine ganz natürliche, logische

Sichtweise, und es wird dir auch bei anderen Blockaden und Körperteilen leichter fallen, den Sinn dahinter zu erkennen. Bei jeder Beschwerde ist es wichtig herauszufinden, *seit wann* sie besteht und was der Auslöser zum Zeitpunkt ihres Entstehens gewesen sein könnte. Dann hast du direkt das Thema parat und kannst in der Tiefe ansetzen.

Augen

Augen sind die »Fenster unserer Seele«. Man kann es einem Menschen an den Augen ansehen, ob er offen, klar sieht und lebendig ist oder ob er auf dieser Ebene eher blockiert und damit in seinem Leben, seinem Ausdruck eingeschränkt ist. Die Augen zeigen die Fähigkeit, klar durch die Zeiten (Vergangenheit, Gegenwart und Zukunft) zu schauen. Bei Problemen mit den Augen sollte man überprüfen, was man nicht sehen will. Was schaut man nicht an? Was ist naheliegend? Was sieht man nicht ein? Wo fehlt der Durchblick? Wird der äußere Sehsinn vermindert, um nach innen zu schauen und damit sich selbst zu erkennen?

Kurzsichtigkeit: Angst vor der Zukunft, Angst, die eigenen Ziele nicht zu erreichen. Möchte daher nicht in die Ferne sehen, fehlender Weitblick. Überwiegend introvertierte Menschen, schauen lieber in sich selbst, nehmen sich und das enge Umfeld sehr wichtig. Auch Wunsch nach Nähe.

Weitsichtigkeit: überwiegend extrovertiert, nach außen orientiert, schaut sich die tieferen Themen seines Lebens oder der Vergangenheit nicht gerne an, möchte alles eher von sich fernhalten. Wunsch nach Distanz, eventuell Angst vor Nähe. Bei Altersweitsichtigkeit: fehlende Perspektive, Wunsch nach neuer Lebensaufgabe oder -qualität, möchte das Naheliegende, Aktuelle ausblenden und in die Zukunft, den nächsten Lebensabschnitt wechseln.

> »Wenn du die Vergangenheit nicht anschauen willst, wirst du blind für die Gegenwart und nimmst dir dadurch die Macht, deine Zukunft zu gestalten.«

Alzheimer | Demenz

Beide Erkrankungen sind oft ein Schrei nach Hilfe bei der Verarbeitung von Lebensthemen und Traumen. Nur mehr das ist in Erinnerung, was einen emotional noch berührt und beschäftigt, auch wenn es 50 Jahre oder länger her ist. Das Aktuelle wird sofort wieder vergessen. Konzentration auf das Wichtige. Auch Abgeben von Verantwortung, »nicht mehr können«, um Zeit für das zu haben, was noch gelöst werden will.

Anmerkung: Dies sind auch Krankheiten, die den Angehörigen schwer zusetzen können, zum einen aus Angst vor dieser Krankheit, zum anderen weil man nicht weiß, wie man damit umgehen soll. Angehörige von Alzheimer- oder Demenzkranken können daher auch ihre Glaubenssätze überprüfen und ihre Ängste, ebenfalls zu erkranken, näher anschauen und bearbeiten. Außerdem ist Geduld eine unerlässliche Qualität. Muss man sich unzählige Male dieselbe alte Geschichte anhören, dann stellt man schnell auf »Durchzug«. Viel sinnvoller wäre es aber, mit der betroffenen Person eindringlich darüber zu reden, ihr vielleicht dazu zu sagen, dass sie keine Schuld hat oder dieses Ereignis jetzt loslassen darf. Vielleicht kann man dabei helfen zu vergeben. Das sind sehr wichtige und liebevolle Schritte.

Bandscheiben

Die Bandscheiben repräsentieren den weichen (= weiblichen) Teil der harten (= männlichen) Wirbelsäule. Sie wirken als Puffer, federn ab, müssen mit Wasser (= weibliches Element, Gefühle) gefüllt sein. Ist das nicht der Fall, kommt es zu Problemen im entsprechenden Bereich. Der emotionale Druck ist zu hoch, Gefühle werden unterdrückt (so auch die Bandscheiben, sie können dem Druck nicht mehr standhalten), Themen und Konflikte werden nicht bearbeitet. (Näheres zu den Bereichen der Wirbelsäule siehe Seite 177ff.)

Beine | Füße

Die Beine tragen einen im Leben voran und zeigen auch die Art, wie man durchs Leben geht bzw. seinen Lebensweg begeht. Wovor hat dieser Mensch Angst? Wo will er nicht hingehen?

Oder: Wer hindert ihn am Weitergehen? Vielleicht ist der Lebensweg verfehlt, der Sinn nicht vorhanden? Die Beine zeigen an, ob man »mit beiden Beinen fest im Leben steht«. Auf den Füßen *steht* man, das heißt, sie zeigen die eigenen Standpunkte und auch die Standhaftigkeit an. Es ist wichtig, dass die Fußchakren geöffnet sind, damit überschüssige Energie »ablaufen« kann. Ansonsten entsteht ein Stau. Sie öffnen sich bei guter Erdung und freiem Wurzelchakra. Dann ist man auch im Leben besser »verwurzelt«. Werden hier vielleicht die eigenen Standpunkte nicht vertreten? Oder erlebt man sich selbst als unbeständig?

Blase | After
Hier wird losgelassen. Endgültig. Es geht auch um Befreiung. Und um erfolgreiche Verdauung, nicht nur vom Essen, sondern auch von Informationen, Gesprächen, Gefühlen usw. Wovon muss Abschied genommen werden? Was möchte losgelassen und nicht länger festgehalten werden?

Darm
Im Darm sitzen rund 80 Prozent des Immunsystems. Allergien und viele weitere Krankheiten können hier ihre Ursache haben, wenn Antibiotika und falsche Ernährung die Darmflora gestört haben. Außerdem zeigen sich im Darm all die Themen, die nicht verdaut werden können, in Form von Gefühlen, Gedanken, Fremdenergien. Der Darm ist dafür zuständig, alles zu zersetzen und das Positive, Brauchbare in den Körper als Energie einzugeben und das Schädliche, Unbrauchbare auszuleiten. Dies kann auch auf Feinstoffliches wie oben beschrieben angewendet werden.

Depressionen
Ansammlung nicht gefühlter Gefühle. »Lieber nichts mehr fühlen, als das alles fühlen zu müssen.« Was will ein depressiver Mensch nicht mehr fühlen? Wovor hat er Angst? Welche Traumen wiegen noch immer so schwer, dass er sich lieber völlig verschließt und die Lebensenergie nicht mehr fließen darf oder sogar

gegen sich selbst gerichtet wird? Welcher Verantwortung möchte sich dieser Mensch nicht stellen, welcher Druck ist zu groß?

Diabetes

Mit Diabetes verwehrt man sich die »Süße des Lebens«. Meist sind Schuldgefühle vorhanden. Wem will man Leid abnehmen? Warum darf das Leben nicht süß sein?

Entzündungen

Infektionen gleichen einem Feuer, das nicht gelöscht werden kann. Die männlichen Energien (= Feuer) sind zu dominant, das Wasser (= weibliche Energien), das zum Löschen gebraucht wird, ist nicht vorhanden. Natürlich müssen die männlichen und weiblichen Energien in Balance gebracht werden (siehe Kapitel 5). Aber auch die Frage, warum die männlichen Energien lieber gelebt werden, sollte beleuchtet werden. Besteht ein Konflikt mit der Mutter? Mit dem eigenen Geschlecht? Wofür brennt man? Ist Wut vorhanden? Wie können Aggressionen abgebaut werden? Der Körperbereich, in dem eine Entzündung entstanden ist, gibt weitere Aufschlüsse.

Erkältungen | Grippe

Auch wenn Erkältungen durch Erreger entstehen, gibt es tiefer liegende Gründe, warum wir uns angesteckt haben oder nicht. Grippale Infekte gehen einher mit Unordnung im Denken, Verwirrung, aber auch Glaubenssätzen wie zum Beispiel: »Ich bekomme jeden Winter eine Erkältung«, denen oft eine Massennegativität und der Glaube an Statistiken zugrunde liegt. Es kann auch alles zu viel sein, man hat »die Nase voll«, will »dichtmachen«.

Was möchte man sich aktuell vom Leib halten? Wen möchte man auf Abstand halten? Braucht man eine Auszeit? Von wem oder was hat man die Nase voll?

Gallenblase

Gallenerkrankungen hängen zusammen mit Bitterkeit, Gift, Aggression, Rage: »Da kommt einem ja die Galle hoch«, »Gift und Galle spucken«. Warum ist das so? Worüber ist man so verbittert? Es ist wichtig, sich die Wut erst einmal bewusst zu machen und zu *erlauben,* um sie transformieren zu können. Weiteres unter »Leber« und »Wut«. Der Choleriker hat übrigens seinen Namen aus der Cholerese, was Gallebildung bedeutet.

Gebärmutter
Ursprung, Anfang, Geborgenheit, Sexualität, Fruchtbarkeit, Wachstum, Urweiblichkeit, Mutter. All diese Themen können hier überprüft werden, wobei das Thema Mutterschaft sehr präsent ist. Besteht hier ein Konflikt? Konnte die Mutterschaft nicht gelebt werden? Besteht eine Angst vor Neuanfängen? Oder fehlende Geborgenheit und ein damit verbundener Wunsch nach Schutz und Wärme?

Gelenke
Sind die beweglichsten Teile des Skeletts und verbinden dieses. Wo im Leben fehlen Beweglichkeit und Flexibilität? Ist eine Angst vor Kontakt zu anderen Menschen erkennbar? Sind wichtige Verbindungen gestört? (Der betroffene Bereich kann weiteren Aufschluss geben.)

Geschlechtsorgane
In den Geschlechtsorganen zeigt sich die Verbindung zu den Eltern, die eigene Elternschaft, Sexualität, Fortpflanzung. Liegt ein Trauma in diesem Bereich vor? (Missbrauch, Fehlgeburt …) Ist ein sehr dogmatischer Glaube durch Religion oder Erziehung vorhanden und damit verbundene Schuldgefühle? Eventuell Ablehnung des eigenen Geschlechts und der damit zusammenhängenden Aspekte. Sorge, als Mann/Frau nicht gut genug zu sein. Sexuelle Schuldgefühle können auch durch Beziehungssituationen entstehen, zum Beispiel Fremdgehen.

Hals | Bronchien
Hier begegnen wir den Themen des Halschakras: unausgesprochene Gedanken und Gefühle, unterdrückte Schreie, unterdrücktes Selbst, das gezeigt werden möchte. Warum kann man nicht zu

sich selbst stehen? Was kann man nicht ausdrücken? Was fehlt einem, um das zu können? Fehlen Selbstliebe und -bewusstsein, Selbstvertrauen?

Bei den Bronchien kommen außerdem Herzchakra-Themen zum Tragen: Vergebung, bedingungslose Liebe, Mitgefühl, Toleranz. Wo sind hier Dinge zu lösen? Wem muss vergeben werden? Was möchte rausgeschrien werden? (Lauter Husten.)

Hände

Anpacken, Handlungen, Geben und Nehmen, Ergreifen und Erfassen, Anfassen, Festhalten und Loslassen. Die linke Hand ist die weibliche (loslassen, aufnehmen), die rechte die männliche (angreifen, geben) mit weiteren dazugehörigen Prinzipien. Ist ein Konflikt bei den eigenen Handlungen gegeben? Sind Geben und Nehmen im Ungleichgewicht? Hält man etwas krampfhaft fest? Wie packt man die Dinge im Leben an?

Haut

Die Haut ist unser Kontaktorgan, unsere letzte Grenze nach außen und steht für unsere Kontakte in jeglicher Form. Wie geht ein Mensch mit Erkrankungen der Haut Beziehungen ein? Wo liegen Ängste vor? Hat sich jemand eine »dicke Haut« zugelegt, um etwas besser ertragen zu können? Oder ist jemand sehr »dünnhäutig« und verletzlich? Die Haut ist auch oft eine große Entgiftungsstation. Indem man den Körper entschlackt und entgiftet und auch die Fußchakren öffnet, damit alles Überflüssige losgelassen werden kann, wird die Haut entlastet.

Herz

Das Herz ist das Zentrum des Menschen, der absolute Mittelpunkt – körperlich und seelisch. Themen des Herzchakras: Vergebung, Toleranz, Mitgefühl und bedingungslose Liebe, »Herzensangelegenheiten«. Liegen in diesem Bereich Verletzungen (= Traumen) vor? Müssen Beziehungen harmonisiert und Vergebungsarbeit geleistet werden? Was liegt einem schwer auf dem Herzen? Was tut man schweren Herzens? Oder sollte man besser auf sein Herz hören?

Ein offenes Herz verströmt Liebe und Lebensenergie, es strahlt unendlich aus und berührt andere, es verschenkt in dem Wissen, dass alles im Fluss ist.

Heuschnupfen

»Krieg« mit der Umwelt, Angst vor dem Kalender und destruktives Massenbewusstsein (»Immer im Frühjahr geht es los«). Themen des 2. Chakras, Beziehungen, Austausch, Arbeit; auch die Sexualität ist hier ein wichtiger Aspekt. Wo ist der Austausch nicht sauber? Wo kommt nicht das zurück, was man gibt? Wie kann die Einheit mit allem Leben wiederhergestellt werden? Welche Beziehungen müssen bereinigt werden? Warum glaubt man, dass auf sexuelle Handlungen eine Bestrafung folgen muss?

Immunsystem

Bei einem schwachen Immunsystem können »Feinde« nicht mehr abgewehrt werden. Schwächung des Systems im Kampf = der männlichen Seite. Verwirrung im System, oft werden sogar körpereigene Organe und Funktionen als Feind erkannt und bekämpft = Autoimmunkrankheiten. Wer erscheint einem als Feind? Womit geht man nicht konform, kann sich aber nicht wehren? Wo wird eine eigene Handlungsweise gefährlich für einen bei gleichzeitigem Gefühl der Machtlosigkeit?

Kopfschmerzen | Migräne

Oft ein Stau im Kopf, der durch die Harmonisierung des Systems aufgehoben werden kann. Zu viele schmerzliche Gedanken. Kopfzerbrechen.

Warum hält diese Person die Energie im Kopf? Wo müssen Gefühle gefühlt werden, anstatt Gedankenprozesse festzuhalten? Im spirituellen Entwicklungsprozess wachsen Zirbeldrüse und Hypophyse, was ebenfalls zu Schmerzen führen kann. Ist die Wirbelsäule, speziell Halswirbelsäule, in Ordnung? Eventuell Wirbelsäulenaufrichtung (siehe Seite 177 ff.).

Bei halbseitigem Schmerz: Einseitigkeit, einseitiges Denken, männliche und weibliche Energien harmonisieren (siehe Kapitel 5).

Leber

Die Leber ist für die Entgiftung zuständig, indem sie zwischen Giftigem und Ungiftigem unterscheidet, und zeigt direkt jede Maßlosigkeit an. Sie drückt auch giftige Gefühle aus, wie Aggression, Wut, Ärger, Hass, Ekel sowie depressive Gefühle. Wo ist das rechte Maß verloren gegangen? Liegt eine Sucht vor? Oder Gier? Kann noch unterschieden werden zwischen dem, was schädlich und unschädlich ist? Wo dürfen Gefühle nicht ausgelebt werden? Wie können diese Gefühle transformiert werden? Vielleicht besteht eine große Angst vor bestimmten Gefühlen, da nie gelernt wurde, damit umzugehen und sie zu transformieren.

Linke Körperhälfte

Weibliche Seite. Gefühle, Passivität, Element Wasser, Abwarten, Aufnehmen, Weiblichkeit. Wann immer Probleme in dieser Körperhälfte auftreten, werden die weiblichen Aspekte nicht gelebt oder zu stark beansprucht. Hier muss das Gleichgewicht zwischen den männlichen und weiblichen Energien wiederhergestellt werden (siehe Kapitel 5).

Lunge

Mit ihren beiden Flügeln ist die Lunge zweifach vorhanden und gilt daher als Beziehungsorgan im Bereich des Herzchakras mit seinen Themen (siehe Herz). Sie steht für die Fähigkeit, Leben in sich aufzunehmen und auch wieder loszulassen, also im Fluss zu sein. Damit wird großes Vertrauen gelebt, denn der nächste Atemzug ist nicht garantiert. Man lässt los und vertraut darauf, dass das Leben wiederkommt. Wo ist man nicht im Fluss? Wo kann das Leben nicht in all seiner Fülle angenommen werden? Was will festgehalten werden? Welcher Rhythmus ist gestört? Wo ist bedingungslose Annahme erforderlich?

Magen

Verdaut Gedanken, Vorstellungen, Ideen, aber auch Gefühle und Gespräche.

Was kann auf geistiger Ebene nicht verdaut werden? Was

wurde geschluckt und liegt schwer im Magen? Was kann oder will nicht aufgenommen bzw. angenommen werden?

Der Magen zeigt auch Angst vor Veränderung an sowie den damit verbundenen Glauben, nicht gut genug zu sein und etwas nicht zu schaffen. Kontrollwunsch.

<u>Bei Übelkeit und Erbrechen:</u> etwas schnell wieder loswerden wollen, nicht verarbeiten können, sich davon befreien. Etwas bricht heraus, will nicht länger ungesehen bleiben. Was lehnt die Person ab? Wovor ekelt man sich? (»Der Magen dreht sich um.«)

Nieren

Wie die Lunge doppelt vorhanden, daher Beziehungsorgan. Hier gelten die Themen des 2. Chakras: Sexualität, Austausch, Gefühle, vor allem Angst und Überreaktionen, auch im Beziehungsbereich. Erlaubt man sich bestimmte Gefühle nicht? Oder brechen Gefühle unkontrollierbar heraus?

Ohren

Hören und Gleichgewicht.

Was kann oder will man nicht mehr hören? Oder wem hört man nicht zu? Hört man vielleicht sogar sich selbst nicht zu? Wird der äußere Gehörsinn vermindert, um das innere Hören zu verstärken? Hat man zu viel um die Ohren, also Stress?

Rechte Körperhälfte

Männliche Seite, Aktivität, Tatkraft, Element Feuer, der Macher. Wann immer Probleme in dieser Körperhälfte auftreten, werden die männlichen Aspekte nicht gelebt oder zu stark beansprucht. Hier muss das Gleichgewicht zwischen den männlichen und weiblichen Energien wiederhergestellt werden (siehe Kapitel 5).

Rücken | Schultern

Kraft, Geradlinigkeit, Last, Aufrichtigkeit, etwas »schultern«.

Was lädt dieser Mensch sich alles auf? Wo ist die Last zu schwer? Was kann er nicht mehr (er-)tragen? Ist ihm jemand in den Rücken gefallen?

<u>Bei Skoliose:</u> Wo verdreht oder verbiegt sich dieser Mensch? Wovor will oder wollte er flüchten, hat es aber nicht getan? (Fluchtreflex = umdrehen und weglaufen).

Schmerz

Schmerzen sind oft Ausdruck von Schuldgefühlen und einer damit verbundenen Selbstbestrafung.

Muss man sich selbst etwas dringend vergeben? Besteht ein Defizit an Liebe und Aufmerksamkeit, das durch den Schmerz gemildert wird, da andere sich mehr kümmern? Was schmerzt im Leben dermaßen? Ist ein Trauma vorhanden? Welcher seelische Schmerz wird nicht angeschaut?

Süchte

Mangelbewusstsein, das mit der vorhandenen Sucht ausgeglichen werden soll.

Was ersetzt die Sucht? Welcher Mangel soll ausgeglichen werden? Ist es fehlende Liebe? Fehlendes Vertrauen? Fehlende Fülle (= Erfüllung) im Leben? Manche Süchte gehen sehr weit zurück und haben ihren Ursprung in einem Stilltrauma. Wenn der Mensch nicht gestillt wurde oder zu früh oder unsensibel abgestillt, entsteht das Bedürfnis, immer etwas aufzunehmen, aufzusaugen. Der große Verlust (Stillen wird mit Liebe gleichgesetzt) kann dann dazu führen, dass geraucht (= gesaugt) und zu viel Alkohol getrunken wird, was in beiden Fällen ein Gefühl der Erdung und des Urvertrauens (= Mutterthemen) künstlich erzeugt. Außerdem haben Menschen mit einem Stilltrauma häufig kein richtiges Sättigungsgefühl und neigen daher dazu, zu viel zu essen.

Wut | Ärger | Choleriker

Ein Choleriker lenkt von der Eigenverantwortung ab, schiebt die Verantwortung anderen zu, indem er diese anschreit, beschuldigt, diskreditiert.

Warum ist dieser Mensch so sauer? Liegt auch eine körperliche Übersäuerung vor? Muss die Leber entlastet werden (Aggression)? Wo kommt der Mensch mit dem eigenen Leben nicht mehr klar? Wo fühlt er sich hilflos? Gibt es eine große Trauer, die er damit begraben möchte? (Siehe auch »Leber« und »Gallenblase«.)

Zähne | Zahnfleisch

Halt, Biss haben (»sich durchbeißen«), Lebenskraft, Aktion, Handeln sofort, wenn es erforderlich ist (also die Nahrung im Mund ist). Wo fehlt der Biss? Welche Handlung will nicht ausgeführt werden? Wovor drückt man sich? Vielleicht trifft dieser Mensch nicht gerne Entscheidungen oder steht nicht zu den getroffenen.

Wenn du wichtige Zusammenhänge erkannt hast und nun mit THEKI lösen möchtest, dann empfehle ich dir, folgendermaßen vorzugehen:

Verbinde dich mit der Quelle.
Sende deine Intention(en).
Jetzt bezeuge, wie es geschieht.

Der Befehl kann dir an dieser Stelle nicht vorgegeben werden, da es ja ganz unterschiedliche Thematiken sind und meist auch mehrere Befehle hintereinander erforderlich sind. Der erste Befehl sollte immer die Transformation der *Ursache* der Blockade sein. Danach kannst du individuell vorgehen, zum Beispiel ein Trauma transformieren (siehe Kapitel 5), das sich dir als Ursache zeigt, oder fehlende Gefühle integrieren, um ein Mangelverhalten auszugleichen wie zum Beispiel bei den Süchten. Lass dich dabei von der Quelle führen und gehe wenn möglich immer chronologisch vor. Erinnere dich: erst das Unkraut aus dem Garten entfernen, dann die positiven Samen säen.

Im Abschnitt »Mit dem Körper arbeiten« führe ich ein solches Beispiel näher aus.

> Wenn du mit Entgiftungsorganen wie Leber, Niere, Gallenblase oder Milz arbeitest, dann empfiehlt es sich immer, alle diese Organe einschließlich des gesamten Lymphsystems zur Entgiftung anzustoßen. Wenn man nur das betroffene Organ entgiftet, kommt es vor, dass die Energien woandershin »verschoben« werden.

WISSENSCHAFTLICHES

Wie du kraft deiner Gedanken
den physischen Körper beeinflusst

Freidenkende Wissenschaftler wie der Zellbiologe Bruce Lipton konnten durch ihre Forschungen eindeutig nachweisen, dass unsere Gesundheit nicht in den Genen liegt, was fälschlicherweise seit der Entschlüsselung des genetischen Codes durch Watson und Crick im Jahre 1953 angenommen wurde – und von vielen Menschen noch immer angenommen wird. Dabei ist bereits seit Abschluss des Humangenomprojekts 2003 ersichtlich, dass sich die Wissenschaft mächtig getäuscht hat. Von den von Forschern erwarteten ca. 120 000 Genen, die nötig sind, um alle Merkmale des menschlichen Körpers kodieren zu können, wurden gerade mal 20 000 bis 25 000 Gene gefunden, deren Bedeutung noch immer nicht bekannt ist. Die Anzahl unserer Gene übersteigt neuesten Erkenntnissen zufolge damit kaum die eines Wurmes. Außerdem ist bekannt, dass Genstörungen nur bei etwa 5 Prozent der schweren Erkrankungen verantwortlich sind. Und selbst dann muss dies keine unausweichliche Tatsache sein, sondern kann durch bestimmte Einwirkungen von außen verändert werden.[24]

Die Gene sind lediglich die »Hardware«, auf der ein Programm abläuft. Dieses Programm aber wird durch ganz andere Faktoren bestimmt, nämlich zum einen durch Umweltfaktoren

170

und – unser Bewusstsein! Unser Bewusstsein beeinflusst unsere DNS, nicht umgekehrt. Jede Zelle hat sogenannte Antennen-Rezeptoren in der Membran, die für Vitalstoffe, körpereigene Hormone sowie für Schwingungsfelder, Licht und Ton empfänglich sind. Was wiederum zeigt, dass wir durch unsere Gedanken und Gefühle, die ebenfalls Schwingungen unterschiedlicher Frequenz darstellen, auf unsere Zellen einwirken können. Auf genau dieser Grundlage basiert unsere Arbeit mit THEKI. Der wissenschaftliche Nachweis ist längst erbracht, auch wenn die Fakten noch nicht überall bekannt sind.

> *Jemand mit neuen Ideen ist ein Narr –*
> *bis die Idee sich durchgesetzt hat.*
>
> MARC TWAIN

Placebo und Nocebo

So wie es den Placeboeffekt (lat. »ich werde gefallen«) zur Heilung gibt, gibt es auch den Noceboeffekt (lat. »ich werde schaden«), der den Gegenpol dazu darstellt. In der Placeboforschung wird dem Patienten ein Scheinmedikament verabreicht oder auch eine Scheinoperation durchgeführt – und der Patient ist danach geheilt oder fühlt sich bedeutend besser, obwohl objektiv gesehen gar keine Behandlung stattgefunden hat. Bei einem Noceboeffekt treten im selben Fall Verschlechterungen und Beeinträchtigungen des Befindens auf, zum Beispiel eine eingebildete Strahlenbelastung oder Nebenwirkungen von Scheinmedikamenten.

Klinische Studien zur Kraft der Gedanken in den USA zeigten, dass Placebomedikamente bei Depressionen genauso wirksam waren wie Antidepressiva – allein weil die Patienten *dachten*, sie bekämen Antidepressiva. Sogar eine Scheinoperation am Knie, bei der nur drei kleine Schnitte in der Haut gemacht wurden, war genauso erfolgreich wie echte Operationen bei Arthritis, bei denen das Gelenk gespült oder Knorpel abgeschliffen wurde.[25] Die Placeboforschung zeigt, wie stark sich die Kraft der Gedanken auf die Gesundheit auswirken kann. Auch die Erfolge der

Homöopathie sind auf diese Weise erklärbar, denn von dem ursprünglichen Stoff ist im Medikament durch die Potenzierung praktisch nichts mehr enthalten – außer der Information. Alles dreht sich um Information, die bewusst ausgerichtet wird. Vielleicht kannst du dir vorstellen, wie sinnvoll unter diesen Aspekten unsere Kombination aus *Quellbewusstsein, Intention* und *Bezeugen* ist.

Ein kleines Experiment

Um die unmittelbare Wirkung der Gedankenkraft auf den Körper zu verdeutlichen, dient das bekannte Experiment mit der Zitrone, wobei du es genauso gut mit einem Apfel, einer Banane oder einem Teller Spaghetti machen kannst: Stell dir vor, du hältst eine Zitrone in der Hand. Betrachte sie in deiner Vorstellung ganz genau: die Farbe, die Form, die Beschaffenheit der Oberfläche. Stell sie dir so exakt wie nur möglich vor. Spüre, wie sie sich in deiner Hand anfühlt. Rieche an ihr. Dann stell dir vor, wie du ein Messer nimmst und die Zitrone in kleine Stückchen schneidest. Du siehst das saftige Fruchtfleisch der Zitrone, und wenn du jetzt an ihr riechst, spürst du die Säure. Jetzt nimmst du ein Stück in die Hand und beißt hinein. Beobachte jetzt ganz genau deine körperlichen Reaktionen. Wahrscheinlich verziehst du dein Gesicht, und dein Mund hat mehr Speichel produziert. Dein Magen gluckert. Und das alles geschieht, weil du dir eine Zitrone gedanklich vorgestellt hast.

So unglaublich es klingt: Unser Körper kann nicht unterscheiden, ob wir etwas tatsächlich *tun* oder ob wir es uns nur erfolgreich *vorstellen*. Er reagiert sofort auf die Impulse.
Machen wir uns diese Tatsache zunutze, indem wir unsere Projektion des perfekten, gesunden Körpers einfach übertragen!

Menschliche Reflexe: Flucht | Angriff | Tot stellen

Das Beispiel mit der Zitrone verdeutlicht auch die Tatsache, wie die uns angeborenen Reflexe auf unseren Körper wirken. Die Speichelproduktion ist dabei nur ein Reflex unter vielen, von denen sich manche im heutigen Leben krank machend auswirken können. Das Gefühl von Angst führt zu allerlei körperlichen Reaktionen, wie Zittern, Herzklopfen, Muskelspannung, Beklemmung, Übelkeit, Verzweiflung, sowie zu Angriffslust oder auch dem Verlangen, sich zu verstecken oder sprichwörtlich »im Boden zu versinken«. Sogar eine Ohnmacht oder ein Herzinfarkt kann allein durch das *Gefühl* von Angst ausgelöst werden, denn der Körper kann nicht unterscheiden, ob die Bedrohung real oder fiktiv ist. Er reagiert einfach. Diese Reflexe hatten zu früheren Zeiten durchaus ihre Berechtigung (und haben es in anderen Kulturkreisen auch heute noch), denn wenn ein Mensch zu seiner eigenen Sicherheit vor einem wilden Tier oder aufgebrachten Menschen fliehen musste oder sich zum Kampf stellte, dann wurde der Körper durch biochemische Vorgänge optimal unterstützt. So wird das Nervensystem aktiviert, die Hypophyse bringt die Nebennieren dazu, Adrenalin und Cortisol auszuschütten; das Herz schlägt schneller, damit die Muskulatur besser durchblutet wird; die Atemwege werden erweitert; Zucker- und Fettreserven werden mobilisiert, was die Reaktionsleistung erhöht und es möglich macht, blitzschnell zu entscheiden und zu handeln. Außerdem wird die Darmtätigkeit reduziert, da ein Stuhlgang zu diesem Zeitpunkt äußerst hinderlich wäre. Cortisol senkt die Schmerzempfindlichkeit und hemmt die Blutgerinnung, was in einem möglichen Kampf hilfreich ist. Durch die körperliche Leistung (Kampf oder Flucht) wird das Adrenalin dann auch wieder abgebaut, bevor es den Körper schädigen kann.

Heutzutage sieht die Realität in unserem Kulturkreis meist anders aus. Die Bedrohungen sind subtiler geworden und zeigen sich eher in Form von Existenzängsten, zu erfüllenden Gesellschaftsnormen und damit verbundenem Selbstwertmangel, was weder Flucht noch Kampf zur Folge hat. Selbst das Anschauen eines Horrorfilms kann Reflexe auslösen, da der Körper durch die entstandene Angst mit seinen Mitteln reagiert, um uns ideal aufzustellen. Die angstvollen oder anderweitig destruktiven *Gedanken* führen zu *Gefühlen*, die dann den *Körper* beeinflussen. Die ganzen Vorgänge finden also trotzdem statt, nur werden sie anschließend selten durch körperliche Anstrengung reguliert, was wichtig wäre, da der Körper ansonsten in einem permanenten Alarmzustand bleibt und damit einer Belastung mit vielfältigen Nachwehen ausgesetzt ist, wie zum Beispiel einer Schwächung des Immunsystems, Überlastung des Herzens, Übersäuerung, Verdauungsschwierigkeiten sowie Verringerung der Heilungstätigkeit.

Vielleicht helfen dir all diese Fakten, manche Auswirkungen in deinem Leben besser zu verstehen und vor allem die Tatsache fest in deinem Alltag zu integrieren, dass wir alle mit unseren Gedanken, Gefühlen und vor allem bewussten Absichten ganz entscheidend auf den physischen Körper einwirken, der letztendlich »nur« eine mögliche Anordnung der kleinsten Teilchen darstellt. Dieser Anordnung liegt eine Information zugrunde, die verändert werden kann.

MIT DEM KÖRPER ARBEITEN

Grundsätzlich kannst du mit THEKI an deinem gesamten Körper arbeiten und gewünschte Veränderungen oder Heilungen manifestieren. Ganz gleich, ob es sich um eine chronische Krankheit handelt, die vielleicht schon seit Jahren besteht, oder um Kopfschmerzen, die gerade erst aufgetreten sind, um eine angeborene oder vererbte Blockade oder die Wechseljahre: Alles ist Energie, und diese Energie folgt einem Informationsmuster, das du wiederum durch deine Intention beeinflusst.

Du kannst die hochfrequente Energie der Quelle in jeden Teil des Körpers fließen lassen und dabei beobachten, in welche Bereiche sie ganz leicht hineinfließt und wo sie etwas »arbeiten« muss. Dort sind die Blockaden, die sich teilweise schon als Schmerzen oder »Krankheiten« zeigen. Bleibe bei diesen Stellen und beobachte, wie die hochfrequente Energie (= Licht) diese Stelle *informiert* oder *bearbeitet*, bis sie auch hier leicht fließt und alles Licht ist. Sollte das nicht gelingen, so kannst du mit dem »Bio-Computer Mensch« auch in mehreren »Fenstern« arbeiten. Lasse die Energie der Quelle einfach im *Hintergrund* weiterarbeiten und mach ein neues »Fenster« auf, in dem du die Blockade näher betrachtest, behandelst und gegebenenfalls die zugrunde liegende Ursache entfernst, ganz einfach indem du befiehlst, diese zu transformieren. Ist das geschehen, dann kannst du deinen Fokus wieder auf das erste Fenster richten und bei der Arbeit mit der Energie der Quelle weiter bezeugen, wie das Licht fortgeschritten ist. So musst du vielleicht mehrere Male wechseln zwischen der Arbeit an deinem gesamten Körper und einzelnen Blockaden, bis alles gelöst ist. Tue das so lange, bis du das gewünschte Ergebnis – dass alles im Licht und im Fluss ist – bezeugen kannst.

Möchtest du es gleich ausprobieren? Suche dir einen angenehmen Platz, an dem du ungestört bist, nimm eine bequeme, aufrechte Körperhaltung ein und gehe so vor:

Verbinde dich mit der Quelle.
Sende deine individuelle Intention, zum Beispiel »Heilung meiner Schilddrüse und Transformation aller Ursachen«.
Jetzt bezeuge, wie es geschieht.

Lass dich dann wie oben beschrieben von der Quelle führen und arbeite, wenn angezeigt, in mehreren »Fenstern«.

Blockierte Stellen nehmen den Energiefluss nicht so leicht auf, aber irgendwann erfolgt der Durchbruch. Wenn alles gelöst ist, was zu der Blockade geführt hat, dann kommst du wieder in den Körper und darfst die Heilung, also das perfekte System, die perfekte Anordnung bezeugen.

Vorsicht »Wissenschaft« – vernetze dich mit dem ewigen Wissen

Bitte beachte auch und vor allem hier, bei der Arbeit mit dem physischen Körper, wie wenig wir uns auf aktuelle wissenschaftliche Erkenntnisse verlassen können. Immer wieder glauben Forscher, eine Wahrheit gefunden zu haben, um sie dann einige Jahre oder Jahrzehnte danach wieder über den Haufen zu werfen. Bei der Arbeit mit THEKI musst du deine Behandlungen niemals auf diesen begrenzten Grundlagen aufbauen, denn du hast Zugang zu einem ganz anderen, allumfassenden, universellen und ewigen Wissen: dem Quellbewusstsein. Deshalb verlasse dich auf die Quelle und gib *keine Details* durch deine Befehle ein. Wenn du auf Blockaden bei deinen Organen stößt, sei dir bewusst, dass unser Körper im gesunden Zustand ein harmonisches Ganzes ist. Kein Teil arbeitet unabhängig vom anderen. Wenn eine Blockade oder Krankheit vorliegt, ist immer das ganze System in Disharmonie. Daher ist es wichtig, nicht mechanisch vorzugehen und nur einem Teil den Befehl zu geben, wieder zu funktionieren. Arbeite immer mit der Vision der Heilung des großen Ganzen. Gib einfach immer ein, dass alles »perfekt eingestellt« wird, »für optimale Gesundheit und Wohlbefinden«. Das ist viel sicherer, du brauchst nicht jedes Detail benennen. Die Quelle weiß ganz genau, was dann zu tun ist.

EIN BEISPIEL

Bei Störungen im Hormonhaushalt, ganz gleich ob es sich um Wechseljahres- oder Schwangerschaftsbeschwerden, prämenstruelle Symptome (PMS) oder auch energetische Befindlichkeitsstörungen handelt, gebe ich den Befehl »Drüsen heilen und Hormone perfekt einstellen, für Gesundheit und Wohlbefinden«.

Kannst du dir vorstellen, dass große Heiler der Vergangenheit wie Jesus oder Buddha ihre Heilungen bewirkt haben, weil sie medizinisch genau Bescheid wussten und dann die einzelnen Muskeln, Sehnen, Hormone, Systeme, Zellen angesprochen haben? Sicher nicht. Sie waren ganz einfach in der Lage, sich den absolut vollkommenen, geheilten Menschen vorzustellen, der sich in Einklang mit dem göttlichen Plan befindet, und haben durch die Kraft ihrer Vision dieses Muster unterstützt und die Vorstellung Wirklichkeit werden lassen.

Auch bei der Heilung kommt es auf das *Endergebnis* an. Der Weg dorthin ist für uns unwichtig, den können wir getrost der Quelle überlassen.

In jedem Fall gilt: Wenn du mit der Behandlung fertig bist, musst du den absolut gesunden Körper bezeugen können. Sollte das an der einen oder anderen Stelle noch nicht der Fall sein, bleibe dran. Wenn es für eine Behandlung zu viel wird, dann arbeite ein anderes Mal weiter.

DIE WIRBELSÄULENAUFRICHTUNG

Rückenschmerzen und Probleme mit dem Bewegungsapparat nehmen in unserer Gesellschaft seit Jahren immer mehr zu. Bei der Wirbelsäulenaufrichung mit THEKI handelt es sich um eine rein mentale Aufrichtung, bei der keinerlei Berührung notwendig ist. Wenn du die Wirbelsäule energetisch aufrichtest, wird ein ganzheitlicher, umfassender Prozess angestoßen. So werden auf sanfte Weise die Ursachen von Beschwerden der Wirbelsäule, des gesamten Bewegungsapparates, Kopf- und Rückenschmerzen, aber auch damit zusammenhängende geistig-seelische Probleme angesprochen. Es findet eine *innere Aufrichtung* statt, die nicht nur körperlich spürbar ist, sondern sich auf allen Ebenen des Seins zeigen kann, in Körper, Seele und Geist. Wie die Abbildung auf Seite 181 zeigt, kann an der Wirbelsäule sehr vieles abgelesen werden, was für die weitere Behandlung wichtig sein kann, um an die tiefer liegenden Themen heranzukommen. Ängstliche, unsichere Menschen haben zum Beispiel eine ganz andere Körperhaltung und damit Wirbelsäulenausrichtung als mutige, selbstbewusste Menschen: Wer Angst hat, nimmt unbewusst eine Schutzhaltung ein, zieht den Kopf ein und die

Schultern hoch oder macht einen Buckel. Hängende Schultern mit allgemein kraftloser Haltungweisen deuten auf Resignation, Enttäuschung und Hilflosigkeit hin. Wenn du immer wiederkehrende Probleme in einem bestimmten Wirbelsäulenbereich hast, kann es sehr hilfreich sein, die darin verborgenen Themen genauer anzuschauen, um dieses Problem dauerhaft loszuwerden. Du kannst mit der Wirbelsäule effektiv arbeiten, indem du die geistig-seelischen Aspekte transformierst – und geistig-seelische Probleme können sich wiederum auflösen, indem der Körper sanft korrigiert wird, die energetische Blockade sich löst und die dort eingeschlossenen Energien freigesetzt werden. So gelangen diese Energien wieder ins Bewusstsein und können transformiert werden. Die Wirbelsäulenaufrichtung ist eine ganzheitliche Methode, um sich auf allen Ebenen weiterzuentwickeln. Auch hier gibt es keine Grenzen, es sei denn, du setzt sie dir selbst. Ich durfte schon allerlei »Wunder« mit dieser Methode erleben, oft sogar direkt in den Seminaren, wenn Teilnehmer aufstanden und alle möglichen Testbewegungen machten, um dann erfreut festzustellen, dass ihr Problem sich verabschiedet hat. Selbst schwerwiegende Fehlstellungen wie Beckenschiefstände oder Verschiebungen nach Unfällen oder Operationen oder gar angeborene Deformationen können sanft reguliert werden.

Rein vom Verstand her ist es vielleicht etwas schwer anzunehmen, dass das funktionieren kann, doch bedenke, was uns die Quantenphysik gezeigt hat: Alles, selbst feste Materie, reagiert auf unsere Gedankenkraft. So ist auch unser scheinbar festes Skelett letztendlich nichts weiter als eine Anordnung energetischer Information, die sich durch unsere Intention anders anordnen kann.

Verbinde dich mit der Quelle.
Befehl: Wirbelsäulenaufrichtung.
Jetzt bezeuge, wie es geschieht.

Wenn du möchtest, dann lege jetzt die CD ein:
7. Die Wirbelsäulenaufrichtung

Mit dieser Übung kannst du dein ganzes Skelett in die ideale Ausrichtung bringen, die Wirbelsäule aufrichten und vorhandene Blockaden lösen. Es findet eine innere Aufrichtung statt, die Veränderungen auf allen Ebenen mit sich bringt: in Geist, Körper und Seele.

Setze dich wie gewohnt bequem und aufrecht hin. Zentriere dich in deinem Herzen, nimm einen tiefen Atemzug und reise in deiner Vorstellung mit dem Ausatmen zum Herzen der Erde. Mit dem Einatmen reist du nach oben – durch dein Herzzentrum hindurch – zur Quelle.

Sende innerlich deine Intention »Wirbelsäulenaufrichtung«.

Lasse das ordnende Licht der Quelle durch das Kronenchakra in deinen Körper einfließen. Beginne im Kopf und beobachte, wie das Licht in deine Schädel- und weiter in deine Kieferknochen strömt. Vielleicht wird hier schon etwas zurechtgerückt. Bezeuge, wie das Licht der Quelle in jeden Bereich einfließt und mögliche Missstände behebt. Es fließt die Wirbelsäule hinunter – Wirbel für Wirbel. Alles, was nicht genau im Lot ist, nimmt jetzt seine bestmögliche Position ein. Wo »Schmiere« fehlt, kann geölt werden – alles wird perfekt. Wo Knorpel abgebaut war, wird er wieder aufgebaut werden. Auch in die Bandscheiben fließt das Licht der Quelle, und wenn es nötig ist, füllen sich diese wieder.

Deine gesamte Wirbelsäule richtet sich auf. Waren Nerven betroffen, so kannst du vielleicht Zeuge werden, wie diese heilen und mit einem schützenden Balsam überzogen werden. Wie sieht es in den Schultern aus? Wenn sich etwas schwer anfühlt, dann gib Leichtigkeit hinein. Fühlt es sich unbeweglich an, gib Elastizität hinein. Eine mögliche Entzündung zeigt sich meistens feurig-rot; vielleicht darfst du dieses »Feuer« direkt »löschen«.

Von den Schultern aus gehst du die Arme entlang und in die Hände hinein. Vor allem beobachtest du, wie das Licht in den Gelenken wirkt. Wo geölt werden muss, wird es getan ... Du gehst nun zurück über die Schultern, die Wirbelsäule entlang

179

nach unten, in das Becken. Ist es gerade? Vielleicht ruckelt es etwas hin und her, sucht seine richtige Position, findet sie – und rastet ein. Müssen die Hüftgelenke geölt werden?

Du gehst mit dem Licht weiter, die Beine hinunter, über die Kniegelenke zu den Füßen. Alles, was richtig ist, wird getan. Wenn du den ganzen Körper durchgegangen bist, dann spürst du nochmals hinein. Vielleicht möchtest du nochmals das ganze Skelett durchgehen? Vielleicht zieht es dich noch zu einer bestimmten Stelle? …

Wenn alles in seiner korrekten Position ist und du keine weiteren Anweisungen von der Quelle bekommst, hat das Licht der Quelle seine heilende Ordnung entfaltet.

Mit einem einzigen Ausatmen bist du wieder in deinem Herzen zentriert.

Geh noch tiefer in deine Behandlung

Wie bei allen Heiltechniken ist es auch hier wahrscheinlich, dass du im Laufe der Bezeugung weitere Informationen bekommst, was zu tun ist.

In meiner Praxis beobachte ich häufig, dass die Erinnerung an den Fluchtreflex aufsteigt. Befindet sich ein Mensch in einer für ihn bedrohlichen Situation, so greift der instinktiv angeborene Fluchtreflex: Es wird Adrenalin ausgeschüttet, und der Körper stellt sich darauf ein, ganz schnell wegzulaufen (oder auch zu kämpfen). Da dieses Verhalten im heutigen Alltag eher unerwünscht ist, wird der Reflex unterdrückt. Die Folge daraus kann sein, dass sich die Wirbelsäule verdreht. Dann ist es hilfreich, die entsprechende Situation zu transformieren und gegebenenfalls Beziehungen zu beteiligten Personen zu harmonisieren, um eine dauerhafte Regulierung zu erzielen.

Es kann auch sein, dass dir ein Unfall gezeigt wird, durch den ein Teil des Bewegungsapparates geschädigt wurde. Auch diese Situation ist ein Trauma, das transformiert werden soll, wie du es in Kapitel 5 noch lernst.

Wer Schulterprobleme hat, lädt sich meist zu viel Last auf. Auch hier ist es wichtig, nicht nur die Schultern, sondern die dahinter verborgenen Themen zu behandeln und mit positiven Überzeugungen unterstützend zu wirken.

Wer einmal beim Joggen darauf geachtet hat, der kennt es: Drückt man im Laufen den Rücken nach vorne, geht also leicht ins Hohlkreuz, ist das wie »Gas geben«: Man wird schneller. Nimmt man hingegen den Rücken zurück, macht also einen leichten Buckel, wird man langsamer. Menschen, die ein Hohlkreuz haben, gehören in der Regel zur ungeduldigen Sorte. Ihnen geht es nicht schnell in bestimmten Dingen oder überhaupt im Leben, sie wollen beschleunigen. Die anderen hingegen sind von der gemütlicheren Fraktion, wollen eher ihre Dinge in Ruhe und eines nach dem anderen erledigen. Natürlich kann sich diese Körperhaltung auch nur in bestimmten Situationen zeigen oder durch ein Trauma begründet sein. Wenn du während einer Behandlung Erkenntnisse dieser Art hast, dann bearbeite sie direkt, indem du das Thema offen ansprichst und Ursachen (Traumen), Gefühle und Überzeugungen veränderst.

Es gibt noch viele weitere Beispiele, doch wenn du nur darüber liest, ist es totes Wissen. Richtig ins innere, tiefe Wissen gelangst du nur durch die Erfahrung. Lass dich auf das Wissen aus deiner Quelle ein. Die Antwort liegt immer in dir.

Die Wirbelsäule ganzheitlich betrachtet

C1 (Atlas) – Kronenchakra: Übersicht, Kopflastigkeit, Lebensmut, Kopf, Gehirn, Schädel, Hypophyse, Lymphsystem, Kopfschmerzen, Migräne, Müdigkeit, Schwindel, Schlaflosigkeit, Epilepsie, Gedächtnisschwund

C2 – Stirnchakra: Ohren, Knochen, Nebenhöhlen, Weitsicht, überforderter Sehsinn, Schielen, Ohren, Gehörsinn, hört nicht zu, sieht weg

C3 – Augen und Zähne: Durchblick, Inspiration, Biss, Standpunkte, Halt, Schuldgefühle

C4 – Nase: Erkältung, Heuschnupfen, Polypen, Mund und Rachen, Gesicht

C5 – Gesicht, Halschakra: Selbstausdruck und Durchsetzungsfähigkeit, Authentizität, Kreativität, Halsschmerzen, Heiserkeit, Kehlkopf

C6 – Kehle, Mandeln, Schultern, Husten, Nackenmuskulatur

C7 – Hals, Schultern, Arme, Schilddrüse, Gefühl von Demütigung und Unterdrückung, leidet still, wehrt sich nicht

TH 1 – Herzchakra: Arme, Hände, Bronchien, Speiseröhre, Überlastung, will alles selbst machen

TH 2 – Herz, Herzleiden, Blutdruck, Brustleiden, Vergebung, Verschlossenheit, Härte

TH 3 – Lunge, Bronchien, Brustkorb, Asthma

TH 4 – Leber und Galle, Wut, Verbitterung, Selbstverurteilung und Härte, Gürtelrose

TH 5 – Kreislauf, Leber, Blutdruck, Blutarmut, Sorge, Trauer, denkt zu viel

TH 6 – Magen: Magenbeschwerden, Gastritis, Verdauungsbeschwerden, Sodbrennen, schluckt zu viel

TH 7 – Galle, Bauchspeicheldrüse, Diabetes, Schuldgefühle

TH 8 – Solarplexuschakra: Balance Ego/wahres Selbst, Fluss des Lebens, Bauchspeicheldrüse, Milz, Diabetes

TH 9 – Zwölffingerdarm, Nebennieren, Sehzentrum, Allergien, Schuppenflechte, Aggressivität, Vorwürfe

TH10 – Nieren, Beziehungsprobleme und -ängste, Trauer, Arterienverkalkung, chronische Müdigkeit, Hautprobleme

TH11 – Dünndarm, Kontakt, Haut, Unsicherheit, Ängstlichkeit

TH12 – Blinddarm, Dünndarm, Lymphe, Rheuma, Blähungen, Unfruchtbarkeit, Loslassen und Neuanfänge fallen schwer, Ängstlichkeit

L1 – Eierstöcke, Dickdarm, Verstopfung oder Durchfall, Leiste, Haut, Bindegewebe, Trennungsängste

L2 – Gebärmutter, Blinddarm, Bauch, Oberschenkel, Übersäuerung, Krampfadern, Krämpfe, Panik

L3 – Sexualchakra: Sexualität, Schuldgefühle, Dickdarm, Geschlechtsorgane, Blase, Menstruation, Impotenz, Wechseljahre, Schwangerschaft

L4 – Beine, Prostata, Ischias, Hexenschuss, Kontrolle, Zwänge

L5 – Mastdarm, Unterschenkel, Füße, Nervenzentrum,
Durchblutung der Beine, Wadenkrämpfe, Schwellungen
Kreuzbein – Hüfte, Gesäß, Becken, Ischias, Verstopfung,
Unterleib, Ruhelosigkeit, Geiz
Steißbein – Wurzelchakra: wenig Verbindung zu Mutter Erde.
Enddarm, After, Hämorrhoiden, Juckreiz, Schmerzen beim
Sitzen und Loslassen.

WANN BIN ICH GEHEILT?

Die wahrscheinlich meistgestellte Frage lautet: Wann bin ich geheilt, wie lange dauert es? Dies ist auch eine der Fragen, die
nicht so einfach zu beantworten ist, da viele Faktoren eine Rolle
spielen. Der vielleicht wichtigste Faktor überhaupt ist die allgemeine Schwingungsfrequenz der zu behandelnden Person. Ist sie
in einer hochfrequenten Schwingung, vielleicht weil sie schon
sehr viel energetisch an sich gearbeitet hat und weit ent-wickelt
und somit bewusst ist, dann ist man hier und da in der glücklichen Situation, eine Spontanheilung bezeugen zu dürfen. Der
Grund ist, dass das Energiesystem wenig Dichte aufweist und
somit die Schichten, durch die sich die »Heilung« arbeiten muss,
leichter passierbar oder bestenfalls gar nicht mehr vorhanden
sind. Wenn eine Person noch wenig bis gar nicht an sich gearbeitet hat, dann ist das System sehr dicht, und die einzelnen Schichten sind nicht so leicht zu durchdringen. In diesem Fall ist es
auch möglich, dass die eigenen Glaubenssysteme aus dem Unterbewusstsein eingreifen und die Veränderung verhindern oder
verzögern. Vielleicht darf man auch in dieser einen Behandlung
eine Schicht lösen, um beim nächsten Mal an die Schicht darunter heranzukommen, bis alle Schichten gelöst sind, die zur Blockade und somit Beschwerde geführt haben. Das ist individuell
verschieden.

Ein weiterer wichtiger Faktor ist deine Bereitschaft zur Öffnung
und Heilung, die wiederum einen Prozess der Bewusstwerdung

freisetzt. Diese ist bei den Menschen extrem unterschiedlich ausgeprägt. Wichtig ist, die Arbeit und die damit einhergehenden Prozesse zu beobachten. Jeder Mensch trägt das Tempo der eigenen Heilung und Entwicklung in seinen Händen.

Es ist mir wichtig zu erwähnen, dass dies meine Erfahrungen und auch die meiner THEKI-Kollegen und -Kolleginnen sind. Unter dem Gesichtspunkt der Quantenphysik betrachtet, erschaffen wir durch diese und ähnliche Erfahrungen ständig auch ähnliche Realitäten. Da ich also diejenige bin, die diese Realität *erschafft*, indem ich sie *beobachte*, kommen natürlich auch immer mehr Menschen zu mir, die mir diese Realität *bestätigen*. Es gibt unzählige Wahrheiten und Realitäten, und jeder Mensch erschafft seine eigenen. Deshalb sollte man sich mit allen wissenschaftlichen Erklärungen und gemachten Erfahrungen nicht selbst begrenzen, sondern immer offen bleiben und alles für möglich halten. Es ist jederzeit und bei jedem Menschen möglich, eine Spontanheilung zu erleben. *Alles ist jederzeit möglich.* Deshalb:

Sei grenzenlos!

Noch bis Anfang des 20. Jahrhunderts war die Wissenschaft fest davon überzeugt, dass Fliegen in Flugzeugen unmöglich sei, da Metall schwerer als Luft ist. Heute ist es ganz alltäglich. Die Hummel straft bis heute die Gesetze der Aerodynamik Lügen, denn mit ihrem Gewicht im Verhältnis zu ihren Tragflächen sollte das eigentlich unmöglich sein. Die Hummel kümmert sich aber nicht um solche Gesetze; sie fliegt einfach. Nach den Gesetzen der Schulmedizin gibt es einige Krankheiten, die unheilbar sind und unweigerlich zum Tod führen müssen. Trotzdem gibt es Heilungsberichte aus aller Welt.

> *Die Wissenschaft von heute*
> *ist der Irrtum von morgen.*
> JACOB V. UEXKÜLL

Alle diese scheinbaren »Grenzen« konnten nur überwunden werden, weil irgendjemand den Mut hatte, Unmögliches für möglich zu halten und diese Grenzen einfach nicht anzuerkennen. Bedenkt man, wie viele solche Beispiele es gibt und wie oft die Wissenschaft sich schon geirrt hat, wäre es doch nur vernünftig, sich davon frei zu machen. Warum also nicht in jede Situation, Behandlung und Herausforderung, ja sogar in jeden neuen Tag mit dieser Einstellung starten, scheinbar Unmögliches für möglich zu halten? Machen wir es doch wie die Hummel – sie fliegt einfach. Obwohl sie es rein wissenschaftlich gesehen nicht kann.

Was erscheint dir derzeit unmöglich? Von welchen Begrenzungen darfst du dich befreien?[26]

KAPITEL 5:
LÖSE DEINE
BEGRENZUNGEN AUF

TRAUMEN –
DIE WURZELN ALLER BLOCKADEN

Das Transformieren von traumatischen Erfahrungen ist der Kern der Arbeit mit THEKI. Nach meiner Erfahrung sind Traumen die Ursache für nahezu jegliche Blockade, die ein Mensch haben kann.

Ein Trauma ist ein *Ereignis, das die momentanen Belastungsgrenzen übersteigt.* Ein Schock. Es hat immer mit Schmerz zu tun – körperlich oder auch psychisch/seelisch – und ist zugleich etwas, das wir noch nie zuvor erfahren haben und worauf wir nicht gefasst waren. Für ein kleines Kind kann es schon ein Trauma sein, zum ersten Mal von den Eltern getrennt zu sein, eine Ohrfeige zu bekommen oder etwas zu erleben, was es bisher nicht kannte: Die Eltern haben einen schlimmen Streit, Ausgrenzung, Schulwechsel, Umzug und vieles mehr. Später kommen weitere Traumen hinzu, wobei unsere Belastungsgrenze in der Regel steigt und wir erst dann wieder von einem Trauma sprechen, wenn diese übertreten wird. Natürlich sind wir uns als Erwachsene solcher »unwichtiger Kindheitstraumen« nicht mehr bewusst, da wir sie heute, mit anderen Belastungsgrenzen, längst nicht mehr als traumatisch einstufen. Doch damals waren sie es, und darauf kommt es an. Denn in dem Moment, als das Trauma sich ereignete, wurde ein sogenanntes »Engramm« erstellt, eine neuronale Spur, die ein hohes Maß an Energie in sich einschließt und alle Aufzeichnungen von dem enthält, was im Moment des Traumas präsent war. Diese Aufzeichnungen beeinflussen uns so lange, bis das Trauma gelöst ist.

Weitere Beispiele von Traumen sind Todesfälle, Scheidung bzw. Trennung der Eltern oder die eigene, sexueller Missbrauch, Vergewaltigung, Misshandlungen, alle Formen von Gewalt, Verrat, Krieg, Folter, Unfälle, Krankheiten, Katastrophen, Mobbing, Vernachlässigung, Verwahrlosung, soziale Ausgrenzung, Schwangerschaftsabbruch, Fehlgeburt oder eine schwere Geburt.

Die meisten Menschen haben in ihrem Leben mehrere traumatische Ereignisse erlebt und nicht verarbeitet, wobei trotzdem der Eindruck entstehen kann, als wäre das der Fall. Häufig verhält es sich sogar so, dass die betreffende Person das Ereignis völlig aus dem Bewusstsein verdrängt hat und gar nicht mehr daran denkt bzw. sich nicht mehr erinnern kann. Sie hat vielleicht auch kein Gefühl mehr dazu. Trotzdem ist das Engramm vorhanden, auch wenn es sich möglicherweise nur in ganz speziellen Lebenssituationen »meldet« und daher nur selten oder auch noch gar nicht wahrgenommen wurde. Wiederum sind viele Traumen so gängig und wurden von so vielen Menschen erlebt, dass ihre Auswirkungen gar nicht mehr auffallen, da sie als »normal« eingestuft werden, wie zum Beispiel Existenzängste oder Misstrauen gegenüber dem anderen Geschlecht oder auch die Angst vor dem Zahnarzt.

Auswirkungen und Verdichtungen

Vor allem Angstzustände, Panikattacken und unkontrollierbare Gefühle oder Handlungen, die in bestimmten Situationen oder durch sogenannte »Schlüsselreize« ausgelöst werden, sind Anzeichen für eine Blockierung durch ein Trauma.

Das Trauma ist das ursprüngliche Ereignis, das eine Blockade angelegt hat. Nach dem Gesetz der Resonanz zieht man durch diese Blockade energetisch immer weitere Situationen, Menschen und Umstände derselben Qualität an. In der Folge bestätigt sich die Blockade und verdichtet sich immer mehr. Dazugehörige Überzeugungen werden gebildet, durch Gefühle weitergesponnen und immer wieder neu ausgelöst. Viele Methoden setzen hier an und versuchen, mit positivem Denken die Ängste zu überwinden und angenehme Gefühle zu erschaffen. Doch das gelingt meistens nicht, da die Ursache nach wie vor da ist. Die Folge: Anstatt sich aufzulösen, verdichtet sich die Blockade immer mehr. Ich möchte dazu in Erinnerung rufen, dass unser Unterbewusstsein dies zu unserem eigenen Schutz tut. Es wertet nicht, ob das sinnvoll ist oder nicht, sondern es erfüllt lediglich seine Aufgabe: uns vor ähnlichen Ereignissen, die schmerzhaft oder sogar gefährlich sein könnten, zu warnen. Dies tut es in Form von Angst, Panik, Ohnmacht, Lähmung, Verwirrung – was auch immer in der jeweiligen Situation am besten greift. Deshalb muss bei allen Blockaden die Grundblockade, das *Urtrauma*, transformiert werden.

Engramme

Ein *Engramm* (von griechisch *en* = »in«, und *gramma* = »Schrift«) ist eine im Unterbewusstsein hinterlassene physiologische Spur eines Erlebnisses, eine Erinnerung. Unser gesamtes Gedächtnis besteht aus unzähligen Engrammen, auf die wir ständig zugreifen – bewusst und unbewusst. Das Engramm einer traumatischen Situation ist also eine exakte Aufzeichnung durch unser Unterbewusstsein, und zwar von all dem, was im Moment des Traumas präsent war. Dieser Moment kann nur einige Sekunden dauern, sich aber je nach Art des Schocks auch über einen längeren Zeitraum erstrecken. Diese Aufzeichnungen sind natürlich sehr komplex, jedoch ist es im Theta-Zustand durchaus möglich, die wichtigen Zusammenhänge zu erkennen. Im Moment des Traumas schaltet sich der sensible, analytische Verstand aus; der reaktive Verstand, also das Unterbewusstsein, zeichnet dann wertfrei alles auf, was sich ereignet, auch Dinge, die wir nie bewusst wahrgenommen hätten und die für sich genommen nicht »gefährlich« sind, wie zum Beispiel schwarze Vögel am Himmel, der Geruch von Brötchen aus einer nahe gelegenen Bäckerei oder ein bestimmtes Lied, das im Radio läuft. Kurz: Alles, was für uns sichtbar, fühlbar, hörbar, riech- und schmeckbar ist, was wir also mit unseren Sinnen wahrnehmen können, wird aufgezeichnet und ab sofort als »gefährlich« eingestuft. Wenn in der Folge zwei oder mehrere Auslöser zusammenkommen, sendet das Unterbewusstsein Warnsignale.

Lass uns nun an einem Beispiel betrachten, wie ein Trauma entsteht und wie es sich auswirken kann – über Jahre hinweg.

Beispiel einer Traumatisierung

Ein Mann kommt von der Arbeit nach Hause. Er stellt sein Fahrrad ab und merkt, dass er leicht verschwitzt ist. Die Sonne scheint, und ihm ist sehr heiß, er freut sich auf eine Dusche. Vom Garten her weht der Geruch der dort aufgehängten Wäsche, und er hört das Geräusch des Rasenmähers vom Nachbarn. Er geht in das Haus und die Treppe nach oben, ins Schlafzimmer. Dort erwischt er seine Frau »in flagranti« mit einem blonden Mann im Bett. Der Schock ist wie ein Schlag in den Magen für ihn, und ihm wird schlecht.

Das ist der Moment des Traumas, an dem sich der aktive Verstand ausschaltet. Jedoch hat der reaktive Verstand einen etwas größeren Radius, zeichnet also auch alle Eindrücke vorher und kurz danach auf, um ab sofort ähnliche Situationen schnell zu erkennen und den Betreffenden vorher warnen zu können. Der Mann verlässt das Haus und steigt in sein Auto ein. Es ist immer noch sehr heiß und sonnig, und der Hund des Nachbarn bellt …

Jede Einzelheit des Vorfalls wurde exakt aufgezeichnet und ist im Unterbewusstsein gespeichert. Das Engramm soll dem Überleben dienen, den Betroffenen vor erneutem Schmerz bewahren und ihn schützen. Durch seine primitive Funktionsweise wirkt ein Engramm sich jedoch oft eher selbstzerstörerisch aus und lässt den Menschen völlig irrationale Dinge tun oder fühlen, die er nicht kontrollieren kann.

Werden mehrere Punkte, die in einem Engramm enthalten sind, gleichzeitig abgespielt, ist das ein »Schlüsselmoment«, und das Trauma wird reaktiviert. Da dem Betroffenen dies meist nicht klar ist, agiert er es in vollem Umfang aus – mit allen Gefühlen und Energien, die im Engramm enthalten sind und nun freigesetzt werden.

Mögliche Auswirkungen

Wie sich ein reaktiviertes Trauma genau auswirkt, kann man nicht vorhersagen. Jedes Trauma ist anders und jeder Mensch individuell. Der eine geht in die Konfrontation, der andere flüchtet oder umgeht die Situation, der nächste ist wie versteinert oder gelähmt und kann nicht mehr handeln. Es ist also alles möglich und kommt auch auf Art und Stärke der Auslöser an. Der Mann aus unserem Beispiel könnte mit den folgenden Auswirkungen konfrontiert sein:

- Er geht eine neue Beziehung ein und hat ständig Angst, dass seine Partnerin fremdgehen könnte. Er beginnt sie zu kontrollieren.
- Ein Jahr später kommt er von der Arbeit nach Hause, steigt von seinem Fahrrad ab und merkt, dass es sehr heiß ist und er leicht verschwitzt ist. Er bekommt schlagartig Bauchschmerzen und muss sich übergeben (»Schlag in den Magen, ihm wird schlecht«).
  Oder: Der Nachbar mäht wieder den Rasen, und der Hass ergießt sich über diesen.
- Er steigt in sein Auto und hört gleichzeitig einen Hund bellen. Er bekommt einen ungeheuren und völlig überzogenen Hass auf diesen Hund.
- Das erneute Riechen des damals verwendeten Waschmittels kann in ihm Übelkeit, Wut, Schmerz usw. auslösen, auch Jahre später. So kann es passieren, dass er mit jemandem unter irgendeinem Vorwand einen Streit beginnt, weil ihn unterbewusst der Duft seiner Kleidung aggressiv macht. Erklären wird er sich das natürlich anders …
- Blonde Männer sind für ihn ab sofort mit Vorsicht zu genießen, er fühlt sich durch sie herausgefordert und misstraut ihnen. Dies äußert sich wahrscheinlich nicht bei jedem blonden Mann, aber zusammen mit weiteren Auslösern kann dies ebenfalls zu Überreaktionen führen.
- Er ist ab sofort dauerhaft bestimmten Reizen ausgesetzt, zum Beispiel dem Waschmittel und der Ehefrau, und leidet seitdem

unter chronischen, behandlungsresistenten Magenproblemen
(»ihm wird übel, Schlag in den Magen«).

Selbst wenn das eigene Verhalten noch so irrational und ungerechtfertigt
ist, wird man es ausagieren, weil das Unterbewusstsein stärker ist als
unser analytischer Verstand. Man ist sozusagen »von sich selbst
fremdgesteuert«. Und man wird es mit allen Mitteln rational erklären,
auch wenn man dafür sein Gegenüber diskreditieren muss, zum Beispiel:
»Ich habe allen Grund, mich über dich zu ärgern ...«
Ist ein Reiz bzw. eine Kombination von Reizen ständig da, zum Beispiel
ein bestimmter Geruch, das Wetter, die Stimme von jemandem usw.,
dann kann auch das »Leiden« immer da sein, was dann meistens eine
»chronische Krankheit« genannt wird. So ist bei ständigen Kopfschmerzen
vielleicht ein Engramm mit Kopfverletzung vorhanden, bei Rückenproble-
men ein Sturz usw.

Eingeschlossene Lebensenergie

In einem Engramm wird wertvolle Lebensenergie eingeschlossen, die wir brauchen
und die uns wieder zur
Verfügung stehen sollte.
Man kann dies sehen wie
eine Treppe: Zum Zeit-
punkt der Geburt steht
man noch ganz weit
oben. Kinder haben eine
ungeheure Lebensener-
gie. Nach und nach er-

folgen unterschiedlichste Traumatisierungen, wobei immer
mehr Lebensenergie »eingeschlossen« wird. Mit jedem Trauma
geht man eine oder mehrere Treppenstufen hinunter, bis man
auf einer Schwingungsebene angekommen ist, auf der die Welt
nicht mehr besonders freundlich oder gar lebenswert erscheint.

Der Schlüssel, um umzukehren, die Treppe aufwärtszugehen und in immer höhere Schwingungsebenen zu kommen, ist die Transformation der erlittenen Traumen.

Wird ein Trauma aufgelöst, so wird die Blockade entfernt und die Lebensenergie freigesetzt. Je nach Art und Schwere des Traumas ist dies direkt spürbar, und Kraft und Lebenslust kommen zurück. Je mehr Lebensenergie dem Menschen wieder zur Verfügung steht, umso besser geht es ihm und umso effektiver kann man auch mit THEKI weiterarbeiten, denn die Sicht wird immer klarer, die Gefühle und Gedanken immer freier.

Erleichtere dich: Transformiere ein Trauma

Es ist nicht wichtig, ob du *weißt*, welches Trauma in deinem Leben genau vorliegt oder ob du nur *vermutest*, dass hinter einer Blockade ein Trauma steckt: Du kannst es immer transformieren.

Wenn du das Trauma kennst, kannst du es transformieren, indem du dich im Quellbewusstsein auf die damalige Situation konzentrierst, um die Verbindung damit herzustellen, und dann deinen Befehl sprichst:

Verbinde dich mit der Quelle.
Befehl: Trauma transformieren.
Jetzt bezeuge, wie es geschieht.

Beim Bezeugen kannst du vielleicht sehen, wie das Trauma sich in Licht auflöst oder wie der »Film« rückwärts läuft und das Ganze nie passiert ist. Vielleicht spürst du Erleichterung oder den direkten Anstieg deiner Lebensenergie, denn sobald sich diese Blockade aufgelöst hat, kann die Energie wieder frei fließen.

Wenn du das Trauma *nicht* kennst, aber vermutest, dass deiner Beschwerde ein Trauma zugrunde liegt, dann gehst du genau gleich vor wie oben, jedoch wird das Bezeugen etwas anders sein. Es ist zwar durchaus möglich, dass im Quellbewusstsein eine traumatische Situation vor deinem inneren Auge erscheint, die dir bislang nicht zugänglich war und die sich jetzt auflöst, es kann aber auch sein, dass du einfach Erleichterung oder Freude spürst und weißt, dass die Ursache transformiert wurde.

Ist das Trauma gelöst, so existiert das Erlebte zwar noch in deiner Erinnerung – die kann dir keiner nehmen –, doch es übt keinen unerwünschten Einfluss mehr aus. So legst du dein wahres Selbst nach und nach frei.

Die »Liste«

Nimm dir nun ein wenig Zeit, um eine Stichwortliste mit traumatischen Erfahrungen zu erstellen. Beginne mit den Erinnerungen, die dir präsent sind, und ordne sie chronologisch. Beim Aufschreiben wirst du dich vermutlich noch an andere Verletzungen erinnern. Wenn du spürst, dass in einem bestimmten Abschnitt deines Lebens etwas geschehen ist, du es aber noch nicht benennen kannst, nimm es mit in die Liste auf. Urteile nicht über die Dinge, die dir in den Sinn kommen. Wenn du es als traumatische Erfahrung erinnerst, dann ist es das für dich gewesen.

Sobald die Liste erstellt ist, kannst du alle Traumen nacheinander transformieren – oder auch an aufeinanderfolgenden Tagen, je nach Belieben. Zur Erinnerung hier nochmals die Schritte:

Verbinde dich mit der Quelle.
Befehl: Trauma transformieren.
Jetzt bezeuge, wie es geschieht.

Wichtig: Beim Bezeugen muss die Situation nicht nochmals in voller Länge durchlebt werden, sondern sie soll sich einfach nur transformieren. Das kann im Bruchteil einer Sekunde geschehen, wenn man es erlaubt. Die Zeit ist eine Illusion unserer Ebene der Dualität. Wichtig ist, dass du das positive Ergebnis bezeugen kannst, dann ist das Trauma gelöst.

Du bereinigst dein inneres Feld ganz enorm durch das Loslassen dieser Begrenzungen und machst danach auf einem weitaus höheren Energieniveau weiter.

DIE ZEITLINIE

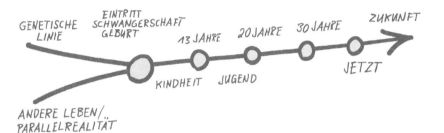

Das Urtrauma transformieren

Du kannst die Arbeit mit Traumen vertiefen, indem du das *Urtrauma* transformierst, also das früheste Erlebnis aus einer bestimmten Reihe von Traumen. Das Urtrauma ist der Ursprung aller weiteren Erfahrungen, die ähnlich verliefen, da hier energetisch der Grundstein gelegt wurde. Alle nachfolgenden Traumen bauten lediglich auf diesem auf, weil die entsprechenden Überzeugungen, Gefühle und weiteren Energien durch das Urtrauma in uns angelegt waren und durch das Gesetz der Resonanz immer wieder Umstände, Situationen und Menschen ähnlicher Qualität angezogen haben. Deshalb ist es das Ziel, dieses Urtrauma zu finden und aufzulösen und somit die Lebenskraft gänzlich freizusetzen sowie alle Gefühle, Sinneseindrücke, gesprochenen Worte usw. zu transformieren.

Ein Beispiel: Du ziehst immer wieder Partner an, die dich betrügen. Das bedeutet, in dir gibt es etwas, womit diese Partner in Resonanz gehen: das Urtrauma. Natürlich war jeder einzelne

Betrug ein Trauma für dich, doch die *erste* Erfahrung in dieser Linie gilt es zu transformieren. Wenn zum Beispiel deine Eltern sich scheiden ließen, als du noch ein ganz kleines Kind warst, weil ein Elternteil fremdgegangen war, und wenn diese Erfahrung schlimm für dich war, dann ist das höchstwahrscheinlich dein Urtrauma. Auch wenn es dir nicht selbst widerfahren ist, ist doch die Energie in dir gespeichert und zieht Erfahrungen gleicher Qualität an – und zwar so lange, bis sie transformiert ist. Dann bist du frei. Das Urtrauma wird manchmal bereits durch das verstandesmäßige Reflektieren erkannt, manchmal erschließen sich aber auch im Quellbewusstsein tiefere Zusammenhänge oder frühere Ereignisse. Sei einfach offen für alle Wahrnehmungen, die sich dir zeigen.

Verschiedene Ursprünge

> *Die Unterscheidung zwischen Vergangenheit,*
> *Gegenwart und Zukunft ist nur eine hartnäckige*
> *Illusion.*
>
> ALBERT EINSTEIN

Spätestens seit Einsteins Forschungen ist bekannt, dass es die Zeit, so wie wir sie wahrnehmen, nicht gibt. Sie ist eine hartnäckige Illusion. In Wahrheit ist alles JETZT. Das kann unser begrenzter Verstand nicht annehmen, er kämpft dagegen an, doch in unserem Inneren können wir es erfahren. Mit THEKI können wir es erfahren. Wir können eintauchen in diese Welt der Information, in der sich alles einfach ausbreitet, egal wann (oder auch wem) es passiert ist. Das ist die Erfahrung der Einheit, die in diesem erweiterten Bewusstseinszustand möglich wird.

Es gibt verschiedene Möglichkeiten, wann ein Urtrauma entstanden ist. Es kann aus allen Zeiten, Inkarnationen oder Parallelrealitäten stammen:

1. Es kann aus deinem <u>jetzigen Leben</u> stammen.
2. Es kann aus einem deiner <u>anderen Leben</u> stammen.
3. Es kann aus deiner <u>genetischen Linie</u> stammen.

Viele Traumen sind durch das »Zurückgehen« im eigenen Leben nicht aufzufinden, schon gar nicht durch aktive Erinnerung oder Erzählungen von Beteiligten, da sie schon viel früher entstanden oder sogar nicht einmal bei uns selbst entstanden sind. Ein Trauma kann sehr lange in einem Menschen »schlummern«, bis es irgendwann *reaktiviert* wird. Selbst wenn man es aus einer anderen Inkarnation oder Parallelrealität »mitgebracht« hat, kann es sein, dass es erst durch ein Erlebnis in diesem Leben reaktiviert werden muss. Zum Beispiel hatte man bisher keine Höhenangst, doch durch einen aktuellen Sturz mit den dazugehörenden Gefühlen wie Schreck und körperlicher Schmerz wird ein tiefer liegendes Urtrauma reaktiviert. So merkt man dann zum Beispiel, dass man auf einmal unter Höhenangst leidet, und alleine die Aussicht, über eine hohe Brücke zu gehen oder in eine Gondel einzusteigen, löst panikartige Gefühle aus. Verbindet man sich jetzt mit der Quelle und sendet die Intention, das Urtrauma aufzulösen, dann wird man möglicherweise auf der Zeitlinie noch viel weiter zurückgeführt und kann bezeugen, wie sich ein Trauma eines tödlichen Absturzes aus einer anderen Inkarnation auflöst. In solchen Fällen ist es grundsätzlich sinnvoll, *beide* Traumen zu transformieren, also das Urtrauma (tödlicher Absturz) sowie das Reaktivierungstrauma (aktueller Sturz).

Zur Reinkarnation (also anderen Inkarnationen einer Seele) möchte ich erwähnen, dass der Glaube daran nicht zwingend ist, um das Urtrauma erfolgreich zu transformieren. Für mich ist Reinkarnation eine sinnvolle und leicht vorstellbare Möglichkeit. Doch auch die Idee paralleler Universen ist großartig: Parallele Realitäten umgeben uns, wir als multidimensionale Wesen leben in mehreren dieser Realitäten, nehmen aber momentan nur die Realität wahr, die sich primär zeigt, wobei wir mit weiteren Bewusstseinsanteilen unseres Selbst weitere Erfahrungen machen können. In erweiterten Bewusstseinszuständen (= Theta/Gamma) können wir uns durch diese Parallelrealitäten oder auch durch andere Inkarnationen bewegen.

Es ist ganz egal, ob das Urtrauma in einer Parallelrealität, einer anderen Inkarnation, der aktuellen Inkarnation oder in unserer genetischen Linie liegt: Wir können es transformieren und unsere Schwingung dadurch weiter anheben.

Die Arbeit mit der Zeitlinie

Wenn du ein Problem oder eine Beschwerde hast, gleich ob körperlicher, seelischer oder psychischer Natur, dann kannst du die Wurzel aufspüren, indem du dich kurz auf dieses Problem konzentrierst und deine Intention sendest:

Verbinde dich mt der Quelle.
Befehl: Urtrauma transformieren.
Jetzt bezeuge, wie es geschieht.

Es kann hilfreich sein, dir beim Bezeugen das Bild der Zeitlinie innerlich vorzustellen. Auf dieser Linie kannst du an verschiedenen Stellen Verdichtungen der Energie wie »Knoten« wahrnehmen. Das sind die Traumen, die gelöst werden möchten. Lass dich zum Urtrauma führen und sieh, wo sich der *erste* Knoten befindet. Der früheste Knoten auf der Zeitlinie ist das Urtrauma. Du hast deinen Befehl ja bereits gesprochen, daher löst es sich durch dein Bewusstsein direkt auf. Durch das innere Bild der Zeitlinie kannst du erkennen, wann und wo das Urtrauma entstanden ist: in deinem aktuellen Leben, in einer anderen Inkarnation oder vielleicht sogar bei einem Vorfahren von dir. Wenn das Urtrauma transformiert ist, kann es sein, dass alle weiteren Knoten auf der Zeitlinie ebenfalls verschwinden. Wenn hier und da noch einer bestehen bleibt, dann spüre und schau hinein, was sich dir zeigt, was hier noch gelöst werden möchte. Wenn die Zeitlinie ganz rein ist, dann bist du mit dieser Arbeit fertig. Natürlich gibt es nicht nur ein einziges Urtrauma für das ganze Leben, sondern es gibt ein Urtrauma für praktisch jedes *Thema*, das ein Mensch noch in sich trägt. Daher kann es vorkommen, dass du mehrmals entlang der Zeitlinie geführt wirst, wenn du verschiedene Themen behandelst.

Wird ein Trauma aus der genetischen Linie gelöst, so wirkt sich das in der Regel auf die gesamte Abstammungslinie aus. Ist also aus einem Urtrauma heraus eine sogenannte »Familienkrankheit« entstanden oder ist seitdem die Familie zerstritten oder was auch immer, so kann sich auch das verändern. (Fallbeispiele zu solchen Traumen siehe Seite 207ff.)

Wichtig ist deine Intention, das Urtrauma aufzulösen. Dann wird das auch geschehen, auch wenn du nicht jedes Trauma sehen und benennen kannst. Manchmal *weiß* man einfach, dass es mit der Großmutter zu tun hatte oder aus einem anderen Leben stammt, ohne nähere Informationen dazu zu bekommen. Das ist vollkommen in Ordnung. Aus meiner langjährigen Erfahrung mit der Traumaarbeit heraus bin ich überzeugt, dass sich die Dinge, die bewusst noch einmal angeschaut werden sollen, konkret zeigen. Alles andere darf einfach gehen, und man sollte es loslassen, ohne den Verstand mit detaillierten Informationen befriedigen zu wollen.

SPEZIELLE TRAUMEN

Zusätzlich zu den ganz individuell erlebten Traumen gibt es weitere spezielle Traumen, über die du Bescheid wissen solltest. Wie bei der *Grundreinigung* in Kapitel 2 empfehle ich dir auch hier, diese Traumen auf jeden Fall aufzulösen. Gemeint sind hierbei eine Schwangerschaftsharmonisierung und Heilungshindernisse.

Schwangerschaftsharmonisierung

Die gesamte Entstehungsphase eines menschlichen Lebens ist ausschlaggebend für den weiteren Verlauf. Hierzu gehören prä-zelluläre Erinnerungen, die Energie der Zeugung, der Eintritt in diesen Körper, die Schwangerschaft und die Geburt. Diese Harmonisierung ist absolut essenziell und gehört zur Grundreinigung, jedoch im Bereich der Traumen. Sie sollte also bei jedem Menschen unbedingt realisiert werden.

1. Zeugungstraumen

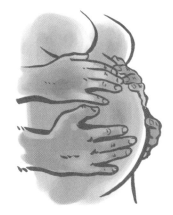

Beim Geschlechtsverkehr der Eltern wird eine ganz bestimmte, einzigartige Energie – eine *Synergie* – erzeugt, die nicht vorhanden ist, wenn die Menschen alleine sind. Jeder Mensch und jeder Liebesakt sind völlig individuell und erzeugen ein ganz eigenes, spezifisches Energiemuster. Dieses Energiemuster, das Mann und Frau während ihrer Vereinigung gemeinsam erzeugen, ist die Basisenergie, in der das neue Leben mit ersten Programmierungen entsteht. Durch eine traumatische Befruchtung oder andere prä-zelluläre Ereignisse können Zeugungstraumen entstehen. Wenn zum Beispiel Aggressivität oder Alkohol im Spiel war oder der ganze Akt eine einmalige Sache unter Fremden war, dann hat das eine ganz andere Synergie erschaffen, als wenn die Eltern sich bewusst in Liebe und mit der Intention, ein Kind zu zeugen, vereinigt haben.

2. Schwangerschaftstraumen

Bereits in den 1980er-Jahren gelang es Forschern,[27] die enormen sensorischen und lernfähigen Möglichkeiten des fetalen Nervensystems aufzuzeigen und damit die bisherige Annahme, das menschliche Gehirn würde erst kurz nach der Geburt seine Funktion aufnehmen, zu widerlegen. Zwar sind in diesem Entwicklungsstadium viele Gehirnstrukturen noch nicht ganz entwickelt, doch vor allem die emotionale Erfahrung ist durchaus aktiv, und so wirken sich die Erfahrungen im Mutterleib tiefgreifend auf das spätere Leben aus. Alle Energien und Gefühle der Mutter gehen direkt auf das neue Leben über, es erlebt alles emotional so, wie es die Mutter erlebt hat, und wird dadurch direkt programmiert. Selbst bestimmte Gedanken der Mutter lösen einen veränderten Herzschlag beim Fötus aus. War die Mutter in der Schwangerschaft ängstlich oder gestresst, dann stehen die Chancen hoch, dass das Neugeborene auch diese Strukturen aufweist. Eine glückliche, entspannte und gelassene Mutter, die die Mutterschaft freudig bejaht, kann sich hingegen eher auf ein ausgeglichenes, stabiles Kind freuen.

Über die Plazenta und den direkten Blutfluss hat das Ungeborene auch direkt am Hormonsystem und weiteren organisierenden Systemen der Mutter teil. So werden durch das Nervensystem Signale in den Blutstrom gegeben, die das Verhalten der Mutter in ihrem alltäglichen Leben begleiten und die das Ungeborene direkt abspeichert. Darüber hinaus gibt es vielerlei Möglichkeiten, warum eine begrenzende Programmierung bereits im Mutterleib entstehen kann. Der vielleicht wichtigste Faktor ist, ob die Schwangerschaft geplant und erwünscht ist. Ist sie es nicht, dann empfindet die Mutter erst einmal Ablehnung gegenüber dem neuen Leben in ihr. Manche Mütter überlegen sich auch, ob sie einen Schwangerschaftsabbruch vornehmen lassen sollen. Oder das Baby direkt nach der Geburt zur Adoption freigeben. Solche Gedanken und Gefühle, egal wie lange sie anhalten und ob daraus letztlich Taten entstehen oder nicht, wirken sich direkt auf den Fötus aus. Manche Menschen tragen ihr Leben lang ein Gefühl der Ablehnung in sich, fühlen sich immer tendenziell unerwünscht. Diese Belastung kann mit THEKI direkt transformiert und die Auswirkungen können sofort gespürt werden.

Auch die Gefühle des Vaters zu Mutter und Kind bzw. der nahenden Elternschaft spielen eine große Rolle im späteren Leben. Weitere Gründe sind fehlgeschlagene Abtreibungsversuche, eine vorangegangene Fehlgeburt oder auch medizinische Diagnosen, die der Schwangeren Angst machen, sie könnte ein ungesundes Kind bekommen oder ihr Kind sogar verlieren. Sie will es »festhalten«, was im späteren Leben des Kindes zu diversen Blockaden wie zum Beispiel Verlustängsten führen kann.

Erlebte die Mutter tiefe seelische Belastungen wie schwere Krankheit, einen Todesfall, Gewalt, Misshandlung oder auch die Trennung vom Vater des Kindes, dann wirken sich diese Gefühle direkt auf das Baby aus. Nicht selten gibt es Zwillingsschwangerschaften, von denen ein Baby abgeht und das andere normal ausgetragen wird. Im späteren Leben kann dieser Mensch von Trennungsängsten und Verlustängsten geplagt sein oder auch ständig das Gefühl haben, nicht vollständig zu sein, so als ob etwas (oder jemand) fehlen würde. Haben sich die Eltern ein bestimmtes Geschlecht ihres Kindes gewünscht und wurde dies nicht erfüllt, so kann der Wunsch verbunden mit der Enttäuschung direkte Auswirkungen beim Neugeborenen zeigen. Zumindest im späteren Leben wird das meist sichtbar. Ich gehe im Abschnitt »Männliche und weibliche Energien« näher auf diese Thematik ein. Nicht zu vergessen sind natürlich die Einnahme von schädlichen Substanzen wie Drogen, Medikamenten, Impfungen, Alkohol, Nikotin oder andere Gifte während der Schwangerschaft. Diese können ganz erhebliche Schäden verursachen, was inzwischen allgemein bekannt sein sollte.

Weniger bekannt sind die negativen Auswirkungen von Ultraschalluntersuchungen und weiteren unnatürlichen Eingriffen während der Schwangerschaft. Russische Forscher sprechen dabei von einem sehr hohen Risiko, die DNA des Babys zu schädigen. Mit einem Lärmpegel, der vergleichbar mit einer einfahrenden U-Bahn in die Station ist, wird das Baby erschreckt; die wilden Bewegungen sind kein freudiges Zuwinken, sondern ein verzweifelter Versuch, diesem Lärm zu entgehen. In einigen groß angelegten Studien weltweit konnten die Gefahren der Ultraschalluntersuchung nachgewiesen werden: Darmblutungen, Zellschäden, verfrühter Eisprung bei Frauen nach der Geburt, vorzeitige Wehen oder Fehlgeburten, schlechtere Verfassung des Babys bei der Geburt, erhöhte perinatale Sterblichkeit, Legasthenie beim Kind, verspätete Sprachentwicklung, verminderte Rechtshändigkeit (was hierbei auf Gehirnschäden zurückgeführt wird), gebrochene Moleküle der Doppelhelix sowie negative Auswirkungen auf die Entwicklung des Gehirns und daraus resultierende Verhaltensstörungen. Damit nicht genug: Forschungsergebnisse zeigten, dass Ultraschalluntersuchungen weder die Geburtenrate verbessern noch zu weniger Problembabys führen.[28] Jede Frau sollte sich daher gut überlegen, ob sie sich und ihr Kind diesem Risiko aussetzen möchte.

3. Geburtstraumen

Eine schwere Geburt kann Gefühle von Angst, Unsicherheit, fehlendem Urvertrauen usw. zur Folge haben – sowohl bei der Mutter als auch beim Kind. Die Geburt ist ein hochsensibler Vorgang und spielt eine sehr bedeutsame Rolle für das spätere Befinden des Menschen. Die Tatsache, dass das Baby entscheidend am Geburtsvorgang mitwirkt, wird heute leider immer noch oft ignoriert. Das Baby entscheidet selbst, wann es geboren werden möchte, und gibt damit den ersten Impuls zur Geburt. Wird ein Kaiserschnitt *ohne* diesen Impuls gemacht, dann ist das Risiko groß, dass das Baby noch gar nicht bereit war und somit Mutter und Kind traumatisiert werden. Leider ist der Kaiserschnitt inzwischen fast schon ein Modetrend. Lag die durchschnittliche Kaiserschnittrate in Deutschland in den 1980er-Jahren noch bei etwa 15 Prozent, so kommt inzwischen jedes dritte Kind hierzulande per Kaiserschnitt zur Welt. Kinder mit Kaiserschnitt haben es »nicht selbst geschafft«. Oft hatten sie gar keine Gelegenheit dazu, weil der Kaiserschnitt geplant war. Der erste und wichtigste Schritt, der Eintritt in dieses Leben, wurde ihnen verwehrt. Oftmals zeigt sich das in späterem Verhalten, früh aufzugeben, sich nicht durchzubeißen, nicht an sich zu glauben. Keine Frage, dass manche Kaiserschnitte medizinisch notwendig und sogar lebensrettend sind, doch eine 20-jährige Studie durch Prof. Rockenschaub bewies, dass mit einer guten Geburtshilfe eine Kaiserschnittrate von 1 Prozent ohne irgendwelche Nachteile für Mutter und Kind realisierbar wäre.[29]

Die bereits genannten Forscher konnten übrigens auch zeigen, dass bestimmte Erinnerungen aus der Zeit im Mutterleib sowie der gesamte Geburtsvorgang unter Hypnose vorhanden sind.[30]

Die Schwangerschaftsharmonisierung mit THEKI beinhaltet alle Themen von der Zeugung bis zur Geburt und löst viele dieser Blockaden auf. Man kann sich sofort besser, freier und leichter fühlen, und bestimmte Leiden können sich mit auflösen.

Verbinde dich mit der Quelle
Befehl: Schwangerschaftsharmonisierung.
Jetzt bezeuge, wie es geschieht.

 Wenn du möchtest, dann lege jetzt die CD ein:
8. Die Schwangerschaftsharmonisierung

Nimm eine bequeme Haltung ein. Zentriere dich in deinem Herzen, nimm einen tiefen Atemzug und reise in deiner Vorstellung mit dem Ausatmen zum Herzen der Erde. Mit dem Einatmen reist du nach oben – durch dein Herzzentrum hindurch – zur Quelle.

Sende deine Intention: »Schwangerschaftsharmonisierung«. Dann bezeuge, wie es geschieht.

Tauche in den Schwangerschaftsbauch deiner Mutter ein und verbinde dich mit dem Baby darin – mit dir selbst. Vielleicht bekommst du erste Impulse zu den vorherrschenden Energien bei deiner Zeugung ... Bezeuge, ob etwas daran transformiert wird. Wenn ja, dann wird es jetzt getan.

Du nimmst dich selbst als Baby im Mutterleib wahr. Wie fühlt es sich an? Wie ist die Energie deiner Mutter? Ist sie freudig-gelassen oder gestresst und überfordert? Spüre genau hin und lasse das Licht deines Bewusstseins alles, was dich begrenzt, nun transformieren. Wie verlief die Schwangerschaft? Vielleicht bekommst du einen Impuls, eine Information, ein inneres Bild ... Das heilende, ordnende Licht der Quelle fließt in jede Situation, Emotion und alles andere ein, was nicht perfekt war, und transformiert diese Energien. Zieht es dich noch zur Geburt hin? Lasse das Licht alles transformieren, was der Transformation bedarf. Lasse das Licht der Quelle so lange wirken, bis du in der

Lage bist, ein vollkommen glückliches, gesundes Baby zu bezeugen. Jetzt hast du die Basis deines Lebens auf eine neue Ebene gehoben.

Danach bist du mit einem einzigen Ausatmen wieder in deinem Herzen zentriert.

Heilungshindernisse

> *»Sieh der Gefahr tief ins Gesicht –*
> *vielleicht gibt es sie gar nicht.«*

Leidet ein Mensch schon längere Zeit an einer Beschwerde, ganz gleich ob körperlicher oder psychisch/seelischer Natur, dann hat er sich vielleicht schon von der einen oder anderen Methode oder Therapie eine Heilung erhofft, die letztlich nicht eingetreten ist. Auch solche Enttäuschungen sind als Traumen zu betrachten, die sich bei weiteren Versuchen, sich auf einen neuen Ansatz einzulassen, hinderlich auswirken. Möchte dieser Mensch sich erneut einer Heilungschance öffnen, dieses Mal vielleicht mit THEKI, dann erkennt das System die »Gefahr« und sorgt dafür, dass sie gebannt wird. Der Vorgang an sich ist bei vielen Traumen auch sinnvoll, denn wer sich zum Beispiel einmal die Hand am Feuer verbrannt hat, sollte daraus gelernt haben, nicht mehr zu nah ans Feuer zu kommen. Würde er nun immer wieder gewaltsam versuchen, seine Hand ins Feuer zu halten, würde er für ernsthafte Konflikte in seinem System sorgen.

Im Fall einer erwünschten Heilung ist es aber so, dass jemand, der schon mehrmals enttäuscht wurde, diesen Weg erneut gehen möchte und auch soll. Da das Unterbewusstsein aber wertfrei arbeitet, überprüft es die Situation nicht auf Sinn und Logik, sondern es wird alles auffahren, was es zur Verfügung hat, um eine erneute Enttäuschung zu verhindern. Entweder kann sich der Mensch dann gar nicht mehr der Möglichkeit einer Heilung öffnen, oder aber das Unterbewusstsein, das einen entscheidenden Anteil am Heilungsvorgang hat, wird nicht mitarbeiten, und die Heilung wird aus diesem Grund nicht zustande kommen.

Zeigt also die Vorgeschichte eines Menschen, dass es Traumen solcher Art gegeben hat, müssen zuerst diese aufgelöst werden, bevor die Selbstheilungskräfte wieder freigesetzt werden und voll und ganz wirken können.

Verbinde dich mit der Quelle.
Befehl: Heilungsenttäuschungen transformieren.
Jetzt bezeuge, wie es geschieht.

Familientraumen

Zu den Urtraumen aus der genetischen Linie solltest du Folgendes wissen: Natürlich wird nicht *jedes* Trauma der einzelnen Familienmitglieder weitergegeben, doch es gibt Umstände, die dazu führen können, dass ein Trauma an ein anderes Familienmitglied weitergegeben wird.

Grundsätzlich kann man die Familie als *Kollektiv* betrachten, das nach Harmonie und Gleichgewicht strebt. Kann ein Familienmitglied sein Trauma nicht transformieren, dann entsteht ein Ungleichgewicht, das auf energetischer Ebene zulasten aller Familienmitglieder geht. Unterdrückte Energien suchen ihren Ausgleich im kollektiven Gewissen. Deshalb kommt es nicht selten vor, dass ein anderes Familienmitglied die Blockaden übernimmt, um sie zu lösen, und damit gleichzeitig auch als Spiegel dient. Mit dem rationalen Verstand kann man solche Zusammenhänge genauso wenig erfassen wie die Traumen aus anderen Leben. Das liegt vor allem daran, dass unser Verstand lange nicht so viele Dimensionen erfassen kann, wie dafür nötig sind. Doch wir haben – wie immer – die fantastische Möglichkeit, die Zusammenhänge im Theta-Zustand zu erkennen und zu transformieren.

Ich schildere dir im Folgenden einige Fallbeispiele aus meiner Praxis, die dir solche Familientraumen aufzeigen. Um die Privatsphäre der Personen zu wahren, habe ich charakteristische Merkmale in wesentlichen Punkten abgeändert.

Fallbeispiele

Paul kommt wegen starken Schmerzen im Oberschenkel zu mir.
Schulmedizinische Untersuchungen hatten bisher keinen Befund
ergeben. Als ich nach dem Urtrauma frage, werde ich über meine
spirituellen Wahrnehmungssinne direkt in die genetische Linie
geführt, *sehe* also die Zeitlinie (Hellsehen) und einen Punkt in
der genetischen Linie: das Urtrauma. Außerdem *weiß* ich (Hellwissen), dass es mit seinem Großvater mütterlicherseits zusammenhängt. Einem Impuls folgend frage ich, ob dieser Großvater
im Krieg war. Paul kann mir das bestätigen und weiß auch, dass
der Großvater eine Schussverletzung am Bein hatte. Wo genau
diese Verletzung am Bein war, wusste er nicht, doch er kannte
seinen Großvater (der inzwischen verstorben war) als unfreundlichen, unzufriedenen, cholerischen Mann, dem er lieber aus dem
Weg gegangen war. Auch dieses Verhalten zeigt mir, dass der
Großvater traumatisiert war und hilflos, mit dem Problem sinnvoll umzugehen. Ich löse das Trauma des Großvaters in Pauls
Zeitlinie auf, wobei mir auch noch ein weiteres »Problem« gezeigt wird: die Angst vor Konflikten. Der Großvater musste sich
damals im Krieg dem Konflikt stellen, was nicht besonders gut
für ihn ausging: Er wurde angeschossen und traumatisiert. Diese
»Warnsignale«, die direkt aus dem Engramm kommen, wurden
ebenso weitergegeben. Nach kurzem Innehalten erzählt mir Paul,
dass er seit einigen Jahren dieses Problem hat, was sich hauptsächlich bei seinem Vorgesetzten, aber auch teilweise im privaten
Bereich bemerkbar macht. Er hatte dieser Angst bisher keine größere Beachtung geschenkt, doch jetzt rechnete er zurück, wann
es angefangen hatte: ziemlich genau zur selben Zeit, in der auch
seine Schmerzen im Oberschenkel aufgetreten waren.

Mehrere Wochen nach der Behandlung teilte mir Paul telefo-
nisch mit, dass seine Schmerzen vollständig verschwunden seien
und seine Mutter ihm bestätigt habe, dass die Schussverletzung
des Großvaters an derselben Stelle des Oberschenkels gewesen
war wie seine Schmerzen. Außerdem würde er jetzt bewusster
mit dem Thema »Konflikt« umgehen. Obwohl wir diesen Punkt
nicht extra behandelt hatten, hatte er sich mit aufgelöst, indem
das Urtrauma transformiert wurde.

Alexander hat eine schwere angeborene Skoliose. Im Vorgespräch zeigt sich, dass er eher ein ängstlicher, übervorsichtiger Typ ist. Auf meiner Reise zum Urtrauma lande ich im Mutterleib und harmonisiere direkt die Schwangerschaft. Dabei bekomme ich die Information, dass die Mutter in ihrer Jugend eine gewaltsame Situation erleben musste. Alexander erzählt, dass er von seiner Tante erfahren hat, was er nie hätte erfahren sollen: dass seine Mutter von ihrem Vater missbraucht wurde. Der Vater hatte mit schlimmen Konsequenzen gedroht, wenn sie nicht mitmachte oder jemandem davon erzählte, daher hatte sie alles über sich ergehen lassen und bis heute für sich behalten, war aber immer sehr ängstlich gewesen. Der unterdrückte Fluchtreflex (= umdrehen und weglaufen) hatte sich dann erst ein paar Jahre später in der Schwangerschaft gezeigt, da durch diese Situation das alte Trauma präsenter wurde.

Nachdem das Trauma aus der genetischen Linie von Alexander aufgelöst war, begann es in seiner Wirbelsäule ohne unser Zutun zu knacken und zu arbeiten. Ich machte direkt danach die Wirbelsäulenaufrichtung und durfte bezeugen, wie die Wirbelsäule ihre perfekte Ausrichtung fand. Die physische Veränderung war nach wenigen Tagen vollzogen. Völlig schmerzfrei, wie mir Alexander bestätigte.

Linda kam wegen ihrer Beziehungsprobleme zu mir. Sie war irgendwie nie richtig glücklich, fühlte sich innerlich blockiert und traurig und litt an starken Minderwertigkeitsgefühlen, obwohl sie objektiv betrachtet keinen Grund dazu hatte. Sie hatte immer Angst, für einen Mann nicht dauerhaft interessant oder für ihren Partner nicht gut genug zu sein und wegen einer anderen Frau verlassen zu werden. Obwohl ihr das bisher noch gar nie passiert war, überschattete diese Angst ihre partnerschaftlichen Beziehungen. Ich gelange über die Zeitlinie direkt zu ihrer bereits verstorbenen Großmutter und bekomme die Information, dass hier das Urtrauma liegt. Linda erzählt mir, dass diese ein uneheliches Kind großgezogen hatte (ihren Vater) und berichtete, der Vater des Kindes, also ihr Großvater, sei im Krieg gefallen. Während ich das Trauma zur Transformation gebe, kommt mir die Idee, dass die Großmutter es damals in der Nachkriegszeit für das Beste für alle Beteiligten gehalten hatte, diese Geschichte zu erzählen, damit sie sowohl ihr Gesicht wahren als auch ihrem Sohn weitere Schmerzen ersparen konnte. Der Großvater aber war nach dem Krieg zu einer anderen Frau zurückgekehrt, mit der er bereits ein Kind hatte. Als ich Linda von meiner Eingebung erzähle, weiß sie noch nicht allzu viel damit anzufangen. Interessant ist in diesem Zusammenhang, dass die Großmutter herzkrank war, was aus ganzheitlicher Sicht nicht verwunderlich ist, denn die große Verletzung im Herzchakra, verbunden mit der Notwendigkeit zur Vergebung, die nie wirklich stattgefunden hatte, belastet diesen Bereich stark. Hinzu kommt die Selbstvergebung, die nur dann hätte stattfinden können, wenn sie ihrer Familie und vor allem ihrem Sohn die Wahrheit gesagt hätte. Der große Liebeskummer, den die Großmutter weitestgehend unterdrückt hatte, sowie das Gefühl, nicht gut genug gewesen und wegen einer anderen Frau zurückgestellt worden zu sein, konnte nun über die Enkelin transformiert werden. Die Recherchen zu dieser Geschichte laufen noch immer, und Linda hält mich auf dem Laufenden. Erste »Wahrheitsbeweise«: Ihr Großvater ist tatsächlich nicht im Krieg gefallen, das hatten die Gefallenenlisten ergeben. Außerdem konnte Linda in Erfahrung bringen, dass er damals bereits eine Frau und ein Kind hatte. Die Wahrscheinlichkeit ist also groß, dass auch der Rest der Geschichte stimmt.

Maria litt seit Jahren an depressiven Phasen, war schon in verschiedenen Behandlungen und Kuren, doch nichts hatte dauerhaft helfen können. Der Grund lag tief: Die Großeltern hatten ein Kind, ihr Erstgeborenes, schmerzhaft verloren. Aus Angst, die sensible Großmutter könnte daran zerbrechen, hatte der Großvater seinen Schmerz verdrängt und den »Starken« gemimt. In Marias Erinnerung war der Großvater eher ein unnahbarer, harter Mann. Diese Schutzschicht hatte er sich angeeignet mangels anderer Möglichkeiten, sein tiefes Trauma zu erlösen. In seiner Enkelin Maria kam dieser Schmerz durch depressive Phasen zum Ausdruck. Nachdem das Urtrauma in der genetischen Linie transformiert war, erhöhte sich die Energie spürbar, jedoch war das Thema noch nicht ganz gelöst: Es mussten weitere Beziehungen harmonisiert und Gefühle transformiert werden. Außerdem arbeitete ich mit positiven Überzeugungen, um Freude und Leichtigkeit in Marias Sein zu festigen. Maria ist nun seit Jahren frei von jeglichen depressiven Stimmungen.

Diese Beispiele sind lediglich *Ausschnitte* der Behandlung, in der ich mich aller Möglichkeiten bediene, die mein THEKI-Werkzeugkasten bietet. So beginne ich in der Regel immer mit der Grundreinigung und Schwangerschaftsharmonisierung und komme dann zur Zeitlinie. Später arbeite ich mit Gefühlen, integriere positive Überzeugungen, Quantenfelder und vieles mehr.

Auch du bist in der Lage, auf diese Weise an dir zu arbeiten. Die drei Schritte sind in THEKI immer die gleichen, für dich wie für mich: Verbinde dich mit der Quelle, sende deine Intention und bezeuge, wie es geschieht.

Traumen aus anderen Leben | Parallelrealitäten

Traumen aus anderen Leben oder aus Parallelrealitäten sind im Prinzip das Gleiche, nur dass die *eigene* Seele die Erfahrung gemacht hat. In deiner Wahrnehmung wirst du dann in der Zeitlinie in die Linie der anderen Inkarnationen geführt. Natürlich werden auch hier nur die Erlebnisse in eine weitere Inkarnation transportiert, die erhebliche Blockaden verursacht haben, welche im Lauf des anderen Lebens nicht transformiert werden konnten.

Für alle Traumen gilt: Waren Personen an einem Trauma beteiligt, die heute noch eine Rolle spielen, so empfiehlt es sich, zusätzlich noch die Beziehung zu diesen zu harmonisieren und gegebenenfalls die Vergebungssätze zu sprechen, wie im nächsten Abschnitt beschrieben.

Situationen bei der Auflösung

Wird ein Trauma aufgelöst, kann dieser Prozess die damaligen Gefühle noch einmal kurz auslösen. Dann muss die Situation vielleicht nochmals beweint werden, oder man spürt die Wut oder Trauer oder Hoffnungslosigkeit von damals. Oft ist es dann sinnvoll, die Beziehungen zu den beteiligten Personen zu harmonisieren und gegebenenfalls die Vergebungssätze zu sprechen (siehe Seite 216).

Es kann vorkommen, dass du bereits während der Transformation auffallend heftig gähnen musst oder sogar kurz einschläfst. Das hängt davon ab, was in dem Engramm gespeichert war: War es eine Ohnmacht, eine Narkose oder andere Art der Bewusstlosigkeit, so wird diese freigesetzt, was nochmals kurz zu diesem Symptom führen kann.

Auch abruptes, unkontrollierbares Lachen ist ein Zeichen der Erlösung und Erleichterung. Was ich immer mit Freude erlebe, ist, wie erleichtert sich die Menschen fühlen, von dem ganzen Ballast befreit worden zu sein. Durch den direkten, bewussten Weg durch das eigene Leben und die ganzen Erlebnisse wird die Achtsamkeit trainiert, und es kann leichter erkannt werden, was blockiert war und wie alles zusammenhing. Diese Erkenntnis ist unbezahlbar. Während alles Disharmonische bewusst transformiert wird, kann man ganz direkt die Erleichterung spüren. Zum ersten Mal ist man von der Vergangenheit befreit und hat eine neue Chance, ausgehend vom Hier und Jetzt ein besseres, gesünderes, leichteres und glücklicheres Leben zu erschaffen. Immer wieder fragen mich Klienten: »Kann es wirklich so einfach sein? Bin ich jetzt in einer Sitzung das losgeworden, was mich mein halbes Leben belastet hat?« Ja, es ist so einfach. Es muss so einfach sein. Denke an die Quantenphysik: Du lebst in einer Welt reiner Energie, alles existiert als *Möglichkeit,* so lange, bis wir es bewusst beeinflussen.

Entscheide dich dafür, dass es so einfach ist –
dann ist es auch so!

Mein Tipp: Großflächig aufräumen

Wenn du die Zeitlinienarbeit gemacht, deine Traumen aufgelöst und auch die dazugehörige Beziehungs- und Vergebungsarbeit (siehe nächster Abschnitt) geleistet hast, dann kannst du noch etwas großflächiger aufräumen. Bildlich gesprochen hast du in deinem Garten das Unkraut aus dem Boden gerupft, es hat keine Wurzeln mehr. Jetzt holst du den großen Rechen heraus und entfernst alle Rückstände gründlich. So kannst du zum Beispiel befehlen, alle Traumen, die mit einer bestimmten Person zu tun haben, zu transformieren. Oder auch alle Traumen, die einen bestimmten Lebensabschnitt betreffen. Oder ein bestimmtes Thema. Sei kreativ!

Beispiele

Befehl: Alle Traumen, die mit meiner Mutter zu tun haben, transformieren.

Befehl: Alle Traumen, die mit (Name) zu tun haben, transformieren.

Befehl: Alle Traumen, die mit Eifersucht zu tun haben, transformieren.

Befehl: Alle Traumen, die mit Arbeitslosigkeit zu tun haben, transformieren.

Befehl: Alle Traumen, die mit unglücklichen Beziehungen zu tun haben, transformieren.

Befehl: Alle Traumen, die mit meiner Lebenszeit von 19 bis 28 zu tun haben, transformieren.

Befehl: Alle Traumen, die mit Krankheit zu tun haben, transformieren.

Befehl: Alle Traumen, die mit körperlichen Schmerzen zu tun haben, transformieren.

Die Zeitlinie in der Zukunft

Eine Zukunft in der Form, wie wir sie uns vorstellen, gibt es nicht, da die Zeit nicht linear abläuft, also als Vergangenheit –

Gegenwart – Zukunft, sondern es im Prinzip gar keine Zeit gibt. Es gibt nur eine unvorstellbare Anzahl an Wahrscheinlichkeiten.

Jedes Mal, wenn du weiter an dir arbeitest, wenn du weitere Traumen und andere Begrenzungen löst und mit Lebenskraft, mit Gefühlen und Überzeugungen deine Schwingung erhöhst, erschaffst du dadurch eine andere Realität: Deine Zukunft verändert sich zum Positiven. Nichts ist festgeschrieben, und es gibt nichts Unabänderliches. Das Universum bist du!

BEZIEHUNGEN HARMONISIEREN | PERSONEN LOSLASSEN

Mit der im Folgenden beschriebenen Technik kannst du destruktive Verbindungen lösen. Dabei ist es gleich, ob es eine partnerschaftliche Beziehung, eine Eltern-Kind-Beziehung, eine freundschaftliche Beziehung oder was auch immer ist. Menschen sind durch vielerlei Energien miteinander verbunden. Diese Verbindungen sehe ich wie energetische bunte »Bänder« oder »Schnüre«. Viele dieser Verbindungen sind sehr leicht, die Energie ist im Fluss, Geben und Nehmen sind im Ausgleich, eine wahre Herzensverbindung 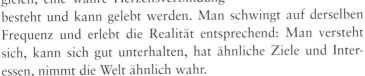 besteht und kann gelebt werden. Man schwingt auf derselben Frequenz und erlebt die Realität entsprechend: Man versteht sich, kann sich gut unterhalten, hat ähnliche Ziele und Interessen, nimmt die Welt ähnlich wahr.

Manche Verbindungen jedoch sind destruktiver Natur und binden die Menschen nur noch aufgrund von traumatischen

Erfahrungen oder gegenseitigen Beschuldigungen oder Schuldgefühlen aneinander, was äußerst schmerzhaft sein kann.

Es gibt auch Verbindungen unter Menschen, die teilweise schon seit Jahren oder Jahrzehnten keinen Kontakt mehr zueinander haben. Manchmal reicht die Entscheidung, sich zu trennen, nicht aus. Man »trennt« sich vielleicht auf der physischen Ebene, beendet die Freundschaft oder Beziehung, doch man hat auch Jahre später noch negative Gefühle, wenn die Erinnerung an die betreffende Person aufkommt. Man kann nicht loslassen, obwohl es belastend ist. Mit der Beziehungsharmonisierung werden alle *destruktiven, karmischen* Verbindungen gelöst. Die positiven Verbindungen bleiben unangetastet. Das bedeutet auch, dass diese dann wieder stärker zutage treten können, was sich förderlich auf die Beziehung auswirkt. Wenn Menschen jedoch nur noch durch destruktive Verbindungen aneinander hängen, können sie sich endlich loslassen – in Frieden und Dankbarkeit. Die Beziehungsharmonisierung kann auch *momentane* Disharmonien ausgleichen. Wenn zwei Menschen aufeinandertreffen, ist es ganz normal, dass einer höher schwingt als der andere. Schon allein diese Tatsache kann zu Konflikten führen, denn das System strebt immer den Ausgleich an. Das bedeutet, dass die höher schwingende Person unterbewusst versuchen wird, den Ausgleich herbeizuführen, indem sie die andere Person aufmuntert, ermutigt, liebevoll behandelt. Gleichzeitig aber wird die niedriger schwingende Person unterbewusst versuchen, die andere »herunterzuziehen«, oft in Form von Angriffen oder giftigen Seitenhieben, aber auch durch negative Geschichten und Nachrichten, Angstmache, Erzeugung von Mitleid. Vielleicht hast du das selbst schon erlebt, wenn du auf einen Menschen triffst, der übelste Laune hat, aggressiv und ungerecht ist und nur schimpft. Zuerst hältst du dein Niveau, sobald du aber einsteigst und mit ihm diskutierst und womöglich noch ein paar seiner Entladungen abbekommst, sinkst du langsam ab auf sein Niveau. Du merkst es daran, dass es dir anschließend schwerfällt, wieder in deine gute Laune einzusteigen, dass dich mit einem Mal negative Gedanken und Gefühle begleiten oder du sogar aggressiv bist. Befindest du dich in einer solchen Situation, dann beobachte es genau, bleibe ganz bei dir, in deiner eigenen Kraft, und arbeite direkt mit der Beziehungsharmonisierung.

Verbinde dich mit der Quelle.
Befehl: Beziehung harmonisieren.
Jetzt bezeuge, wie es geschieht.

 Wenn du möchtest, dann lege jetzt die CD ein:
9. Beziehungen harmonisieren

Nimm eine bequeme Haltung ein. Zentriere dich in deinem Herzen, nimm einen tiefen Atemzug und reise in deiner Vorstellung mit dem Ausatmen zum Herzen der Erde. Mit dem Einatmen reist du nach oben – durch dein Herzzentrum hindurch – bis zur Quelle.

Denke an die Person, mit der du die Beziehung harmonisieren möchtest. Vielleicht möchtest du innerlich ihren Namen sagen. Sende dann deine Intention: »Beziehung harmonisieren.« Nun bezeuge, wie das Licht der Quelle alle destruktiven, karmischen Verbindungen zwischen euch beiden transformiert. Alles, was eure Beziehung stört und belastet, löst sich in heilendem Licht auf. Vielleicht spürst du das Bedürfnis, die Selbstvergebung zu sprechen. Dann tue das innerlich oder auch laut: Ich vergebe mir selbst. Alles. Aus tiefstem Herzen, und lasse los. Jetzt. Ich bin frei. Spüre hinein, welche Kraft diese Worte haben, fühle die Neustrukturierung deines Systems, vor allem im Herzen ... Wenn du möchtest, dann kannst du jetzt der Person vergeben und auch selbst um Vergebung bitten:
Ich vergebe dir alles, was du mir angetan hast, aus tiefstem Herzen, und lasse los. Bitte vergib du auch mir alles, was ich dir angetan habe, und lass auch du los. Jetzt. Danke. Ich bin frei.
Beobachte mit all deinen Sinnen, wie sich letzte destruktive Verbindungen nun lösen und wie alles Licht wird. Vielleicht sagt dein Gegenüber noch etwas zu dir ... vielleicht bekommst du noch eine Information oder ein inneres Bild zu eurer Situation ... vielleicht siehst du ein Lächeln oder eine freundliche Geste, oder

du hast den Impuls, dein Gegenüber zu umarmen. Lasse einfach fließen, was sich für dich richtig anfühlt, und genieße diese neue Schwingung zwischen euch beiden. Verbinde dich mit deiner Vision von der idealen Beziehung zwischen euch beiden.

Danach bist du mit einem einzigen Ausatmen wieder in deinem Herzen zentriert.

Vergebung und Selbstvergebung

Manchmal kann eine Beziehung noch nicht harmonisiert werden, weil Schuldgefühle oder die Unfähigkeit zu vergeben einen daran hindern. Du merkst das beim Bezeugen: Es tut sich was, aber nicht genug, es stagniert. Der Grund ist dann immer der, dass erst Vergebung stattfinden muss, bevor losgelassen werden kann: die Selbstvergebung oder die Vergebung einer anderen Person gegenüber. Hat man sich selbst noch nicht vergeben, hängt man noch in dem ganzen Programm von Unwürdigsein und Selbstverurteilung fest und ist nicht bereit für tiefere Ebenen der Heilung und Entwicklung. Außerdem wirken in einem durch Schuldgefühle angelegte innere »Selbstbestrafungsprogramme«, wie zum Beispiel: »Ich habe es nicht verdient, glücklich zu sein, weil ich XY damals unglücklich gemacht habe« oder Ähnliches. Diese werden im Licht der Selbstvergebung mit transformiert.

Die *Selbstvergebung* stellt einen großen inneren Frieden (wieder) her. Wenn du bereit bist, dir selbst zu vergeben, dann betrachte dich voller Liebe und sprich innerlich oder auch laut – je nachdem, was sich für dich besser anfühlt – die folgenden Sätze:

Ich vergebe mir selbst. Alles.
Aus tiefstem Herzen und lasse los.
Jetzt. Ich bin frei.

Mit der Selbstvergebung wird ein Mensch innerlich bereit, auch anderen zu vergeben. Die *Vergebung* einer anderen Person gegenüber erfordert ein tiefes Verständnis davon, was Vergebung eigentlich genau bedeutet. Nämlich dass wir, wenn wir jemandem nicht verzeihen, uns selbst zum Opfer machen. Dass wir, wenn wir uns weigern zu vergeben, in dieser Opfermentalität stecken bleiben und hauptsächlich uns selbst schaden. Vergebung bedeutet *nicht,* dass wir gutheißen sollen, was der andere getan hat, sondern es bedeutet, uns selbst zu befreien, loszulassen und uns dadurch fest in unserer eigenen Energie zu stabilisieren. Wenn du das verstanden hast, sprich die folgenden Sätze:

(Name), ich vergebe dir alles, was du mir angetan hast, aus tiefstem Herzen und lasse los. Bitte vergib du auch mir alles, was ich dir angetan habe, und lass auch du los. Jetzt. Danke. Ich bin frei.

Danach kannst du bezeugen, wie sich die Beziehung harmonisiert. Dabei sehe ich in der Regel die Menschen, wie sie sich gegenüberstehen und wie auf verschiedenen Ebenen die bunten Verbindungen gelöst werden. Diese verschiedenen Ebenen und Farben deuten auf die Themen der Chakren hin. Wenn also zum Beispiel im Bereich Halschakra destruktive Verbindungen gelöst wurden, so bemerke ich, dass wohl die authentische Kommunikation blockiert war bzw. es viel Ungesagtes gibt und viel gestritten wird oder wurde. Werden bei einem Paar destruktive Verbindungen im Sexualchakra gelöst, dann deutet das in vielen Fällen auf eine blockierte Sexualität hin, aber auch auf unterdrückte und nicht gelebte Gefühle und in manchen Fällen auf Unstimmigkeiten in Sachen Kinderwunsch/Familiengründung. Nehme ich destruktive Verbindungen im Kopfbereich wahr, heißt das für mich, dass diese Menschen unterschiedliche Weltbilder und Wertvorstellungen haben und nicht auf derselben Welle »funken«.

Wichtig ist es auch hier, deinen Impulsen zu folgen und bei Unklarheit die Quelle zu fragen. Alles, was wichtig ist, wird dir zufließen. Verlasse dich auf deine Eingebungen im Quellbewusstsein und bezeuge das positive, bereinigte Ergebnis.

Weitere Beziehungen

Die Technik der Beziehungsharmonisierung kannst du sehr umfangreich einsetzen. Du kannst dich praktisch mit allem in Harmonie bringen, womit du »auf Kriegsfuß stehst« bzw. wo sich Blockaden bemerkbar machen:

Beispiele

- Weiblichkeit
- Männlichkeit
- Sexualität
- Freundschaften
- Spiritualität
- Erfolg
- Schönheit
- Sicherheit

- Gesundheit
- Beruf
- Haus/Wohnung
- Wohnort
- Zeit
- Autofahren
- Angst
- Fremdsprachen

Verbinde dich mit der Quelle.
Befehl: Beziehung harmonisieren.
Jetzt bezeuge, wie es geschieht.

Mit der Beziehungsharmonisierung befreist du dich von destruktiven karmischen Verbindungen. Danach kann die Energie zwischen dir und dieser Qualität frei fließen. Vielleicht bekommst du weitere hilfreiche Informationen dazu, zum Beispiel dass ein Trauma zugrunde liegt, das du auflösen darfst, oder dass bestimmte Gefühle fehlen, die du integrieren kannst.

MÄNNLICHE UND WEIBLICHE ENERGIEN

Jeder Mensch, egal ob Mann oder Frau, hat sowohl männliche als auch weibliche Anteile in sich. Sie sind wie Yin und Yang, sie müssen im Einklang sein, denn erst wenn im *Inneren* Gleichgewicht herrscht, herrscht auch im *Außen* Gleichgewicht.

Die männlichen Anteile (rechte Körperhälfte, linke Gehirnhälfte) stehen für das aktive Prinzip, das heißt der »Macher«, Aktivität, Bewegung, Feuer, Macht, Logik, Ungeduld, Geben usw.
Die weiblichen Anteile (linke Körperhälfte, rechte Gehirnhälfte) stehen für das passive Prinzip: Warten, Geduld, Güte, Heilen, Wasser, Stille, Aufnehmen usw.

Sind diese Energien im Ungleichgewicht, ist das relativ leicht zu erkennen: Wenn jemand beispielsweise meist emotional und eher passiv reagiert oder sich mit Entscheidungen schwertut, sind höchstwahrscheinlich die weiblichen Energien zu stark vertreten. Diese Menschen kommen schwer in die Tat. Gleichzeitig kann man von einem Überschuss an männlichen Energien ausgehen, wenn jemand immer etwas machen muss, ruhelos und ungeduldig ist und nicht entspannen oder abwarten kann. Ein solches Ungleichgewicht kann aus vielerlei Gründen entstehen. So werden im heutigen Alltag der meisten Menschen unseres Kulturkreises die männlichen Energien viel mehr gefordert und sind auch anerkannter als die weiblichen. Schon allein im Berufsalltag sind Logik und Aktivität angesagt, während Werte wie Intuition und Güte wenig Anklang finden. Es hat sich aber auch grundsätzlich etwas verändert. Noch vor wenigen Jahrzehnten war die Rollenverteilung klar: Männer lebten die männlichen Energien und waren meist die Alleinverdiener, sorgten für die Familie, machten Karriere und waren nach außen hin die »Starken«, während Frauen die weiblichen Anteile lebten und für Kinder, Heim und Familie da waren, die emotionalen Bereiche abdeckten und als »schwaches Geschlecht« galten. Heute sieht das Ganze etwas anders aus: Frauen leben mehr und mehr die männlichen Anteile, studieren, stehen auf ihren eigenen Beinen, sind unabhängig und frei, auch in ihrer Sexualität und Ausdrucksweise. Das sollte keinesfalls bewertet werden. Es ist, wie es ist. Doch wenn keine Ausdrucksmöglichkeiten für die weiblichen Energien gefunden werden, dann sorgt das entstandene Ungleichgewicht für Einseitigkeit und Blockaden.

Abgesehen davon, gibt es eine große Palette an ganz persönlichen Gründen, warum ein dauerhaftes Ungleichgewicht entstanden sein kann.

Ein paar Beispiele:

Wenn ein Vater (= Symbol für die männlichen Energien) die Familie verlassen hat und sich auch später unzuverlässig und lieblos zeigte und das Kind damit verletzte oder verunsicherte, während die Mutter (= Symbol für die weiblichen Energien) immer liebevoll für das Kind da war, dann wird das Kind später eher die weiblichen Anteile leben und die männlichen unterdrücken, weil es unterbewusst nicht so werden will wie der Vater oder auch eine Gefahr in diesen Energien sieht. Die weiblichen Energien hingegen werden als vertrauenswürdig, positiv und zuverlässig eingestuft und leichter gelebt.

Wenn die Mutter immer sehr aktiv und voll berufstätig war und wenig Zeit für ihre Kinder hatte, dann lebte sie bereits die männlichen Energien stärker. Das Kind lernt somit die weiblichen Energien gar nicht richtig kennen und wird das Verhalten imitieren. Ein Vater, der zu viele weibliche Energien lebt und dadurch träge, faul und entscheidungsschwach erscheint, lebt dem Kind keine gesunden männlichen Energien vor. Das Kind wird in den männlichen und weiblichen Energien verzerrt sein.

Eine Frau, die aufgrund ihrer Weichheit, Liebenswürdigkeit und Güte schamlos von jemandem ausgenutzt und damit zutiefst verletzt wurde, stuft ihre Verhaltensmuster (= die weiblichen Energien) nach diesem Trauma als »gefährlich« ein und unterdrückt sie möglicherweise. Die Harmonisierung dieser Energien bringt die Fähigkeit, je nach Situation passend zu reagieren, ohne in ein bestimmtes Muster verfallen zu müssen. Man kann sich einfach *beider* Qualitäten bedienen, ohne von einer getrieben zu sein. Das Gehirn arbeitet übrigens am besten, wenn die beiden Gehirnhälften synchronisiert sind.[31]

Verbinde dich mit der Quelle.
Befehl: Männliche und weibliche Energien integrieren
und balancieren.
Jetzt bezeuge, wie es geschieht.

Die Geschlechtsthematik

Ein weit verbreiteter Grund, warum die männlichen und weiblichen Energien dauerhaft im Ungleichgewicht sein können, ist die Geschlechtsthematik: wenn von den Eltern ein anderes Geschlecht ihres Kindes erwünscht war. Seit vielen Jahrhunderten ist es in den meisten Ländern dieser Erde ganz normal, dass die Eltern sich als Erstgeborenen einen Sohn wünschen. In einigen Ländern sind sowieso nur Söhne erwünscht. In diesen Fällen werden die Erstgeborenen durch das Massenbewusstsein unter Umständen stark beeinflusst. Die Kinder, die danach geboren werden, stehen meist nicht mehr so unter dieser Thematik, es sei denn, das Erstgeborene war ein Mädchen – dann wird der Druck noch größer werden. Natürlich gibt es auch andere Fälle, nämlich dass die Eltern einen Sohn als Erstgeborenen haben und sich als Nächstes unbedingt ein Mädchen wünschen. Es kann die Lebensenergie empfindlich stören, wenn die betreffende Person sich nicht akzeptiert fühlt, so wie sie ist, bzw. innerlich spürt, dass sie im Sinne des Massenbewusstseins oder nach Meinung der Eltern das »falsche« Geschlecht bekommen hat. Sie wird versuchen, das erwünschte Geschlecht zu erfüllen. Mädchen werden burschikos, sind lieber mit Jungs zusammen, machen eine Schreiner- oder Automechanikerlehre, Jungs sind vielleicht sehr weiblich, weich, gefühlvoll, was sich oft auch im Erscheinungsbild spiegelt. Diese Thematik solltest du bei dir auflösen, damit es dir möglich ist, deine grundlegenden inneren Energien, die weiblichen und männlichen, in Balance zu halten:

Verbinde dich mit der Quelle.
Befehl: Geschlechtsthematik transformieren.
Jetzt bezeuge, wie es geschieht.

Sind deine männlichen und weiblichen Energien in optimaler Balance, so wird sich das in sämtlichen Lebensbereichen positiv auswirken. Du kannst auf ganz natürliche Art und Weise und je nach Situation auf die passenden Energien zugreifen und entsprechend agieren oder reagieren. Dir stehen sowohl deine Intuition, Geduld und Güte als auch Tatkraft, Logik und Entscheidungskraft zur Verfügung, und du setzt diese Qualitäten intuitiv richtig ein. Geben und Nehmen sind ausgeglichen. Das ist eine spürbare Steigerung deiner Lebensqualität!

HERZLICHEN GLÜCKWUNSCH!

Du bist schon sehr weit gekommen in diesem Buch und kannst vielleicht Veränderungen und Erleichterungen in deinem Gewahrsein feststellen. Wir können den Bereich der Reinigung nun abschließen und uns der positiven Programmierung im nächsten Kapitel 6 zuwenden. Dann hast du den Werkzeugkasten mit allem gefüllt, was du brauchst, um dein Leben erfolgreich zu meistern. An dieser Stelle möchte ich dir mit der »Checkliste« einen kleinen Überblick über dein ganzes Werkzeug und den idealen Umgang damit geben:

»CHECKLISTE« FÜR DEINE BEHANDLUNG

1. Jede Blockade hat ihre Daseinsberechtigung. Deshalb lehne sie nicht ab, sondern akzeptiere den IST-Zustand. Betrachte sie aus deinem Herzen heraus mit Liebe und Mitgefühl. Nimm sie dankbar an – als deinen Wegweiser zur Gesundheit.
2. Verbinde dich mit der Quelle, dann sende die Intention, die natürliche Ordnung des Körpers wiederherzustellen (oder einfach die Heilung oder Transformation der Blockade), und beobachte, wie es geschieht und welche Informationen du bekommst, was weiter zu tun ist.
3. Grundreinigung.
4. Traumen transformieren (auch Diagnose-Schock!), Schwangerschafts-harmonisierung (siehe Kapitel 5).
5. Chakrenharmonisierung: Ist eine Beschwerde in einem bestimmten Körperteil lokalisierbar, dann harmonisiere das entsprechende Chakra und prüfe die darin verborgenen Themen.
6. Körperarbeit: Harmonisierung von Organen, Hormonen, Systemen, Entfernung von Erregern, Entgiftung, Wirbelsäulenaufrichtung. Achte hierbei darauf, niemals ins Detail zu gehen, sondern immer nur das ganze System perfekt einzustellen.
7. Beziehungen zu anderen Menschen harmonisieren, Vergebungsarbeit leisten.
8. Harmonisierung männlicher und weiblicher Energien.

DAS ALLES LERNST DU IM FOLGENDEN KAPITEL 6:
9. Lebenskraft verstärken.
10. Integrieren von Gefühlen wie Heilung, Gesundheit, Freude, Leichtigkeit, Gelassenheit, Lebendigkeit, Spaß, Urvertrauen, bedingungslose Liebe usw.
11. Überzeugungen positiv verändern oder erschaffen.
12. Quantenfelder positiv verändern.
   Solltest du Medikamente nehmen, so bitte deinen Arzt nach dieser Sitzung, die Dosis neu zu überprüfen. Gib deinem Körper bitte ein paar Tage oder auch Wochen Zeit, die Veränderungen zu manifestieren. Keinesfalls solltest du das Medikament eigenmächtig absetzen.

KAPITEL 6:
POSITIVE
PROGRAMMIERUNG

GENUG AUFGERÄUMT – LOS GEHT'S!

Wenn du die Grundreinigung durchgeführt und an deinen persönlichen Themen gearbeitet hast, dann hast du jetzt die ideale Basis geschaffen, um mit der positiven Programmierung zu beginnen, und zwar in Form von verstärkter Lebenskraft, positiven Gefühlen, Überzeugungen, Programmen und Quantenfeldern. Wenn du ideal programmiert bist, wird es dir leichtfallen, Erwünschtes in deinem Leben zu manifestieren. Ich spreche im Folgenden von »negativen« und »positiven« Gefühlen, Quantenfeldern und Überzeugungen. Dabei setze ich diese Begriffe immer in »Gänsefüßchen«, weil es so etwas wie »positiv« und »negativ« nur in unserer dualen Realität gibt. Im Einheitsbewusstsein verschwinden diese Trennungen. Daher sind sie real – und doch nicht. Wichtig ist, dass wir sie bearbeiten, damit sie uns in dieser dualen Realität unterstützen und erheben – und nicht umgekehrt. Die positive Programmierung ist ein weiterer und sehr wichtiger Schritt zur Transformation deiner Schichten.

Um das Beispiel mit deinem Garten wieder aufzugreifen: Durch die bisherige Arbeit ist er jetzt vom Unkraut befreit. Der Boden ist weich und locker und bereit für die positiven Samen, die du jetzt säen kannst.

LEBENSKRAFT

Lebenskraft ist die Energie, die durch unseren Körper fließt und uns mit Leben erfüllt. Sie hält uns und alles Lebendige in der Welt am Leben. Lebenskraft ist die treibende Kraft aller Prozesse im Körper. Idealerweise fließt sie ungehindert und versorgt uns auf allen Ebenen. Dann sind wir kerngesund und fühlen uns rundum wohl. Lebenskraft *verbindet* sogar alles Lebendige miteinander.

Durch die Prozesse mit THEKI hast du bereits viele Blockaden gelöst, und deine Lebenskraft fließt immer freier und geordneter. Nun kannst du daran arbeiten, sie direkt zu verstärken und –

neben der Erhöhung deiner Grundschwingung – so für eine sanfte Form der Blockadenlösung sorgen.

Du kannst dir die Lebensenergie vorstellen wie einen Fluss aus Licht, den du hauptsächlich über dein Kronenchakra aufnimmst. Von dort aus fließt sie den »Energiekanal«, die Wirbelsäule, entlang hinab und wird durch die Chakren aufgenommen und verteilt, sowohl im physischen Körper als auch in den Energiekörpern. An manchen Stellen fließt dieser Fluss sehr kraftvoll und harmonisch, an anderen Stellen ist es eher ein kleiner Bach oder sogar nur ein kleines Rinnsal. Möglicherweise ist der Energiefluss an bestimmten Stellen ganz unterbrochen.

An den Hand- und Fußchakren tritt überschüssige Energie hauptsächlich aus, was – nebenbei erwähnt – auch der Grund dafür ist, warum Heilung durch Auflegen der Hände funktioniert und warum wir uns selbst oder anderen intuitiv die Hände auf schmerzende Stellen auflegen. Wenn du dich zum Beispiel stößt, legst du intuitiv sofort deine Hand darauf. Wenn ein Kind Bauchschmerzen hat, legt die Mutter ihre Hand auf den Bauch des Kindes. Hat jemand Zahnschmerzen, hält er sich die Wange. Diese Handlungen, die kaum beachtet werden, machen durchaus Sinn und können energetisch gut erklärt werden: Der Energiefluss an der schmerzenden Stelle ist blockiert, die Frequenz ist niedriger als normal. Durch das Auflegen der Hände wird hochfrequente Energie zugeführt, die Blockade kann sich auflösen, der Schmerz verschwinden. Messungen dieser Energie haben eindeutig ergeben, dass sehr kranke Menschen weniger Lichtenergie aussenden und dass ausgebildete Heiler, die sich auf den Energiefluss konzentrieren, diese Kraft bis zu 100 000 Mal erhöhen können.[32] Ist das nicht ein überzeugender Wert?

> Indem du die Intention setzt, die Lebenskraft zu verstärken und sie somit überall wohlgeordnet und kraftvoll fließen zu lassen, werden deine Körper auf die höhere Frequenz eingestellt, und Blockaden lösen sich auf sanfte Art, auch ohne dass du dir immer des dazugehörigen Themas bewusst sein musst.

Es ist sinnvoll, immer gegen Ende einer Behandlung, wenn du deine Blockaden gelöst hast, die Lebenskraft zu verstärken. So wird der Heilungsprozess unterstützt, und die Ausgeglichenheit und Wärme sind direkt spürbar. Du kannst die Lebenskraft aber auch jeden Tag für dein persönliches Wohlbefinden und Wachstum verstärken, etwa wenn du dich müde fühlst, irgendwie blockiert oder unausgeglichen. Es ist eine Soforthilfe, die dir jederzeit zur Verfügung steht.

Verbinde dich mit der Quelle.
Befehl: Lebenskraft verstärken.
Jetzt bezeuge, wie es geschieht.

Wenn du möchtest, dann lege jetzt die CD ein:
10. Die Verstärkung der Lebenskraft

Nimm eine bequeme, aufrechte und entspannte Haltung ein. Zentriere dich in deinem Herzen, nimm einen tiefen Atemzug und reise in deiner Vorstellung mit dem Ausatmen zum Herzen der Erde. Mit dem Einatmen reist du nach oben – durch dein Herzzentrum hindurch – bis zur Quelle.
Sende innerlich deine Intention: »Lebenskraft verstärken«.

Dann beobachte, wie das hochfrequente, ordnende und heilende Licht der Quelle in deinen Hauptenergiekanal fließt: Durch dein Kronenchakra strömt es an der Innenseite der Wirbelsäule entlang und verteilt sich von dort aus in alle Chakren und Energiekörper. Du kannst diesen Energiefluss immer mehr verstärken und dabei beobachten, wie Blockaden, die sich vielleicht irgendwo in deinem System noch wie kleine Schranken zeigen, nun transformiert werden.
Beim Einatmen ziehst du immer mehr Lebenskraft in deinen Körper, und beim Ausatmen lässt du die Blockaden, die gelöst wurden, los ...
Die Lebenskraft kann immer freier und stärker fließen ... Dein ganzes System ist von Energie und Kraft erfüllt. Du spürst, wie die überschüssige Energie aus dir strömt, vor allem zu deinen

Hand- und Fußchakren hinaus. Genieße dieses Gefühl, es ist ein Zeichen deiner inneren Reinigung und steigenden Lebenskraft. Vielleicht bekommst du den Impuls, dir deine Hände auf einer bestimmten Körperstelle aufzulegen – dann tu es. Spüre, wie die Lebensenergie durch deine Hände in diesen Teil deines Körpers fließt. Folge deiner Intuition und führe auf diese Weise geordnete, heilende Energie überallhin, wo du möchtest.

Danach bist du mit einem einzigen Ausatmen wieder in deinem Herzen zentriert.

ÜBERZEUGUNGEN

Überzeugungen sind unsere innersten Wahrheiten. Sie sind die Interpretationen gemachter Erfahrungen – nicht nur unserer eigenen, sondern auch der unserer Bezugspersonen. Sie beeinflussen die Erschaffung und Wahrnehmung unserer Realität in hohem Maße und sind uns größtenteils gar nicht bewusst. Oft kollidieren sie sogar mit dem, was wir bewusst denken, was sich dann in unterschiedlichsten Konflikten bemerkbar macht, zum Beispiel dass man »will, aber nicht kann« oder trotz großer Anstrengung nichts erreicht, während es anderen scheinbar zufliegt. Dazu möchte ich erklären, wie diese grundlegende Programmierung erfolgte:

1. beginnt unsere Programmierung bereits im Mutterleib (siehe Kapitel 5).

2. lernt ein Kind bereits ab der Geburt, indem es die Reaktion der Erwachsenen beobachtet. Es ist dabei versierter, als wir annehmen, und kann sogar Gesichtsausdrücke treffsicher deuten. So lernt es, welche äußeren Einflüsse gefährlich und welche freudig sind. Allerdings ist dies kein wertfreies, sondern bereits ein übernommenes Urteil der Eltern und wird einfach abgespeichert. Dabei sind auch kulturelle Prägungen von Bedeutung, die die Überzeugungen ganzer Gemeinschaften spiegeln.

3. Die *inneren Einflüsse* geben dem Kind ein Selbstbild. Dieses

Selbstbild ist ebenfalls nicht wertfrei geprägt, sondern spiegelt die Meinungen der Bezugspersonen wider, zum Beispiel ob es schön, intelligent und auf der Glücksseite des Lebens wandelnd oder etwa hässlich, zu nichts nütze und erfolglos ist. Wenn das Kind dann später lernt, sich *von außen* zu betrachten, sieht es sich durch die Vorstellungen der Eltern, die sich tief ins Unterbewusstsein eingeprägt haben. Diese Überzeugungen erfüllen sich und wirken immer stärker als alles, was nachträglich bewusst eingebracht wird.

Unser ganzes Leben wird unser Denken und dadurch auch unser Fühlen und Handeln durch unsere Umwelt maßgeblich beeinflusst. Egal, woher sie kommen, durch die Eltern, Großeltern, Erzieher oder auch durch allgemeine Suggestionen der Werbung – wir schwimmen unser ganzes Leben durch ein Meer fremder Vorstellungen. So programmierten uns die Erwachsenen nicht nur durch ihr allgemeines Weltbild, sondern auch durch ihre Vorstellungen von uns. Waren sie zufrieden mit unserem Verhalten, waren wir ein gutes Kind. Andernfalls waren wir das Gegenteil. So lernten wir, ein bestimmtes Verhalten, das als »schlecht« bezeichnet wurde, inklusive der dazugehörigen Gefühle zu unterdrücken und andere Verhaltensweisen zu fördern, die als »gut« bezeichnet wurden. Da wir die ersten sieben Lebensjahre vorwiegend in hypnotischen Gehirnwellenzuständen leben, stammen auch die meisten Programmierungen aus dieser Zeit. Später kommen noch weitere hinzu, doch unser Weltbild wird in dieser Zeit ganz entscheidend geformt. Viele unserer übernommenen Überzeugungen sind sinnvoll und sogar lebenswichtig, doch manche blockieren uns in dem, was wir heute gerne leben und erreichen möchten. Daher ist es unsere Aufgabe, unsere inneren Überzeugungen einer Prüfung zu unterziehen und uns hier ganz entscheidend zu befreien.

Alles, was wir sind,
ist ein Resultat dessen,
was wir gedacht haben.
BUDDHA

Ich möchte hier ganz klar Abstand nehmen vom positiven Denken. Wenn im Unterbewusstsein etwas anderes programmiert ist (wir erinnern uns: 95 Prozent Unterbewusstsein, 5 Prozent Bewusstsein), dann können wir uns mit den positiven Affirmationen, die oft empfohlen werden, das ganze Haus tapezieren – ändern wird sich dadurch nichts. Im Gegenteil: Man fühlt sich nach und nach als Versager, weil man die Umsetzung der Affirmationen nicht schafft, und hat mit immer noch mehr Blockaden zu tun. Genau aus diesem Grund muss die Programmierung im Unterbewusstsein mit dem übereinstimmen, was man auch leben möchte. Dann fällt einem das positive Denken leicht wie nie zuvor, denn es hat eine Basis bekommen.

Bei der Arbeit mit den Überzeugungen ist es von großer Wichtigkeit, sie immer positiv und klar einzugeben. Bitte sei dir bewusst, dass jede innere Überzeugung nach ihrer Verwirklichung im Außen strebt. Unser Unterbewusstsein kennt keine negativen Worte wie »nein« und »kein« und »nicht«. Benutze daher keine negativen Formulierungen wie: »Ich habe keine Krankheit mehr«, sondern die positive Entsprechung: »Ich bin geheilt und fühle mich rundum fit und gesund.«

Formuliere auch immer im Jetzt. Es gibt nur das Jetzt. Alles andere ist eine Illusion. Überzeugungen wie »Ich werde mal ganz viel Glück haben« verschieben das Erwünschte auf ewige Zeiten in die Zukunft. »Ich habe Glück und erlebe überall in meinem Leben wunderbare Synchronizitäten« oder ähnliche Formulierungen ziehen das Gewünschte in dein Leben im Hier und Jetzt. Ich habe dir nachfolgend einige Beispiele für hinderliche und förderliche Überzeugungen aufgeführt. Diese Liste soll dir eine kleine Stütze sein und ist nur ein winziger Auszug aus Millionen von Möglichkeiten. Lass dich davon inspirieren. Fühle in dich hinein, welche hinderliche Überzeugung du vielleicht in dir hast und durch deren positive Entsprechung ersetzen möchtest. Lass dich einfach inspirieren, vielleicht fallen dir auch ganz persönliche Begrenzungen ein, die du gleich positiv verändern möchtest. Es kann sein, dass du beim Lesen der folgenden Überzeugungen das Gefühl hast, die eine oder andere positive Überzeugung nicht annehmen zu können. Dies kann verschiedene Gründe haben. Wichtig ist, dass du sie trotzdem umprogrammierst, denn alle Begrenzungen und auch alles Positive wirken aus dem Unterbewusstsein. Wenn die Überzeugung dort wirken kann, dann wird es dir leichter fallen, dich damit zu identifizieren. Arbeite ruhig damit, formuliere sie vielleicht individuell für dich um, so lange, bis du spürst, dass sie jetzt für dich wahr ist.

Selbstliebe

Ich hasse mich.	Ich liebe mich, genau so, wie ich bin.
Ich hasse meinen Körper.	Ich liebe meinen Körper so, wie er ist.
Ich hasse mein Leben.	Ich liebe mein Leben. Ich bin jederzeit mit der Quelle verbunden und nutze die unendlichen Möglichkeiten.
Keiner liebt mich.	Ich bin liebenswert und werde geliebt.
Ich bin dumm.	Ich bin intelligent.
Ich bin einsam.	Ich bin eins mit allem und spüre und lebe diese Einheit.
Ich bin arm.	Ich bin innerlich und materiell reich.
Ich bin unwichtig.	Ich bin umgeben von Menschen, die mich sehen und lieben. Ich bin mir selbst wichtig.
Ich bin depressiv.	Ich lebe in Freude und Leichtigkeit.
Ich verdiene nichts Gutes.	Ich bin umgeben von Liebe und Glück und nehme es an.
Ich leide.	Ich bin glücklich und erfüllt.
Ich habe Angst.	Ich bin frei und stehe klar in meiner Kraft.
Ich muss es allen recht machen.	Ich werde respektiert und geliebt, genau so, wie ich bin.
Immer wieder verliere ich alles.	Ich bin auf jeder Ebene meines Seins perfekt geschützt und geheilt.
Ich bin ein Nichts.	Ich bin göttliche Vollkommenheit.

Familie

Ich war ein Unfall und bin unerwünscht.	Ich bin erwünscht und geliebt.
Ich bin das schwarze Schaf der Familie.	Ich lebe in Frieden und Harmonie mit meiner Familie und werde geliebt und respektiert.
Ich bin ein Sorgenkind.	Ich lebe in Fülle und Leichtigkeit. Ich fühle mich frei und aufgehoben in meiner Familie.
Ich muss Leistung bringen.	Ich werde geliebt, genau so, wie ich bin.
Meine Familie tut mir nicht gut.	Ich bin dankbar für meine liebevolle Familie. Sie ist für mich ein Ort der Kraft und Harmonie, ihre Energie und Liebe stärkt und nährt mich.

Partnerschaft | Sexualität | Beziehungen allgemein

Ich kann nur eine Beziehung haben, wenn ich Geld habe.	Ich lebe meine Beziehungen voller Vertrauen und Liebe. Ich bin dankbar für meine harmonischen und ehrlichen Beziehungen.
Ich fühle mich eingeengt.	Ich fühle mich vollkommen frei.
Nähe macht mir Angst.	Ich kann Nähe erlauben und genießen.
Ich bin eifersüchtig.	Ich habe Urvertrauen. Ich kann mich auf meine Intuition verlassen.
Sex ist Sünde.	Sex ist ein körperlicher Ausdruck von Liebe. Meine sexuellen Energien sind ausgeglichen.
Ich verdiene dieses Glück nicht.	Ich verdiene das Glück und nehme es dankbar an.
Ich habe Angst vor Beziehungen.	Ich ziehe auf meinem Lebensweg automatisch die richtigen Menschen an.
Liebe ist ein Vertrag.	Liebe ist bedingungslos.
Sex ist ein Zahlungsmittel.	Sex ist ein körperlicher Ausdruck von Liebe. Meine sexuellen Energien sind ausgeglichen.
Frauen sind besser als Männer / Männer sind besser als Frauen.	Männer und Frauen sind gleichwertig.
Man kann niemandem trauen.	Ich kann immer das Schöne und Gute in den Menschen sehen, sie akzeptieren und lieben.

Gesundheit | Heilung | THEKI

Ich bin es nicht wert, andere oder mich selbst zu heilen.	Ich bin es wert, andere und mich selbst zu heilen. Die Quelle heilt durch mich.
Heilungen dauern lange.	Spontanheilungen sind möglich und geschehen ständig.
Es ist schwer, mit THEKI zu arbeiten.	Es ist einfach, mit THEKI erfolgreich zu heilen und zu manifestieren.
Energiearbeit ist gefährlich. Energiearbeit ist Sünde.	Energiearbeit ist sicher und ein Segen für alle Beteiligten. So geschieht wahre Heilung.
Ich kann nicht heilen, ich bin blockiert. Ich kann nichts sehen in der Wahrnehmung. Etwas hindert mich am Heilen.	Ich bin frei. Durch mein offenes drittes Auge sehe ich. Alle meine Sinne sind bereit, zum höchsten und besten Wohl aller Beteiligten wahrzunehmen.
Ich zweifle die Heilungen an.	Ich vertraue darauf, dass Heilungen stattfinden, und lasse los.
Energiearbeit hat ihre Grenzen.	Die Möglichkeiten der Energiearbeit sind unbegrenzt.
Ich kann nur mit Medikamenten leben. Mir kann keiner mehr helfen.	Ich nehme die Heilung dankbar an. Ich bin geheilt. Mein Körper ist schön, gesund und geschmeidig. Ich bin kraftvoll und vital.
Ich kann es nicht, andere können es besser.	Ich kann das, denn die Quelle führt mich.
Ich habe keinen Bezug zu meinem Körper.	Liebevoll achte ich auf die Botschaften meines Körpers.
Ich bin immer krank.	Ich achte auf meine Gedanken und wähle bewusst gesunde, heilsame Gedanken. Ich bin gesund.
Bei mir funktioniert nichts mehr richtig. Auf allen Ebenen klemmt es.	Ich sorge liebevoll für meinen Körper, meinen Geist und meine Seele und erfreue mich deshalb bester Gesundheit.

Vergebung | Loslassen

Ich kann nicht vergeben.	Ich bin bereit und fähig zu vergeben.
Er/sie ist schuld.	Mir selbst und anderen zu vergeben befreit mich von der Last der Vergangenheit.
Ich kann die Vergangenheit nicht loslassen.	Ich vergebe und schenke mir damit die Freiheit. Ich bin frei.
Ich kann ihn/sie nicht loslassen.	Ich bin dankbar für die gewonnenen Einsichten und lasse los.

Glaube

Gott bestraft mich. Gott urteilt über mich. Gott ist wütend auf mich.	Die Quelle/die Existenz/Gott sind reine Liebe und frei von Urteil und Strafe. Ich bin sicher.
Ich habe Angst vor Gott.	Ich vertraue auf meine göttliche Führung.
Gott hat mich vergessen.	Ich bin eins mit allem, was ist, und werde geliebt.
Ich muss gegen das Böse kämpfen.	Ich lebe in Liebe und Frieden.
Gott muss sich endlich zeigen!	Das Göttliche zeigt sich in allem.

Arbeit | Geld | Erfolg

Man muss hart arbeiten für sein Geld.	Mein Leben ist erfüllt und reich. Alles, was ich anpacke, ist von Erfolg gekrönt. Ich erledige meine Arbeit voller Genuss und Freude. Ich werde täglich immer noch besser.
Ich habe keinen Erfolg verdient.	Ich bin erfolgreich und nehme es dankbar an. Es besteht große Nachfrage nach meinen Talenten und Fähigkeiten.
Ich bin pleite.	Ich bin dankbar für meinen Wohlstand. Ich bin reich.
Erfolg macht korrupt.	Ich genieße es, Geld zu verdienen.
Geld ist schlecht. Geld verdirbt den Charakter.	Geld ist ein Tauschmittel. Ich verdiene es, ein gutes Leben zu führen.
Ich bin unnütz.	Meine einzigartigen, kreativen Fähigkeiten und Talente durchströmen mich und weisen mir den richtigen Weg zu Erfüllung und Erfolg.

Sonstige Themen

Das Beste kommt immer erst zum Schluss.	Mir steht jederzeit alles, was mich erfüllt und glücklich macht, zur Verfügung.
Das Leben ist ein Kampf.	Ich lebe in Freude und Leichtigkeit. Alles Positive, das ich mir wünsche, fliegt mir zu.
Ich lerne durch Leiden.	Ich entwickle mich und lerne tagtäglich dazu, in Freude und Leichtigkeit.
Ich muss alles kontrollieren.	Ich bin frei von Kontrolle und lasse los. Ich begebe mich in den natürlichen Fluss des Lebens.
Es dauert lange, seine Ziele zu erreichen.	Meine Ziele erreiche ich leicht und spielerisch.
Ich habe Angst vor Entscheidungen.	Entscheidungen zum höchsten Wohl aller Beteiligten treffe ich zielsicher und frei.

Verbinde dich mit der Quelle.
Befehl: Überzeugung ersetzen durch Überzeugung …
Jetzt bezeuge, wie es geschieht.

Noch einfacher

Wenn du alle diese Glaubenssätze durchgelesen hast, dann kannst du es dir auch noch einfacher machen und befehlen, alle Überzeugungen links durch alle Überzeugungen rechts zu ersetzen. Oder alle Überzeugungen des Themas »Familie« zu ersetzen. Das klingt erstaunlich einfach? Ist es auch. Und glaube mir, es funktioniert! Es darf einfach sein. Es gibt kein Gesetz, das sagt, du müsstest langwierige Übungen dazu machen. Du hast es gelesen, also ist es da. Jetzt greifst du die Energie und veränderst sie entsprechend. Wenn du ein paar der genannten Glaubenssätze nicht in dir hattest, dann passiert auch nichts. Du befiehlst sowieso immer zum höchsten Wohl und im Sinne der göttlichen Ordnung, daher brauchst du dir keine Sorgen zu machen. Es kann nichts schiefgehen, und du kannst nichts falsch machen. Für deinen Alltag empfehle ich dir, dich ganz bewusst zu beobachten. Was denkst du so? Vor allem in bestimmten Situationen? Wenn du ein unangenehmes Gefühl hast, dann frage dich, was du vorher gedacht hast, um dieses Gefühl zu erzeugen. Deine Gefühle folgen deinen Gedanken, die wiederum größtenteils durch dein Unterbewusstsein gesteuert werden. Es ist der perfekte Weg, bei einem unangenehmen Gefühl diesen Weg rückwärts zu verfolgen, um an die Wurzeln der Dinge heranzukommen. Es kann auch sehr aufschlussreich sein, deine Eltern und Bezugspersonen genauer zu beobachten. Was geben sie den Tag über von sich? Was sagen sie in bestimmten Situationen? Vor allem in schwierigen Situationen: Wie ist die Ausrichtung? Sagt die betreffende Person eher, dass die Lösung schnell klar sein wird und die Situation positiv für alle Beteiligten ausgehen wird, oder wird eher pessimistisch gedacht? Wird in Problemen oder in Lösungen gedacht und gesprochen? Du erkennst deine eigenen Muster treffend klar durch die Beobachtung der Personen, mit denen du aufgewachsen bist. Ich habe es anfangs so gemacht, dass ich immer ein großes Blatt in meiner Handtasche hatte. Auf der linken Seite des Blattes habe ich die »negativen« Glaubenssätze gesammelt, die mir aufgefallen waren. Auf der rechten Seite daneben habe ich dann jeweils die positive Entsprechung formuliert. Dann habe ich nur noch befohlen, jetzt alle Überzeugungen *links* durch alle Überzeugungen *rechts* zu ersetzen. Ich hatte es ja schon erarbeitet und aufgeschrieben, also warum sollte ich es mir unnötig schwer machen? Interessant ist auch, dass man sich an die umprogrammierten Glaubenssätze danach oft gar nicht mehr erinnern kann. Sie sind einfach weg. Gut so! Wenn du es dir jetzt noch einfacher machen möchtest, dann arbeite mit längeren und ausführlicheren Überzeugungen, um größere Bereiche abzudecken. Die Arbeit mit einzelnen Sätzen ist die Detailarbeit, das heißt, wenn dir hinderliche, sich wiederholende Gedanken oder Muster auffallen, kannst du sie so direkt verändern. Doch das Beste, Einfachste und Direkteste ist es, dich grundsätzlich genau so zu programmieren, wie du leben willst.

Verbinde dich mit der Quelle.
Befehl: Überzeugung anlegen, alles Hinderliche transformieren.
Jetzt bezeuge, wie es geschieht.

Wenn du die folgenden Überzeugungen direkt integrieren möchtest, dann lege jetzt die CD ein: 11. Überzeugungen

Nimm eine bequeme Haltung ein. Zentriere dich in deinem Herzen, nimm einen tiefen Atemzug und reise in deiner Vorstellung mit dem Ausatmen zum Herzen der Erde. Mit dem Einatmen reist du nach oben – durch dein Herzzentrum hindurch – zur Quelle.

Sende innerlich deine Intention: »Überzeugung anlegen, alles Hinderliche transformieren«. Und dann lass die folgenden Worte in dich einfließen. Stell dir dabei das Gesagte so deutlich wie möglich vor:

LIEBE

Mein innerer Kern, mein innerstes Wesen, meine Essenz ist Liebe. Ich erlaube dieser Liebe, in mir und durch mich frei zu fließen und mein ganzes Sein zu erfüllen. Ich erlaube der Liebe, jede Situation, jeden Gedanken, jedes Gefühl zu berühren. Sie erfüllt mein Herz, all meine Körper, mein ganzes Bewusstsein. Sie strahlt aus mir und berührt alle, die es erlauben.

Ich bin Liebe. Diese Liebe transformiert jegliche Angst sofort. Transformation ergießt sich durch alles, was ich bin. Durch die Liebe habe ich vergeben und bin frei von negativen Gefühlen und Situationen aus anderen Zeiten. Ich weiß, dass alles Liebe ist, aus der Liebe kommt und in die Liebe geht und dass von jetzt an alles zu noch mehr Liebe führen wird.

ICH BIN

Ich bin weise in meinen Handlungen und ausgeglichen in meinen Emotionen, ich kann also bewusst denken und handeln trotz meiner Gefühle. Ich bin erfüllt von positiven Gefühlen wie Freude, Leichtigkeit, Wahrheit, Schönheit, Liebe und Frieden. Überall, wo ich bin, wirken diese und alle verwandten Energien sofort.

Ich bin eine Einheit mit der Quelle. Ich bin Licht. Licht trägt und nährt mich und versorgt mich in jedem Augenblick mit höchster Schwingung. Ich bin auf jeder Ebene meines Seins geschützt und geheilt und stehe zentriert und fest in meiner Kraft.

Mit was oder wem auch immer ich konfrontiert bin: Ich denke, fühle und handle aus dieser inneren Stärke heraus. Ich akzeptiere mich und fühle mich rundum wohl mit mir selbst. Ich weiß, dass ich einzigartig bin, so wie ein jeder einzigartig ist. Ich weiß, dass die Einzigartigkeit jedes Einzelnen die Schönheit des Ganzen ausmacht.

KÖRPER

Mein gesamtes feinstoffliches System inklusive meiner Aura, aller Körper, Chakren, Meridiane, der axiatonalen Linien und allem anderen ist balanciert und hält ständig ein hohes Energieniveau, für eine optimale harmonische Funktion des gesamten Systems. Mein physischer Körper ist fit und gesund, und ich pflege und ernähre ihn intuitiv und bewusst richtig zu meinem höchsten Wohl. Mein Körper verwertet die Nahrung optimal und versorgt sich mit allem, was er für seine Gesundheit braucht. Alles Überflüssige oder Schädliche, auch äußere Belastungen wie Strahlungen, Wellen, Gifte und Erreger, werden sofort transformiert. Alle Systeme und Organe funktionieren einwandfrei, und auch mein Hormonhaushalt ist dauerhaft perfekt eingestellt. Wenn ich atme, dann atme ich automatisch richtig und in den Bauch hinein. Beim Einatmen nehme ich Lichtenergie auf, und beim Ausatmen lasse ich alles Schwere und Schädliche los. Alle Teile meines Körpers befinden sich in der idealen Zusammensetzung und Position und erfreuen sich bester Gesundheit. Meine Zellen sind von Licht erfüllt und erfüllen ihre höchste Bestimmung. Die natürliche Ordnung ist und bleibt dauerhaft erhalten. Ich halte ständig ein optimales Energieniveau und bin in Einklang mit meinem Körper und der Natur.

LEBEN

Ich bin bereit, das Potenzial meiner Seele zu leben. Voller Urvertrauen und Liebe begegne ich den Veränderungen des Lebens und bin dabei zentriert und ausgeglichen. Ich lebe mein Leben in all seiner Fülle und genieße jeden Augenblick in dem Wissen, dass jeder Teil meines Lebens absolut perfekt ist und dass all das in mein Leben kommt, was mich erfüllt und glücklich macht.

Ich bin Teil des natürlichen Lebensflusses und fühle mich sicher und geborgen darin, denn ich weiß, dass mir alles, was ich brauche, zur richtigen Zeit zur Verfügung steht. Ich bin erfüllt von Dankbarkeit, wenn ich meine gegenwärtige Lebenssituation betrachte. Ich bin erfolgreich. Mein innerer Reichtum manifestiert sich automatisch in materiellem Wohlstand, in dem ich all das habe, was ich zum Leben brauche. Dieser Wohlstand ist verbunden mit der Gewissheit, dass genug für alle da ist und dass alles im Leben seine natürliche Ordnung hat.

HEILUNG

Ich bin mir zutiefst bewusst, dass alles eins ist. Jederzeit bekomme ich den richtigen Impuls, um die Heilung zu begleiten und zu vollenden. Alle Blockaden und Energien, die eine Heilung verhindern könnten, zeigen sich sofort und werden durch das Bewusstsein transformiert. Alle Blockaden und Schleier, die meine Wahrnehmungen und Heilungen bisher behindert haben, sind entfernt. Ich nehme klar und deutlich wahr und bin geführt. Ich habe Zugang zu allen Erfahrungen aus allen Inkarnationen und Parallelrealitäten, die jetzt nützlich sind und dem höchsten Wohl aller Beteiligten dienen.

PARTNERSCHAFT

Ich bin die optimale Lebenspartnerin/der optimale Lebenspartner für meinen Wunschpartner/meine Wunschpartnerin. Wir lieben und akzeptieren uns bedingungslos, genau so, wie wir sind. Gemeinsam erleben wir die Liebe auf allen Ebenen in ihrer höchsten und reinsten Form. Wir sind zutiefst erfüllt und glücklich.

BEZIEHUNGEN

Weil ich von Liebe erfüllt bin, ziehe ich nur die Menschen und Situationen an, die meinem höchsten Wohl dienen, mich stärken, nähren und aufbauen. Alle meine Beziehungen basieren auf Liebe, Harmonie, Respekt, Ehrlichkeit und Vertrauen. All die Liebe, die ich gebe, kommt vermehrt zu mir zurück. Ich bin für die Menschen, die mit mir in Kontakt kommen, ein wahrer Segen. Es fällt mir dabei leicht, meinen eigenen Verantwortungsbereich und den der anderen klar zu erkennen und zu respektieren und das auch meinem Gegenüber liebevoll aufzuzeigen. Meine Liebe und Verbindung zu allem vertiefen sich mehr und mehr. Ich fühle die Schönheit der Schöpfung und kreiere dadurch immer mehr davon.

JETZT

Jetzt ist der Moment der Kraft. Ich erlaube mir, jeden Moment im Jetzt bewusst zu erleben. All meine Gedanken und Wege sind von Klarheit und Liebe erfüllt und stehen mir offen. Ich nutze Herausforderungen als Chance zu persönlichem Wachstum und bewältige sie leicht und spielerisch. Ich übernehme die volle Verantwortung dafür und erschaffe mir die Realität, die ich wirklich will, bewusst selbst.

QUELLBEWUSSTSEIN

Ich bin ständig mit der Quelle verbunden. Auf jeder Ebene meines Seins drücke ich diese Verbindung und Erfahrung aus und erhelle damit mein Leben. Ich finde immer die richtigen Worte und bin dabei kreativ und frei. Ich erkenne die Göttlichkeit in mir selbst und in allem anderen. So fällt es mir leicht, mich selbst und andere zu beobachten und jederzeit transformierend wirken zu können. Die Visionen, die ich im Quellbewusstsein erhalte, sind klar und deutlich, und ich arbeite intuitiv und erfolgreich damit. Ich erlaube der Quelle, mich auf meinem Lebensweg zu führen und ihn dabei klar und deutlich zu erleuchten, sodass ich voller innerer Klarheit meine Bestimmung leben kann.

Angereichert mit diesen kraftvollen inneren Überzeugungen, kommst du mit einem einzigen Ausatmen wieder in deinem Herzzentrum an.

In deinem alltäglichen Leben kannst du nun Zeuge sein, wie diese kraftvollen Veränderungen für dich arbeiten und sich mit jedem Tag in den unterschiedlichsten Situationen und Gefühlen manifestieren. Wenn du es erlaubst, kannst du mehr und mehr spüren, wie das Quellbewusstsein dich leitet und erfüllt. Ich wünsche dir viel Freude dabei!

GEFÜHLE

Für ein harmonisches, glückliches Leben in Gesundheit benötigen wir eine gewisse »Grundausstattung« an Gefühlen, wie bedingungslose Liebe, Urvertrauen, Gesundheit. Wenn in unseren frühen Jahren alles perfekt lief, stehen unsere Chancen gut, dass wir diese »Grundausstattung« zum größten Teil in uns haben, denn sie wurde einmal in uns angelegt. Das bedeutet nicht, dass wir uns *ständig* so fühlen, sondern dass sie auf ganz selbstverständliche Art da ist und wir *in der Lage* sind, sie zu fühlen. So haben wir eine gesunde Basis, auf die wir jederzeit zurückgreifen können und auf der unser Weltbild aufbaut, da wir durch die inneren Anlagen wiederum in Resonanz mit Energien im Außen gehen.

Leider läuft jedoch bei den wenigsten Menschen in den ersten Lebensjahren alles perfekt. Jede Abweichung von »perfekt« bedeutet, dass man ein wichtiges Gefühl nicht erleben und somit nicht in sich anlegen konnte und dafür wahrscheinlich ein »negatives« Gefühl integriert hat. Wenn zum Beispiel ein Kind direkt nach der Geburt zur Adoption freigegeben wurde, hat es essenzielle Gefühle wie *Erwünschtsein* oder *Mutterliebe* in der entscheidenden Phase der Entstehung nicht kennengelernt. Vielleicht hat es aber dafür die Gefühle *Verlassenheit* und *Trennung* angelegt. Ist ein Kind krank geboren, weiß es nicht, wie sich *Gesundheit* anfühlt. Dafür ist es aber stark mit dem Gefühl *Krankheit* geprägt. Wird ein Kind immer unterdrückt und schlecht behandelt, kennt es nicht das Gefühl von *bedingungsloser Liebe*, von *Respekt* oder ganz einfach *Glück, Freude* oder *Leichtigkeit*. Darauf bauen dann weitere Umstände auf, sodass sich kein gesundes *Urvertrauen* entwickeln kann. Jede ganzheitliche Betrachtung macht die Arbeit mit Gefühlen so unverzichtbar. Wenn wir ein gewünschtes Gefühl integrieren, können »negative« Gefühle oft direkt gehen, ohne dass wir sie extra entfernen müssen. *Liebe* zum Beispiel erhöht das gesamte System derart, dass andere Gefühle sich aus dem System lösen können. Manchmal jedoch ist es erforderlich, dass man zuerst hinderliche Gefühle entfernt, bevor die gewünschten Gefühle angenommen werden.

Du kannst mit Gefühlen genauso arbeiten, wie du es inzwischen gewohnt bist: Unerwünschtes wird *transformiert,* Erwünschtes *integriert.* So empfehle ich dir, als Erstes mit den folgenden Tabellen zu arbeiten und diese eventuell noch zu ergänzen, um dann die negativen Gefühle zu transformieren und die positiven zu integrieren. Du kannst sie einzeln oder auch alle zusammen verändern – wie es dir am liebsten ist.

Im Alltag oder auch in THEKI-Sitzungen werden dir dann vielleicht noch hier und da einzelne Gefühle bewusst, die du bearbeiten möchtest. Dann kannst du auch mit dem Kurzbefehl »ersetzen« arbeiten.

Transformieren von »negativen« Gefühlen

Am Anfang müssen immer die Traumen, die solche Gefühle ausgelöst haben, transformiert werden. Dann können die gewünschten Gefühle entlassen werden. Ein kleiner Auszug:

Schmerz	Hoffnungslosigkeit	Rache
Versagen	Ignoranz	Geringschätzung
Nervosität	Jähzorn	Respektlosigkeit
Hass	Krankheit	Mangel
Ängstlichkeit	Leiden	Schuldgefühle
Betrug	Ungerechtigkeit	Minderwertigkeit
Verwirrung	Ablehnung	Verzweiflung
Depression	Verrat	Sorgen
Selbstmitleid	Lieblosigkeit	Einengung
Verlust	Einsamkeit	Stress
Drama	Lügen	Ungeduld
Eifersucht	Unzufriedenheit	Schikane
Langeweile	Demütigung	Ärger
Selbstzweifel	Misstrauen	Unterlegenheit
Enttäuschung	Fremdbestimmung	Schock
Faulheit	Neid	Verbitterung
Gewalt	Ohnmacht	Egospiele
Gleichgültigkeit	Unsicherheit	Vergesslichkeit
Verklemmtheit	Passivität	Zurückweisung

Anmerkung: Obwohl all diese Gefühle letztendlich einer einzigen Macht zuzuordnen sind, nämlich der Angst, leben wir hier in der Dualität und empfinden solche Gefühle als real. Manche der Gefühle, egal ob »positiv« oder »negativ«, sind uns nicht bewusst, werden uns aber im Außen durch Lebensumstände und Mitmenschen gespiegelt. Wenn du also respektvoll behandelt werden möchtest, ist es hilfreich, die *Respektlosigkeit* zu transformieren und den *Respekt* zu integrieren.

Verbinde dich mit der Quelle.
Befehl: … transformieren.
Jetzt bezeuge, wie es geschieht.

Integrieren von »positiven« Gefühlen

Du kannst Gefühle in Sekundenschnelle einfließen lassen und in dein Sein integrieren. Beeindruckend schnell und einfach können hier Veränderungen auf allen Ebenen (Körper – Geist – Seele) bewirkt werden, die in der Regel sofort spürbar sind. Es ist, als hättest du dieses Gefühl wirklich in seiner Vollständigkeit erfahren.

Liebe	Genährt sein	Heilung
Liebenswürdigkeit	Freundschaft	Balance
Urvertrauen	Frieden	Dankbarkeit
Selbstakzeptanz	Sicherheit	Ehrlichkeit
Selbstvertrauen	Souveränität	Bewusstsein
Selbstliebe	Unabhängigkeit	Erleuchtung
Selbstbewusstsein	Verständnis	Geborgenheit
Loslassen	Vertrauen	Anerkennung
Hellfühlen	Mitgefühl	Respekt
Hellhören	Motivation	Vergebung
Hellwissen	Mut	Vollkommenheit
Hellsehen	Ganzheitlichkeit	Schönheit
Mutterliebe	Erfolg	Ruhe
Vaterliebe	Reichtum	Entspannung
Erwünscht sein	Gesundheit	Gelassenheit

Optimismus	Sicherheit	Intuition
Präsenz	Freiheit	Klarheit
Leichtigkeit	Herzlichkeit	Integrität
Glück	Freude	Humor
Harmonie	Wertschätzung	Leichtigkeit
Zuhören	Sein	Lebenslust
Stabilität	Wahrheit	Vollendung

Verbinde dich mit der Quelle.
Befehl: ... integrieren.
Jetzt bezeuge, wie es geschieht.

Bezeuge, wie das Gefühl wie ein Wasserfall durch das Kronenchakra in den Körper einfließt und sich dort verteilt, in jede
Zelle des Körpers und in alle Energiekörper. Du kannst auch
vereinzelt in bestimmten Situationen wirken, zum Beispiel wenn
du die Vergebungssätze sprichst und dabei merkst, dass du dich
schwer damit tust, dann integriere das Gefühl *Vergebung*. Du
wirst feststellen, dass es sofort leichter geht. Wenn dir ein einzel-
nes Gefühl begegnet, das du bearbeiten möchtest, kannst du es
auch direkt ersetzen, zum Beispiel Unklarheit in Klarheit:

Verbinde dich mit der Quelle.
Befehl: ... ersetzen durch ...
Jetzt bezeuge, wie es geschieht.

PROGRAMME

Die Arbeit mit THEKI ermöglicht es uns, ganze *Programme* zu verändern. Programme sind Mechanismen oder auch Verhaltensmuster, die sich uns in bestimmten Situationen »aufschalten« und uns daran hindern, frei und selbstbestimmt zu reagieren: Wir spulen immer dieselbe Reaktion ab, obwohl wir uns gerne anders verhalten möchten. Solche Programme können wir inklusive aller begleitenden Mechanismen entfernen und durch ein anderes ersetzen. Zwar entstehen solche Programme hauptsächlich durch Traumen und lösen sich zu einem großen Teil mit ihnen auf, wenn wir sie transformieren. Trotzdem können noch Programme vorhanden sein, denn sie wurden so oft und komplex ausagiert, dass sie eine Eigendynamik entwickelt haben und deshalb auch ohne das zugrunde liegende Trauma existieren können.

Programme beinhalten wiederum die Programmierung der Quantenfelder (siehe Seite 248), bestimmte Gefühle und innere Überzeugungen. Wenn du diese transformierst oder sogar ganz neue erschaffst, die unterstützend wirken, dann erreichst du einen sehr großen Bereich in dir.

Wie erkenne ich Programme?

Es ist ganz einfach, die eigenen Programme zu erkennen, wenn man erst einmal verstanden hat, was ein Programm ist. Du kannst dir einfach mal gedanklich – oder auch mit Stift und Papier bewaffnet – einzelne Lebensbereiche vornehmen und dabei für dich überprüfen, ob es Situationen gibt, in denen du dich nicht im Griff hast oder auch immer gleich verhältst, obwohl du das vielleicht gar nicht möchtest.

Beispiele

BEREICH PARTNERSCHAFT

- Ständig am Partner herumnörgeln, obwohl man sich gern liebevoller verhalten möchte
- sich schnell angegriffen fühlen
- sexuell blockiert sein und dem Partner etwas vorspielen.

BEREICH BERUF

- In Stresssituationen immer aggressiv reagieren, obwohl man gerne souverän und ruhig wäre
- in Konfrontation mit autoritären Menschen unterwürfig und ruhig werden und sich nicht verteidigen können, nicht für sich einstehen, sich wie ein kleines Kind fühlen
- ausgerechnet in Situationen, in denen alles gut laufen soll, geht immer alles daneben
- in Prüfungssituationen ein Blackout haben
- rot werden, wenn man einen Vortrag halten soll.

Weitere Lebensbereiche, die es zu überprüfen gilt, wären zum Beispiel Gesundheit, Freundschaften, Familie, der eigene Körper, Kinder und viele mehr.

Programme transformieren

Hast du deine begrenzenden Programme aufgespürt? Dann kannst du sie jetzt transformieren oder auch direkt durch erwünschte Programme ersetzen:

Verbinde dich mit der Quelle.
Befehl: Programm ... transformieren.
Jetzt bezeuge, wie es geschieht.

Wenn du möchtest, kannst du auch ein anderes Programm dafür eingeben, zum Beispiel dich liebevoll zu verhalten oder souverän zu sein oder was auch immer dir passend erscheint:

Verbinde dich mit der Quelle.
Befehl: Programm ... ersetzen durch Programm ...
Jetzt bezeuge, wie es geschieht.

Programme erschaffen

Das Erschaffen von Programmen ist ein geniales Werkzeug, mit dem ich sehr viel arbeite. Du kannst dir ein Programm durch die Quelle *erstellen* lassen, das alle Komponenten beinhaltet, die du brauchst, um dein Ziel zu erreichen. So kannst du dich gezielt in bestimmten Projekten oder auch Lebenszielen unterstützen. Die Quelle weiß genau, was du brauchst, welche Glaubenssätze dich positiv unterstützen, welche Gefühle bisher noch fehlten und integriert werden müssen, an welche Quantenfelder (siehe Seite 248) du dafür angeschlossen sein solltest und wird dies alles – und noch viel mehr – für dich tun.

Ein Beispiel:
Du erschaffst im Quellbewusstsein ein Programm, das dich dabei unterstützen soll, eine glückliche Partnerschaft zu führen. In diesem Programm sind nun nicht nur Gefühle wie bedingungslose Liebe, Glück, Treue, Harmonie, erfüllte Sexualität enthalten, sondern auch hilfreiche Glaubenssätze, wie zum Beispiel »Ich lebe glücklich und erfüllt mit meinem Idealpartner« sowie die Programmierung an Quantenfelder wie beispielsweise glückliche Beziehungen, Vertrauen, Erfüllung usw.

Verbinde dich mit der Quelle.
Befehl: Programm erschaffen für ... und sofort und dauerhaft abspielen.
Jetzt bezeuge, wie es geschieht.

QUANTENFELDER

Quantenfelder sind – bezogen auf die Arbeit mit THEKI – sich selbst organisierende, flexible »Informationswolken«. Für jeden nur denkbaren Bereich oder Zustand gibt es ein Feld, das ständig erweitert und auf das ständig zugegriffen wird. Zum Beispiel das Feld »Glückliche Beziehungen«. Hier sind alle Informationen, Gefühle, Gedanken, Verhaltensmuster, Glaubenssätze, Programme, Verbindungen, Fähigkeiten und vieles mehr enthalten, was Menschen, die in glücklichen Beziehungen leben, dort jemals eingespeist haben. Gleichzeitig vernetzt sich dieses Feld mit »verwandten« Feldern wie Liebe, Freude, Lachen, Kinder, glückliche Familie, Freundschaften, erfüllte Sexualität usw. Das sind unvorstellbar große Datenbanken, also Felder bestehend aus reiner Information. Wer es schafft, solche Felder anzuzapfen, der kann sich blitzschnell über alle »Beziehungsprobleme« erheben und sich in einer völlig neuen Realität wiederfinden.

Da alles in unserem Universum inklusive uns selbst aus reiner Energie besteht, ist diese Energie auch überall vorhanden. Nichts geht verloren, es verändert lediglich seine Form. Aus diesem Grunde können wir uns mit jeglicher Energie = Information verbinden. Im Falle der Quantenfelder sind es große Informationsfelder, die wir »anzapfen« können. Es gibt Felder für gute oder schlechte Jobs, Pechvögel, Probleme, Lösungen, Leben im Fluss, Verlierer, Mangel, Kampf, Fülle, Sieger, Gesundheit, Glück, Wahnsinn, Hellsichtigkeit und alles nur Erdenkliche. Auch für das Kollektivbewusstsein oder das Einheitsbewusstsein. Es gibt ein Feld für jeden Beruf, jeden Bewusstseinszustand, jede Wissenschaft, jede Krankheit, für jedes Hobby, jede Heilmethode, jeden Menschen, jede Tierrasse und jede Religion. Selbst jede Marke hat ein Feld, jede Erfindung, jede Stadt, einfach alles. Natürlich gibt es auch ein »THEKI-Quantenfeld«, in dem alle Informationen über THEKI gespeichert sind: alle Techniken, alle Erfahrungen und alle Möglichkeiten. Jeder, der sich in das THEKI-Feld einklinkt, kann die dort gespeicherten Fähigkeiten und Möglichkeiten erhalten, sie anwenden und damit alle Erfolge erzielen, die jemals mit THEKI erzielt wurden. Wenn es jemandem gelingt, darüber hinauszugehen, also etwas Neues einzuspeisen, was noch keiner gemacht hat, dann erweitert sich das Feld, und alle anderen können wiederum darauf zugreifen. Dieses Feld ist ebenfalls verbunden mit unzähligen verwandten Feldern wie Heilung, Liebe, Information, Theta-Zustand, Licht, Glück, Freude, Gesundheit, Freiheit, Entwicklung, Erleuchtung sowie mit den Feldern ähnlicher Heilmethoden und Möglichkeiten. Sobald du mit THEKI arbeitest, dieses Buch hier liest oder die »Reise« machst, bist du in all das und noch viel mehr eingeklinkt. Kannst du dir die Chancen vorstellen, die du dadurch hast? Sie sind unendlich.

Natürlich hat auch jedes Land sein eigenes Feld. Es herrscht eine bestimmte Sprache und Mentalität, Friede oder Krieg, Armut oder Reichtum, eine bestimmte Politik. Lebt man in diesem Land oder ist es das Heimatland, so ist man dort auch eingeklinkt. Geht man dorthin in den Urlaub, klinkt man sich kurzfristig ein, selten, aber dauerhaft. Das ist auch der Grund, warum wir uns im Urlaub Dinge kaufen wie Kleidung, Schmuck, Wein, Süßigkeiten oder auch Dekoartikel, die uns zu Hause gar nicht mehr gefallen oder schmecken. Kennst du das auch? Wandert man aber in das Land aus, wird die Verbindung immer stärker. So erklärt es sich auch, warum man nicht nur Sprache, Essen und Umstände immer natürlicher annimmt, sondern manchmal auch die Mentalität und sogar die Vorstellung von Schönheit oder Geschmack. Man wird immer mehr zu dem, was im Feld ist. Auch politische Parteien oder Vereine haben ihr Feld. Das ist der Grund, warum Menschen, die hier in denselben Quantenfeldern eingeklinkt sind, sich ständig gegenseitig bestätigen und deshalb auch glauben, sie seien die Einzigen, die »recht« haben oder die »Wahrheit« kennen. Auf dieser Ebene und in genau diesem Schwingungsfeld ist genau das die Wahrheit. Doch in anderen Feldern ist etwas anderes die Wahrheit. Deshalb gibt es viele Wahrheiten und Realitäten. Dabei ist es ganz egal, ob wir von Religionen sprechen oder von Mentalitäten, von Stilrichtungen oder Moralvorstellungen, Askese oder Genuss, Lust oder Sünde – jedes Feld hat seine eigene Schwingung und somit seine eigenen Informationsmuster an Gedanken und Gefühlen. Kaufst du ein Billigprodukt, das unter unmenschlichen, oft krank machenden Bedingungen in einem armen Land hergestellt wurde, dann klinkst du dich automatisch in die damit verbundenen Felder ein wie Kinderarbeit, Armut, Mangel, Krankheit, Hoffnungslosigkeit, schlechter Job, Existenzangst, Profitgier, Ausbeutung, Ungerechtigkeit.

Sport kann regelrecht süchtig machen, wenn man erst einmal im Feld eingeklinkt ist. Schaust du dir einen Film an, klinkst du dich in das Feld dieses Themas ein. Sprichst du mit anderen Menschen, klinkst du dich ein, und zwar nicht nur in deren Feld, sondern auch in die Felder der Themen, über die gesprochen wird. Und in die Felder der Motivationen deines Gesprächspartners. Manchmal ist die zugrunde liegende Motivation einer Person, dich zu manipulieren oder über eine dritte Person zu urteilen oder ganz einfach zu klatschen. Auch wenn du nicht aktiv daran beteiligt bist, klinkst du dich in diese Felder ein, wenn du nicht bewusst bist. Wichtig ist es mir, den *Diagnoseschock* anzusprechen. Stellt ein Arzt eine bestimmte Diagnose, so kann das sehr niederschmetternd für den Patienten sein. Automatisch klinkt er sich in das Feld der Krankheit ein, das wiederum mit verwandten Feldern verbunden ist. Am Beispiel »Krebs« wären das die Felder Krebs, Krankheit, Tod, Chemotherapie, Bestrahlung, Operation, Haarausfall, Schmerzen, Hoffnungslosigkeit usw. Durch jeden Arztbesuch, jede Medikamenteneinnahme, jedes Gespräch mit anderen über die spezielle

Krankheit werden die Felder bestätigt und verstärkt. Um in die Heilung zu kommen, ist es wichtig, dieses Trauma aufzulösen und sich gezielt aus diesen Feldern aus- und in neue Felder der Gesundheit einzuklinken.

Mit fortgeschrittener Entwicklung kannst du ganz bewusst entscheiden, in welche Felder du eingeklinkt sein willst und in welche nicht. Du erkennst an deinen aktuellen Gedanken und Gefühlen immer schneller, wenn du dich in ein Feld niedriger Schwingung eingeklinkt hast, und kannst dich bewusst wieder ausklinken und lieber mit erfreulicheren Feldern vernetzen. Auch hier ist das Schlüsselwort: Bewusstsein. Beobachte dich, dann erkennst du.

Klinkst du dich bewusst in ein Feld ein, kannst du viel schneller erreichen, was du vorhast, zum Beispiel eine Sprache lernen oder auch deine Leistung in einer bestimmten Disziplin steigern. Ich habe hervorragende Erfahrungen gemacht mit Kindern, die Defizite in bestimmten Schulfächern hatten. Waren sie in dem Feld erst einmal eingeklinkt, wurden die Noten signifikant besser. Sinnvoll ist eine Erweiterung durch Felder wie zum Beispiel Konzentration, Superlearning, Freude am Lernen, gute Noten, Erfolg. Wenn man feststellt, dass man aufgrund vermehrter Ausgaben und sinkenden Kontostandes im »Mangelbewusstsein« gelandet ist und damit weitere Ausgaben angezogen hat, tut man gut daran, sich in das »Füllebewusstsein« einzuklinken. Durch die Quantenfelder ist auch das Phänomen erklärbar, dass Menschen, die an derselben Sache arbeiten, oft zur gleichen Zeit die zündende Idee haben. Sie sind beide in das Feld eingeklinkt und haben Zugriff auf alle Informationen, auch die der Menschen, die ebenfalls eingeklinkt sind. Es haben sich schon einige Forscher in die Haare bekommen, weil sie den jeweils anderen beschuldigten, ihre Idee gestohlen zu haben.

Um dich wirklich *dauerhaft* mit bestimmten Quantenfeldern zu verbinden, benötigst du eine entsprechende Schwingung, damit du in Resonanz zu ihnen bist. Denn du zapfst diese Felder mit deinem ganzen Sein an, also mit deinen Gefühlen, Gedanken und auch den unbewussten Programmen und Überzeugungen. Deshalb ist die Vorarbeit, wie du sie mit den bisherigen THEKI-Techniken geleistet hast, so wichtig. Wenn du also die Grundreinigung gemacht, einige Traumen gelöst sowie innere Programme und Überzeugungen positiv verändert hast, dann fällt es dir immer leichter, dauerhaft in die erwünschten Felder eingeklinkt zu bleiben. Du gehst einfach in Resonanz damit, weil in dir nichts ist, was das verhindert. In Resonanz mit etwas zu sein bedeutet, es selbst zu verkörpern. Es zu *sein*.

Verbinde dich mit der Quelle.
Befehl: Quantenfelder ... ersetzen durch Quantenfelder ...
Jetzt bezeuge, wie es geschieht.

Wenn du in einer aktuellen Situation ein Quantenfeld wahrgenommen hast, in das du nicht mehr eingeklinkt sein möchtest, oder dir fällt gerade eines ein, in das du dich einklinken willst, dann reicht es auch so:

Verbinde dich mit der Quelle.
Befehl: Ausklinken! bzw. Einklinken!
Jetzt bezeuge, wie es geschieht.

In der Regel kannst du wahrnehmen, wie die Verbindungen zu den unerwünschten Feldern durchtrennt und neue Verbindungen zu den erwünschten Feldern hergestellt werden. Vielleicht unternimmst du auch eine kurze Reise durch das Gehirn und beobachtest, wie neue Synapsen hergestellt und andere aufgehoben werden.

WÜNSCHE UND ZIELE:
MANIFESTIERE DEINEN ERFOLG

Im Universum gibt es alles. Jederzeit. Das konditionierte Ego schließt viele Möglichkeiten aus und sagt uns, dass dies oder jenes nicht möglich ist. Das ist aber nur die Wahrheit des Egos. Dein wahres Selbst ist mit allem verbunden. Durch diese Verbundenheit im Quellbewusstsein, gepaart mit deiner Intention, kannst du allem Erwünschten helfen, die Tore zu deiner Realität zu durchschreiten.

Du erschaffst mit deiner gesamten inneren Ausrichtung deine Realität. Wie das genau funktioniert, weißt du jetzt schon, da du dieses Buch gelesen hast. Unsere gesamte innere Ausrichtung beinhaltet unsere Gedanken und Gefühle, aber auch unbewusst ablaufende Programme und Überzeugungen. Das alles senden wir ständig aus, und damit erschaffen wir unsere Realität. Leider geschieht dieses Erschaffen meist unbewusst: Oft malt man sich seine Sorgen in den buntesten Farben aus oder ruft sich ständig unangenehme Ereignisse in Erinnerung. Durch diese Vorstellungen entstehen in der Folge auch die damit verbundenen unangenehmen Gefühle. Und so manifestierst du genau die Dinge, die du eigentlich *nicht* in deinem Leben haben möchtest.

Wie gesagt, dein Unterbewusstsein wertet nicht, ob das, was du denkst, gut oder schlecht ist. Es sagt bei allem, was du durch Gedanken und Gefühle abschickst: »In Ordnung, wird erledigt.« Deshalb ist es natürlich vor allem in deinem Alltag wichtig, auf deine Gedanken und Gefühle zu achten. Machst du dir Sorgen um deine Finanzen und glaubst, nicht gut über die Runden zu kommen: »Wird erledigt.« Stehst du morgens mit dem falschen Fuß auf und glaubst, dies wird ein miserabler Tag werden: »Wird erledigt.« Fühlst du dich einsam und glaubst, dass niemand dich liebt: »Wird erledigt.« Glaubst du, im Leben immer um alles kämpfen zu müssen: »Wird erledigt.« Das erscheint hart, ist aber sehr gerecht. Denn du kannst dir diesen Vorgang auch umgekehrt mit positiven Gedanken und dem Gefühl der Freude zunutze machen: Heute ist mein Glückstag: »Wird erledigt.« Ich bin dankbar und glücklich über diese Herausforderung und werde sie mit Leichtigkeit meistern: »Wird erledigt.« Ich bin schön: »Wird erledigt.« Ich bin geheilt: »Wird erledigt.«

Du entscheidest, was du willst, und überlässt es dann der Intelligenz der Quelle, wie sie dich dorthinbringt. Bewusst oder unbewusst. Tu es lieber von jetzt an bewusst. Das wird deinem Leben ziemlich guttun. Genau genommen wirst du dein gesamtes Leben auf diese Weise revolutionieren können.

Sobald der Geist auf ein Ziel gerichtet ist,
kommt ihm vieles entgegen.

JOHANN WOLFGANG VON GOETHE

Wenn du dich durch dieses Buch gearbeitet und dich selbst gereinigt und positiv neu programmiert hast, dann stehen deine Chancen sehr gut, dass du jetzt mit Leichtigkeit Erwünschtes in dein Leben ziehst. Wenn du dein ganzes Sein nur noch auf das Höchste ausrichtest und nicht mehr zweifelst, dann folgen deine Gefühle dieser Kraft, und das Erwünschte muss sich in deinem Leben manifestieren.

Das Wichtigste beim bewussten Manifestieren ist das *Bezeugen*. Am besten bezeugst du mit allen Sinnen: sehen, hören, wissen, fühlen. Wenn du das Erwünschte so bezeugst, als hättest du es schon in deinem Leben, gepaart mit der ganzen Freude darüber, dann verschränkst du dich damit und holst es nach dem Gesetz der Anziehung in dein Leben.

> *Glaubet nur, ihr habet schon erhalten,*
> *und ihr werdet erhalten!*
>
> JESUS

Bezeuge, wie es ist, es schon zu *haben*. Wenn du das tust, dann folgt das ganze Universum deinem Plan. Denn worauf du dich konzentrierst, voller Freude und mit ganzem Herzen, dahin fließt die gesamte Energie, und das Fokussierte gewinnt mehr und mehr an Kraft!

Viele Menschen möchten mit dem Manifestieren ihr materielles Hab und Gut auffüllen. Das ist durchaus möglich, denn alles ist Energie, und es wird kein Unterschied gemacht zwischen einem Parkplatz, einem neuen Auto oder dem perfekt passenden Seelenpartner. Alles ist möglich, wenn du es für möglich halten kannst. Es ist auch überhaupt nichts »Falsches« dabei, sich mit schönen Dingen zu umgeben, solange sie dir dienen – und nicht umgekehrt. Wenn du diesen Grundsatz beherzigst, dann umgib dich mit schönen Dingen, genieße sie, freue dich, aber verliere nie aus den Augen, dass sie dich *erfreuen* sollen. Wenn sie das einmal nicht mehr tun, weil zum Beispiel viel Arbeit damit verbunden ist, dann ordne dich wieder neu und erschaffe bewusst das, was du jetzt möchtest. Das ist aus meiner Sicht der ursprüngliche Grund der Askese: keine Ablenkung, dem Ego erst gar nicht die Chance geben. Aber wenn du einen Skorpion einsperrst und dann nach einem Jahr sagst, dass er nicht gefährlich ist, weil er dich nicht gebissen hat, dann macht das wenig Sinn. Er hatte ja keine Gelegenheit dazu. Du überwindest das Ego nicht, indem du alles, was dich vom Bewusstsein ablenken könnte, aussperrst. Das macht es vielleicht erst einmal leichter, einfacher, aber du lernst es so nicht, du entwickelst dich nicht. Stelle dich den Herausforderungen, sei bewusst, erkenne die Fallen des Egos und überwinde sie!

Wenn du also Materielles erschaffen möchtest, dann sei ein Meister der Materie. Es geht nicht darum, dich von der Materie abzuwenden, sondern sie zu meistern. Ein erfülltes Leben, das die Spiritualität in vollen Zügen lebt, jedoch auch in der materiellen Welt zu Hause sein kann, ist möglich. Jedoch findet dieses Leben – geläutert und gereinigt – auf einer viel höheren Ebene statt, als du es bisher wahrscheinlich kanntest. Denn die Dinge im Außen befriedigen auch das Außen, also das Ego. Wenn du wirklich Meister deines Lebens geworden bist und dich über das Ego erhoben hast, dann wird dir das alles nicht mehr so wichtig sein. Wie wäre es also, wenn du lieber Qualitäten wie Licht, Liebe, Harmonie und Ausgeglichenheit in dein Leben ziehst? Das kannst du zum Beispiel so formulieren: »Jeder Tag ist mein Glückstag.« – »Ich stehe in liebevoller Verbundenheit zu allem.« – »Täglich geschehen Wunder in meinem Leben.« – »Ich bin ein glückliches, voll bewusstes Wesen«…

So umgehst du dein Ego ganz geschickt, und es verwirklichen sich sowieso nur die Dinge, die du dir wünschst, denn sonst wäre das kein Glückstag, oder?

Unsere Träume können wir erst dann verwirklichen,
wenn wir uns entschließen, daraus zu erwachen.

JOSEPHINE BAKER

Grundsätze zum Manifestieren:
Prüfe dich genau!

- Sende eine klare Intention. Wenn du es ausformulierst, sage: »ICH BIN ..,« und »ICH HABE ...« Das sind die Worte, die dich mit deiner inneren Schöpferkraft verbinden. Wenn du »Ich wünsche mir« sagst, manifestierst du den Wunsch.

- Das Geheimnis liegt darin, so zu tun, als hättest du es schon. Fühle die Dankbarkeit!

- Mach dir keine Gedanken darüber, wie das Erwünschte in deine Realität kommt. Überlasse das dem Leben. Konzentriere dich nur auf das Ergebnis und die Freude.

- Du kannst grundsätzlich alles manifestieren, was du dir wirklich wünschst, denn unsere tiefsten Herzenswünsche und Sehnsüchte sind auch unsere Möglichkeiten. Deshalb manifestiere nicht irgendetwas, sondern das, was dein Herz will. Das kannst du auch bekommen. Trau dich, deine geheimsten, intimsten Wünsche wahr werden zu lassen. Horche ganz tief in dich hinein. Und sei ganz ehrlich mit dir.

- Gehe keine Kompromisse ein. Streiche Sätze wie: »Das möchte ich gern, wenn es geht, und sonst nehme ich eben das andere.«

- Prüfe deine im Untergrund mitlaufenden Gedanken: Glaubst du wirklich, dass du das wert bist und verdient hast? Oder fühlst du dich schuldig und meinst, es in Wahrheit nicht verdient zu haben? Positives Denken allein reicht nicht aus: Wenn du dir etwas *einredest,* was du dir selbst nicht glauben kannst, dann schau genauer hin.

- Klinke dich in die Quantenfelder »Erfüllung« und »Vollendung« ein sowie in alle Felder, die deinen Themen dienen.

- Beschränke dich nicht durch selbst auferlegte Bedingungen, wie zum Beispiel »Dann höre ich auf zu rauchen«, sondern geh mit deinen Wünschen ganz einfach und natürlich um. Andernfalls begrenzt du dich selbst, indem du die Erfüllung deines Wunsches blockierst, damit du beispielsweise nicht aufhören musst zu rauchen.

- Prüfe die *Gefühle,* die du beim Manifestieren hast. Sie zeigen deine Motivation. Manifestierst du voller Freude und Liebe diese neue Bereicherung deines Lebens? Oder möchtest du im Grunde etwas *vermeiden?* Liebe? Oder Angst?

Manifestiere aus Liebe zu den Dingen und nicht aus Begehrlichkeit. Sei dir klar über deine Motivation, sonst schickst du den inneren Mangel ab und erzeugst noch mehr davon. Prüfe deine Motivation genau, denn deine Motivation wird zur Manifestation. Manifestiere aus Liebe *zu* den Dingen und nicht aus Begehrlichkeit. Stelle sicher, dass du das liebevolle, freudige Gefühl spürst, wenn du etwas in dein Leben ziehst. Sei dir klar über deine Motivation. Wer aus Gier manifestieren will, der erzeugt noch mehr Gier und befriedigt damit nur kurzfristig das Ego. Prüfe deine Motivation ganz genau, denn deine Motivation wird zur Manifestation.

Das Gefühl beim Manifestieren ist genauso wichtig wie der Befehl und das Bezeugen. Wenn du das Gewünschte visualisierst, dabei aber Angst fühlst, dann wird höchstwahrscheinlich nicht das eintreffen, was du dir wünschst, sondern das, was du als Gefühl ausgesendet hast. Im besten Fall gar nichts. Deshalb prüfe dich selbst ganz genau und sei kompromisslos ehrlich zu dir selbst.

> *Wenn du Gerste anbaust,*
> *dann hoffe bei der Ernte nicht auf Weizen.*
> RUMI

Verbinde dich mit der Quelle.
Befehl: Manifestation von …
Jetzt bezeuge, wie es geschieht.

Visualisiere die Situation, sieh dich selbst und andere beteiligte Personen, spüre die Freude und das Glück und die Dankbarkeit, die dich aufgrund dieser positiven Entwicklung erfüllen. Beobachte dich in verschiedenen Situationen, wie du mit dem Erreichten umgehst und wem du davon erzählst.

Werde es. Sei es. Das ist die Königsdisziplin. Du stellst es dir nicht nur vor, sondern du verbindest dich vollkommen damit, du *lebst und bist es.* Wie gut das funktioniert hat, wird dir dein Leben spiegeln.

KAPITEL 7:
IM ECHTEN LEBEN

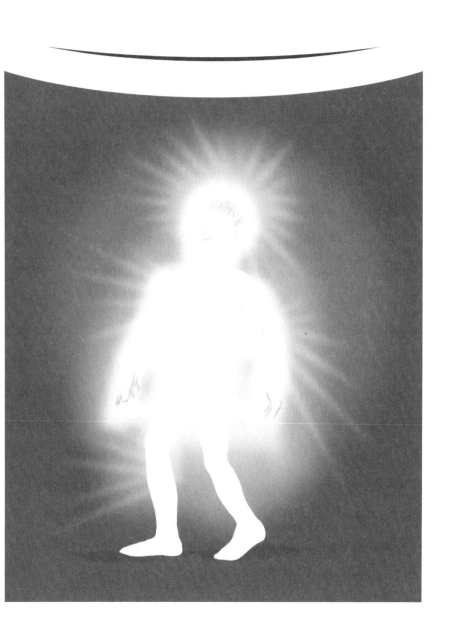

HILFREICHES ZU DEINER ENT-WICKLUNG

Die nachfolgenden Texte möchte ich dir mit auf den Weg geben. Es sind Qualitäten und Werte, die meiner Meinung nach sehr wichtig für unser Leben und unsere Entwicklung sind, aber es sind auch Antworten auf Fragen, die mir von Klienten und in Seminaren gestellt wurden. Sie haben es verdient, dass man einmal ausführlich über sie nachdenkt und sich bewusst macht, was sie bedeuten.

Deine Ent-Wicklung in Verbindung mit der Quelle

Was über die Quelle eingegeben wird, ist bereits getan. Unter Berücksichtigung des freien Willens sind hier jederzeit Spontanheilungen möglich. Unerwünschte Situationen können verändert, Erwünschtes kann manifestiert werden, und alles trägt die Energie von Liebe und Freude. Entwickelst du dich durch und mit der Quelle, dann darfst du die erhebende Erfahrung machen, keine Angst, keine Wut, keinen Ärger, kein Bedauern und keine Konkurrenz mehr zu spüren. Du verschwendest keine Zeit mehr mit Kritik, Kleinigkeiten, Dramen, Chaos, Mitleid oder Schuldgefühlen. Nach und nach dürfen die Qualitäten in dir wachsen, die das Leben so viel leichter machen. Lebensgeschichten und Glaubenssätze können immer schneller gelesen werden, Energien und Projektionen werden kritikfrei erkannt und transformiert. Du erschaffst *bewusst,* denn du bist dir deiner Gedanken immer bewusster. So kannst du dein Bestes erfahren.

Scheinheiligkeit und spiritueller Hochmut

Auf meinem Weg sind mir viele selbst ernannte »Spiritualisten« begegnet. Ich habe einen Weg für mich gefunden, wie ich einfach alles, was mir begegnet, innerlich segnen kann. An einem bestimmten Punkt angelangt, erkannte ich, dass es rein gar nichts gibt, was nicht liebenswert wäre und nicht zur Schönheit des Ganzen beitragen würde. Jeder, der hier und jetzt inkarniert ist, ist ein Meister. Vielleicht erforscht dieser Meister gerade seine Göttlichkeit und Liebe, vielleicht erforscht er gerade Begrenzung oder Krankheit, Boshaftigkeit oder Unehrlichkeit. In jedem Fall aber ist er ein Meister. Und es ist in Ordnung, genau so, wie es ist. Alles dient letztlich der Entwicklung, der Einheit und Ganzheit. Trotzdem ist Vorsicht geboten, wenn du einem »Beschränkung erforschenden Meister« begegnest. Er begegnet dir vielleicht in der Gestalt eines spirituellen Menschen oder gar Lehrers, möchte dies aber eben nur gerne sein und ist es (noch) nicht. Du erkennst diese Menschen daran, dass sie versuchen, sehr hell und erleuchtet zu erscheinen. Sie kleiden sich manchmal auch entsprechend, ganz in Weiß oder sind reihenweise mit Heilsteinen behängt. Auf jeden Fall aber zeigt sich ein bestimmtes Verhaltensmuster: Sie versuchen, immer das »Richtige« zu sagen, zu wissen, zu essen und zu trinken. An einem bestimmten Punkt erheben sie sich über dich und geben dir zu verstehen, dass sie die Auserwählten sind und du noch viel von ihnen zu lernen hast. Vielleicht formulieren sie alles sehr liebevoll und einfühlsam, aber du spürst vermutlich, dass etwas nicht stimmt. Sie erschaffen durch ihre Art und Weise eine Trennung. Sie sind erleuchtet – und du nicht. Sie wissen Bescheid – und du nicht. Sie sind mit Gott verbunden – und du nicht. Wenn du eine Andeutung machst, dass sie vielleicht selbst noch hier und da etwas an sich zu arbeiten haben oder du anderer Meinung bist, verstehen sie das als Angriff und reagieren entsprechend. Das sind Verhaltensweisen des Egos und haben nichts mit dem wahren Selbst zu tun. Yogananda hat einen wunderbaren Satz dazu gesagt:

Ein sicherer Beweis für Selbstverwirklichung –
für das göttliche Bewusstsein in euch – ist,
wenn ihr wahrhaft und bedingungslos glücklich seid.

YOGANANDA

Lass dich nicht blenden von Titeln und Graden, vergiss alle Zertifikate, die jemand vorzuweisen hat, wenn er nicht authentisch ist! Es gibt so viele Menschen, die unzählige Seminare besucht haben und noch immer nicht weitergekommen sind. Sie haben eine lange, lange Liste an gut klingenden Ausbildungen vorzuweisen. Aber was nützt das, wenn sie noch immer in ihrem Leid feststecken, wenn sie vom Ego beherrscht sind und ihr wahres Selbst unter dieser ganzen Scheinheiligkeit verborgen bleibt? Manche von ihnen können dich mit ihrem theoretischen Wissen vielleicht beeindrucken. Sie können stundenlang über Spirituelles reden und sich selbst in deiner Aufmerksamkeit und Bewunderung sonnen. Doch bedenke: Wer ständig darüber redet, der hat das Ziel noch nicht erreicht. Wer bereits angekommen ist, wird kein solches Verhalten mehr zeigen.

Schau dir die Menschen genau an. Und wenn sie glücklich sind, ihr Leben genießen, sich selbst und andere so akzeptieren und lieben können, wie sie sind, ohne sie ständig »verbessern« zu wollen, wenn sie dich in deine Eigenverantwortung bringen, ohne dein »Guru« sein zu wollen, wenn du dich in ihrer Gegenwart wohl- und energetisiert fühlst, dann wird das eine fruchtbare Begegnung und Zusammenarbeit sein.

Begierde

Es gibt unterschiedliche Arten von Begierden. Sie alle entspringen dem Ego. Viele sind ganz leicht zu erkennen, zum Beispiel Geld- oder Machtgier, also die Gier nach materiellen Dingen. Oder das Begehren, anerkannt und geliebt zu werden. Auch hier wird nur das Ego befriedigt. Es gibt aber auch sehr subtile Formen der Begierde. So bin ich schon einigen Menschen begegnet, die ganz begierig nach Entwicklung und Erleuchtung waren. Das ist ein schmaler Grat. Einerseits sollst du dranbleiben, nicht aufgeben, dich nicht entmutigen lassen, auf die Quelle vertrauen und Schicht für Schicht ablösen, andererseits aber bitte dabei unbedingt bei dir bleiben und nicht ins Außen gehen. Wenn du die Erleuchtung begehrst, steckst du schon wieder im Ego fest. So erreichst du die Erleuchtung ganz bestimmt nicht, so verhinderst du sie! Bleib einfach dran. Aber sei dabei heiter und gelassen. Verbeiße dich nicht.

Demut

Eine wirklich egolose Person ist gar nicht demütig. Sie ist weder demütig noch arrogant. Sie ist einfach nur sie selbst.

Osho

Es ist ein ganz großer Unterschied, ob du von deinem ganzen Wesen her demütig bist oder ob du es bist, weil du glaubst, dass es zu einem spirituellen Menschen dazugehört. Das eine ist dein wahres Selbst, das andere ist Ego und Unterdrückung. Wer wirklich demütig ist, der verkörpert die Demut mit seinem ganzen Sein, er strahlt sie aus und lebt sie. Das ist authentisch. Doch wer glaubt, bestimmte Eigenschaften zeigen zu müssen, um seine eigene Spiritualität auszudrücken, ist wieder einmal dem Ego gefolgt. Wer sogar mit erhobenem Zeigefinger herumläuft und die anklagt, die nicht demütig sind, darf sich den Vertretern des Bereichs »spiritueller Hochmut« nahe fühlen.

Erinnere dich: Es ist nicht unsere Aufgabe hier auf dieser Welt und in diesem Leben, immer frommer und perfekter zu werden, sondern immer authentischer. Sei einfach du selbst!

Die Ekstase liegt im Paradox

Auf deinem Weg wirst du wahrscheinlich erleben, wie du immer wieder zwischen zwei Polen pendelst. Es gibt Tage, an denen man sich mit allem verbunden und glücklich fühlt, und es gibt Tage, da erscheint einem alles finster, und man hat das Gefühl, keinen Schritt vorwärtsgekommen zu sein, ja sogar Rückschritte zu machen.

Das ist ganz normal im Entwicklungsprozess. Du pendelst zwischen dem neuen und dem alten Bewusstsein, die Einheit ist die Wahrheit und die Erkenntnis, sie katapultiert dich in die höchsten Höhen, aber die Getrenntheit wird noch in deinen niederen Körpern festgehalten und sorgt für unangenehme Gefühle. Durch deine bewusste Arbeit wird sich das Pendel nach und nach in der höheren Frequenz einschwingen, und du wirst immer stabiler werden. Bleib dran!

Bücher- und Seminarjunkies

Ich habe im Laufe der Jahre einige Menschen kennengelernt, die unglaublich viele spirituelle Bücher verschlungen haben, über jede nur erdenkliche Methode Bescheid wissen und von einem Seminar zum nächsten gehen. Sie kommen aber überhaupt nicht weiter, sind immer noch in ihren alten Mustern verhaftet, in ihrer unglücklichen Beziehung, ihrem finanziellen Mangelzustand, ihren körperlichen Herausforderungen. Warum? Weil sie versuchen, sämtliche Erkenntnisse mit dem *Verstand* zu erfassen. Sie bedienen sich vorgefertigter Lösungen und glauben, damit ihre Entwicklung zu erreichen. Doch weit gefehlt. Solange du nicht *eintauchst* und den Mut hast, in dich zu schauen und deine Schichten abzutragen, wirst du im Außen bleiben, und dort kannst du dich nicht finden. Auch das ist eine sehr raffinierte Strategie des Egos. Es suggeriert dir, dass du alles tust, was nötig ist, aber aus irgendwelchen Gründen funktioniert es eben ausgerechnet bei dir nicht. So kannst du dich jahrelang erfolgreich vor der Erfahrung drücken.

Alles Wissen ist wertlos, wenn es dich nicht zur Erfahrung bringt. Mit all den Büchern und Seminaren beschäftigst du immer nur deinen Verstand. Aber du wirst niemals dein wahres Selbst über den Verstand erkennen. Du musst das Ego überwinden, dahinter verbirgt es sich. Dahinter verbirgst du dich. Das eine ist innen, das andere außen.

Wenn du beginnst zu *erfahren*, dann kann dir ein einziges Seminar oder wirklich gut durchgearbeitetes Buch alle Türen öffnen.

Beziehungen

Vielleicht erlebst du, dass deine Beziehungen sich verändern. Da du an deinen eigenen Projektionen gearbeitet hast, kann sich keiner mehr so leicht an dich »dranhängen«, schon gar nicht mit unschönen Ego-Motivationen. Man kann dich nicht mehr so leicht manipulieren, du haftest nicht so leicht an, man kann nicht mehr so viele »Knöpfchen« bei dir drücken, auf die du anspringst. So wirkst du auf andere Menschen vielleicht manchmal etwas kalt oder unpersönlich, und manche können ziemlich ungehalten reagieren. Sie können nichts mehr mit dir anfangen, weil sie nicht mehr an dir haften können oder weil du nicht mehr an ihnen haften willst.

Für dich bedeutet es zu spüren, dass du mit manchen Menschen zusammen sein willst, weil der Impuls da ist, auch wenn sie bisher nicht zu deinem Leben gehörten, und dass du vielleicht mit der einen oder anderen Person nichts mehr zu tun haben willst, auch wenn ihr bisher eine enge Bindung hattet oder verwandt seid. Man nennt diesen Zustand »transpersonal«, also ohne persönliche Anhaftung. Auf Karma basierende Beziehungen finden immer weniger statt in deiner Realität. Stattdessen gehst du Verbindungen ein, die weniger persönlich sind und mehr von der Quelle geführt. Wenn du dieser Führung folgst, wirst du auf einer ganz anderen Ebene kommunizieren, und dir wird bewusst, dass du unendlich frei bist. Was du tust, das tust du nicht aus Verpflichtung, sondern nur aus dem einen Grund: weil dein wahres Selbst dich dazu bringt. Mehr Gründe brauchst du nicht. Und dabei ist es völlig egal, ob dein Gesprächspartner unter der Brücke schläft oder in einer Villa, was er für einen Job hat und wie er aussieht. Der Impuls, mit diesem Menschen jetzt Kontakt zu haben, reicht vollkommen aus. Du weißt an einem bestimmten Punkt deiner Entwicklung, dass alles wahr ist, auch die Wahrheit der anderen. Den Unterschied macht lediglich die Bewusstseinsebene aus, auf der ihr euch befindet. Jede Ebene hat ihre eigenen Wahrheiten. Deshalb nützen auch die Diskussionen nicht viel, denn keiner wird den anderen verstehen, wenn auf verschiedenen Ebenen gesprochen wird. Bleibe einfach in jeder

Situation und egal, mit wem du konfrontiert bist, vollkommen zentriert, dann wirst du immer zum richtigen Zeitpunkt das Richtige tun oder sagen. Ganz wichtig in jeglicher Art von Beziehungen: Respektiere deinen eigenen Verantwortungsbereich und stelle dich dabei allem. Und respektiere den Verantwortungsbereich der anderen. Du hilfst niemandem dabei, wenn du ihm Verantwortung abnehmen möchtest. Im Gegenteil: Du schwächst ihn damit. Denn damit transportierst du die Botschaft: »Du kannst das nicht allein, deshalb muss ich dir helfen.« Viel besser ist es, die Menschen dazu zu animieren, die Kraft in sich selbst zu finden und in ihre Eigenmacht einzutauchen!

Parallelrealitäten

Die Realität, die wir momentan erleben, ist nur eine von vielen Realitäten, die alle gleichzeitig laufen. Praktisch jede Entscheidung, die nicht dem Weg deiner Seele entspricht, erzeugt eine Parallelrealität, die diese Entscheidung hält. Es gibt unzählige Parallelrealitäten, doch sie verschmelzen letztlich wieder zu einer einzigen, nämlich der Realität deines Seelenweges. Auch alle anderen Inkarnationen kann man als Parallelrealitäten verstehen, denn es gibt keine linear ablaufende Zeit. Alles ist JETZT. Jedes Mal, wenn du dich im Hier und Jetzt für das Licht entscheidest, beeinflusst das all deine anderen Leben. Und nicht nur das, es beeinflusst sogar alle Personen, die daran beteiligt waren. Auch wenn sich eine deiner Persönlichkeiten in anderen Realitäten für das Licht entscheidet, spürst du das sofort. Letztlich bedeutet es, dass du durch eine solche Entscheidung den ganzen Planeten beeinflusst, egal in welcher Zeitebene diese Entscheidung stattgefunden hat. Wenn du also zum Beispiel ein altes Trauma auflöst und die Vergebungssätze sprichst und somit alles in Licht transformiert wird, dann hat das unglaubliche Auswirkungen. Deshalb beginne, dich bewusst für das Licht zu entscheiden! Immer öfter, jeden Tag, im Kleinen wie im Großen. Jedes Mal, wenn du dich für das Licht entscheidest, betrittst du eine höhere Schwingungsebene und erschaffst eine lichtvollere Realität. Dies betrifft nicht nur dich, sondern alle Menschen, die mit dir verbunden sind, sowie deine Anteile in anderen Leben und parallelen Realitäten.

Präsent = Geschenk

Achtsamkeit ist Präsenz. Das Ego lenkt unsere Gedanken ständig in die Vergangenheit oder Zukunft, doch genau dieser Moment *jetzt* – ist der einzige Moment, der echt ist. Die einzige Möglichkeit, das Glück zu spüren und damit glückliche Momente in der Zukunft zu erschaffen, ist Präsenz. *Hier* zu sein. *Jetzt*. Was auch immer du gerade tust, kann nur angereichert werden, wenn du deine Aufmerksamkeit hierherlenkst. Das ist das größte Geschenk.

> *Manchmal fällt es schwer,*
> *das Glück im Moment zu finden,*
> *doch es ist völlig unmöglich,*
> *es woanders zu finden!*

Polaritäten überwinden

Alles hat zwei Pole oder zwei Seiten, zum Beispiel hell/dunkel, auf/ab, ja/nein, heiß/kalt, laut/leise, gut/schlecht, richtig/falsch, schlau/dumm, gut/böse, Geist/Materie, Dualität/Einheit, männlich/weiblich, Innen/Außen, Heiligkeit/Sünde, alternative Heilmethoden/Schulmedizin … Das Leben in unserer dualen Welt zeigt uns: Alles, was es gibt, hat ein Gegenstück, einen Gegensatz. Jedoch sind letztendlich alle Gegensätze vom selben Ursprung; es sind lediglich zwei Seiten derselben Medaille. Nichts existiert ohne das andere. Oder woher sollen wir wissen, dass etwas kalt ist, wenn wir die Wärme nicht kennen? Wir bestimmen selbst, wie wir etwas oder jemanden beurteilen, wo wir es einordnen und welche Gefühle wir aufgrund dieser Einordnung fühlen »müssen«. Diese Einordnung geschieht hauptsächlich durch unsere unterbewussten Konditionierungen. Die Bewegung gleicht der eines Pendels, das immer gleich stark in die eine Richtung wie in die andere schwingt. Der Rhythmus ist perfekt, egal in welcher Intensität. Wir können es global sehen, zum Beispiel bei Naturkatastrophen: Es brechen großes Unglück, viel Leid und Zerstörung über die betroffenen Menschen und Tiere ein. Gleichzeitig treten Qualitäten wie Mitgefühl, Nächstenliebe, Helfen, Wiederaufbau und Zusammenhalt an die Oberfläche. Auch das ist ein Ausgleich. Dies können wir im Leben jedes einzelnen Menschen beobachten: Der Ausgleich ist immer perfekt. Eine zwanghafte Ausrichtung auf das Positive trägt den Gegenpol direkt in sich: die Angst, es könnte doch anders kommen. So entsteht ein ständiger Kampf, und man verstärkt, ohne es zu wollen, den negativen Pol, den man eigentlich vermeiden will. So hält man die eine Seite eine Weile lang fest, und dann kippt das Ganze in die unerwünschte Richtung, denn die unterdrückte Angst muss sich spiegeln, sie kann nicht einfach übergangen werden. Das erklärt das Auf und Ab, das viele Menschen erleben. Das Hoch trägt schon das Tief in sich und umgekehrt. So ist es zum Beispiel auch nicht sinnvoll, sich ständig auf die Spiritualität zu konzentrieren, wenn man noch in den Schichten der Materie verbunden ist. Diese Schichten werden wirken wie Magnete und einen zurückreißen. Dann ertappt man sich dabei, wie man genau das macht, was so gar nicht spirituell ist. Man beschäftigt sich im Übermaß mit der Materie, geht shoppen, hängt vor dem Fernseher, ist oberflächlich, urteilt über andere, lästert. Die Intensität eines solchen »Ausbruchs« zeigt dir, wie weit du von der Ausgeglichenheit entfernt bist.

Meisterschaft aber bedeutet: Weg vom Außen, nach innen. Wertfrei werden, dann verschwinden die Pole. Komm in der Mitte an. Das Leben ist nicht statisch. Alles ist immer in Bewegung, fließt und verändert sich. Es gibt nichts absolut Positives und nichts absolut Negatives. Es gibt das eine auch nicht ohne das andere. Deshalb sollte man im eigenen Denken, Fühlen und Sein immer danach streben, frei zu sein, auch frei von Urteilen. Wir sollten besser beobachten, lernen und uns selbst dabei immer weiter entwickeln. Indem wir akzeptieren und weniger bewerten, weniger in Kategorien von »gut« und »schlecht« denken, sondern die Welt als ein Sowohl-als-auch begreifen, entwickeln wir uns ohne Schmerz und Verlustgefühle. In der vollkommenen Akzeptanz von allem überwinden wir die Polarität und kommen im reinen Bewusstsein an.

Jedes menschliche Wesen vereint in sich die Polaritäten des Lebens aus Licht und Dunkelheit, Glück und Traurigkeit, Leben und Sterben. Der Rhythmus zwischen diesen grundlegenden Eigenschaften bestimmt unser Leben und unsere Beziehungen. Und je mehr wir es schaffen, diese Polaritäten bewusst zu erleben und uns in der Mitte einzupendeln, umso leichter und erfüllter wird unser Leben.

Spirituelles Ego?

Dein Ego wird schnell »merken«, dass es dich hier und da im Alltag nicht mehr einfangen kann. Du bist jetzt auf deinem Weg und erkennst immer schneller, wenn das Ego sich meldet. Es gibt aber nicht so leicht auf. Es wird versuchen, subtilere Möglichkeiten zu finden, in einem Bereich, in dem du vielleicht noch nicht so geübt bist oder gar nicht mit ihm rechnest. Sei wachsam! Ich habe schon Menschen erlebt, die sehr viel verstanden hatten und auch sehr bewusst waren, dann aber auf einmal den Wunsch äußerten, sich für alle sichtbar an einen anderen Ort zu teleportieren oder Gedanken lesen zu können, eben Wunder zu bewirken, um die Leute noch effektiver von den Möglichkeiten der Ent-wicklung zu überzeugen. Erkennst du die Gefahr? Solange du deine spirituellen Sinne aus einer solchen Motivation heraus entwickeln möchtest, wird sich gar nichts entwickeln, denn außer dem Ego ist hier keiner. Je unwichtiger dir die anderen, das Außen werden, je weniger du etwas beweisen möchtest oder einen Effekt brauchst, umso leichter und müheloser wird dir alles zuteilwerden. Je bewusster du wirst, umso natürlicher werden sich diese Fähigkeiten einstellen und umso geringer wird der Drang sein, sie anzuwenden. Schon gar nicht vor Publikum. Prüfe deine Motivation und sei absichtslos.

Die anderen Egos: Geh deinen Weg unbeirrbar!

Du wirst es nicht »nur« mit deinem eigenen Ego zu tun bekommen, sondern auch mit einigen anderen Egos. Es ist ein weitverbreitetes Muster, dass Menschen glauben, anderen sagen zu müssen, was für diese gut und richtig ist und was nicht. Der Irrtum, ein anderer könnte das auch nur ansatzweise wissen, ist weit verbreitet. So weit, dass diese Art von Ratschlägen oft nicht einmal mehr infrage gestellt wird. Doch wenn wir uns von jemandem sagen lassen, woran wir glauben oder was wir tun sollen, ja sogar was gut für uns ist, dann sind wir weit entfernt davon, Meister unseres Lebens zu sein. Wir sind Marionetten. Das soll nicht heißen, dass die anderen falschliegen oder uns schaden wollen, nein, die meisten davon meinen es sogar gut mit uns und handeln aus ihrer eigenen Wahrheit heraus. Aber eben das ist der Knackpunkt – sie sprechen und handeln so, wie es für *sie* wahr und richtig ist, obwohl das keinesfalls heißt, dass es für dich auch das Richtige ist. Jeder Mensch hat seine ganz eigenen Prägungen, Aufgaben und Herausforderungen, ebenso hat jeder seine eigenen Qualitäten, mit denen er diese Herausforderungen meistern kann. Jemand anderes kann das unmöglich in aller Konsequenz beurteilen. Nur du weißt, was du kannst und welcher Weg für dich der richtige ist. Deshalb lass dich nicht von anderen Menschen beeinflussen. Höre auf zu denken, dass jemand anderes mehr weiß als du oder besser weiß, was für dich richtig ist. Egal, wie schlau diese Person ist, wie lange sie studiert hat oder wie berühmt sie ist: Wenn sich das, was diese Person sagt, für dich nicht richtig anfühlt, dann nimm es nicht an. Vertraue deiner Intuition absolut und kompromisslos, gehe deinen eigenen Weg und höre nur auf deine eigene innere Stimme. Selbst wenn es Millionen anderer Meinungen gibt, stehe fest zu deiner Wahrheit und bleibe dir treu. Es ist kein einfacher Weg, aber es ist der einzige Weg, den du gehen kannst, ohne dich selbst zu verlieren. Es ist DEIN Weg.

Ein befreiter, egoloser Mensch ist in gewisser Hinsicht eine *Gefahr* für die Gesellschaft, denn er lebt nur nach seiner inneren Stimme und lässt sich davon leiten. Er haftet nicht an und ist dadurch kaum beeinflussbar. Er lässt sich nichts erzählen, sondern findet seine eigene Wahrheit. Jeglicher Versuch, ihn zu manipulieren, zeigt sich als Quelle der Frustration für denjenigen, der es versucht. Ein bewusster Mensch kann nicht manipuliert werden. Er kann auch nicht ausgebeutet werden – sei es von einem Glaubenssystem, von einer Institution Kirche, von der Industrie, von der Medizin oder auch nur von der Gewohnheit.

Urteil vs. Liebe

Du siehst immer dich selbst. In allem. Denke an die *Spiegel* und *Realitätsbilder*, und sei dir in jeder Situation bewusst, dass alles, was *in dir* ist, sich auf sehr faire und direkte Weise im erlebten Außen zeigt. Du kannst niemals das Außen verändern, wenn du außen ansetzt. Indem du aber die Art und Weise veränderst, wie du das Außen *wahrnimmst*, was du in Bezug dazu *bist*, löst sich dein Widerstand auf, und es verändert sich praktisch von alleine. Mach dir klar, dass jeder Mensch hier ein Meister ist. Und jeder Meister entscheidet selbst, welche Erfahrung er gerade machen möchte. Du kannst niemanden bekehren. Du kannst auch nicht mit absoluter Sicherheit wissen, dass du überlegen oder besser oder weiter entwickelt bist. Vielleicht gilt das für den Moment, aber vielleicht schafft der andere das, wofür du zehn Jahre brauchen wirst, mit nur einem einzigen Gedanken, einer einzigen Erkenntnis? Es gibt nichts, was es nicht gibt, und nichts ist so schlecht, dass es nichts Gutes in sich hat. Wir sind alle gleich. Keiner ist besser oder wichtiger oder wertvoller als der andere. Das sieht nur in diesem Spiel der Dualität so aus, weil jeder Meister sich aktuell in verschiedenste Schichten eingewickelt hat, um bestimmte Erfahrungen zu machen. Und es ist auch nur für eine gewisse Zeit in dieser Welt so. Versuche nicht, die anderen zu bekehren oder zu verändern oder ihnen beizubringen, wie schlecht sie sind. Wenn sie deine Hilfe wollen, dann werden sie schon kommen. Wenn nicht, dann dränge dich nicht auf. Schon gar nicht mit deinem Urteil über sie. Damit bestätigst du nur ständig die Schwingungsebene, auf der das alles stattfindet, und auch du hängst mit deinem Urteil dort fest, und es wird noch schwerer, auf eine höhere zu kommen.

Was dann? Liebe sie. Liebe alles, was du siehst. Liebe ist die Eintrittskarte ins Paradies. Für dich und für die Menschen, denen deine absichtslose Liebe zuteilwird. Urteile und Verbesserungsversuche entspringen dem Ego und haben nichts damit zu tun.

Respektiere die Andersartigkeit
deines Gegenübers, denn du weißt nicht,
welche Wege seine Seele gegangen ist.

Angst

Das Leben gibt uns die Chance, unsere Ängste zu überwinden. Wenn wir uns unseren Ängsten stellen und sie überwinden, fühlen wir uns unglaublich gut. In dem Moment, in dem wir sehr kraftvoller Energie von Angst gegenüberstehen, haben wir die Wahl: weglaufen oder uns der Angst stellen. Hinter dieser Angst ist immer ein Tor zu einer neuen Dimension unseres wahren Selbst. Wir wachsen, wenn wir durch die Angst hindurchgehen. Plötzlich finden wir uns auf der anderen Seite der Angst wieder. Und die Sicht von diesem Punkt aus ist weitaus erfreulicher.

In dem Moment der Entscheidung, durch die Angst hindurchzugehen, verfügen wir plötzlich über alle Kraft und Unterstützung, die wir dazu brauchen, jedoch nicht vorher!

Das ist die Herausforderung an der Sache, denn erst wenn wir die bewusste Entscheidung treffen, uns der Angst zu stellen, wird die Kraft freigesetzt. Sie wird freigesetzt, weil wir sie nicht mehr brauchen, um die Angst aufrechtzuerhalten. Dann steht uns auf einmal alles zur Verfügung, was wir brauchen – und wir schaffen es auch. Aber es gibt den Moment, in dem wir uns überwinden müssen. Genauer gesagt: den Moment, in dem wir das Ego, das die Angst hervorruft, überwinden müssen. Wenn wir durch die Angst hindurchgehen, wird die Energie dieser Angst transformiert und steht uns als reine Energie zur Verfügung. Das bedeutet jedes Mal einen immensen Energiezuwachs. Dadurch werden wir stärker und wachsen. Deshalb birgt auch die größte Blockade die größten Chancen, denn je größer die Überwindung, umso größer auch die Freisetzung der Energie.

Wenn du fühlst, dass du Angst hast, geh mitten hinein. Die Mystiker sagen: »Wo die Angst ist, ist der Weg.« Oft investieren wir lieber in unsere Ängste und Krankheiten, um dadurch eine Entschuldigung zu haben, in gewissen Situationen zu verharren. Das funktioniert eine Weile lang ganz gut, doch es macht auch sehr unzufrieden. Unterbewusst wissen wir nämlich ganz genau, dass wir uns nur »drücken« und dass wir uns früher oder später der Aufgabe stellen müssen. Auch wenn wir krank sind, gibt es immer einen Punkt, an dem wir die Entscheidung treffen müssen, aufzustehen und damit die Krankheit zu beenden. Sie ist dann erledigt, oder wir geben auf und lassen uns hineinfallen. Manchmal müssen wir auch durch dieselben Herausforderungen mehrmals durch, bevor wir wirklich glauben, dass wir bereits hindurchgegangen sind. Manchmal müssen wir auch Dinge ein-, zwei- oder dreimal richtig machen, bis sie sich stabilisieren. Manchmal nehmen wir eine Herausforderung nur Stück für Stück in Angriff. Manchmal weichen wir einfach nur aus, und dieselbe Art der Herausforderung kommt scheinbar immer stärker und deutlicher auf uns zu. Scheinbar deshalb, weil wir uns bereits darauf programmiert haben, dass wir diese Herausforderung nicht meistern können. Dann kapitulieren wir davor immer stärker – bis wir nicht mehr anders können, als uns ihr zu stellen. Früher oder später werden wir das sowieso tun – warum also nicht gleich?

Ersatzgötter

Wer Gott liebt, hat keine Religion außer Gott.

RUMI

Im Laufe der Jahre habe ich beobachtet, dass sich die meisten Menschen vor allem am Anfang ihres spirituellen Weges mit Gegenständen helfen. Ich nenne sie Ersatzgötter. Egal, ob es sich hier um Ruten, Tensoren, Pendel und Engel- oder Tarotkarten handelt oder um Statuen, Figuren, Symbole und Bilder im Haus – dies alles scheint eine Weile gebraucht zu werden und gutzutun. Gerne werden auch Amulette oder Ähnliches als Schmuck getragen. Bitte sei dir bewusst, dass das alles nur Hilfsmittel sind. Sie sind weder gut noch schlecht, sie haben nur die Kraft und Bedeutung, die *du* ihnen beimisst. Du wirst feststellen, dass du mit steigendem Bewusstsein immer weniger davon wichtig findest. Das Göttliche ist *in dir,* nicht in einem Gegenstand. Doch dieser Gegenstand kann dich daran erinnern, dass es da noch mehr zu entdecken gibt. Bedenke dabei immer, dass das eine *außen* ist und das andere *innen.* Anfangs erinnert also das Außen dich daran, im Inneren zu schauen. Doch irgendwann ist das ganz normal für dich, und du hast vielleicht das Bedürfnis, dich von diesen Dingen zu befreien. Wenn du deine eigene Göttlichkeit erkannt hast, brauchst du keine Ersatzgötter mehr.

Schriften und Meister

*Wissenschaftliche Gutachten und
heilige Schriften dienen der Verwirrung.*

JO CONRAD

Es gibt derzeit viele mehr oder weniger gute, nützliche Bücher und andere Schriften auf dem Markt. Lies davon, so viel du willst. Aber achte darauf, dass du das Wissen nicht einfach übernimmst, sondern wirklich *erlebst.* Nur Erlebtes ist Erfahrung, und dadurch entsteht ein wahres Wissen in dir. Alles andere ist außen. Es ist wirklich wichtig, das zu verstehen: Alles, was du liest, hörst, was andere dich lehren, ist *außen*. Außen gibt es viele Wahrheiten. Du aber musst deine ganz eigene, innere und höchste Wahrheit finden. Und dies geschieht über die *Erfahrung*. Tauche ein in die Erfahrung, begegne dir selbst und den Herausforderungen, fülle dein Leben mit Er-Leben. Nur so kommst du zu wirklichem Wissen. Noch ein weiterer Punkt ist mir wichtig, denn ich habe mir beim Schreiben dieses Buches vorgenommen, dir alles mitzugeben, was mir möglich ist. Viele spirituell arbeitende Menschen erzählen ständig von der gemeinsamen Arbeit mit Engeln, Erzengeln, aufgestiegenen Meistern und dergleichen. Ich selbst habe viel Erfahrung damit gesammelt und bin über jede einzelne unendlich dankbar. Ich durfte wundervolle Sitzungen erleben und Hilfe erfahren und nehme auch heute noch gerne ab und zu Kontakt auf. Doch auch hier möchte ich dein Bewusstsein schärfen: Diese Visionen und diese Zusammenarbeit ist zwar schön, aber es ist wieder *außen*. Das bist nicht du. Du bist eine Einheit mit der Quelle und dadurch mit allem verbunden, doch wenn du in Kontakt mit einem anderen »Objekt«, einer anderen Wesenheit bist, bist du nicht in der Einheit, nicht im reinen Bewusstsein. Denn im reinen Bewusstsein gibt es keine »anderen« mehr. Es gibt nur die Quelle.

Dein eigenes Ankommen in dir ist immer frei von anderen.
Egal, wie erleuchtet diese anderen sind. Sei dein eigener Meister!

Schönheitsideale

In meiner Arbeit mit THEKI darf ich immer wieder beobachten, wie die Menschen auch äußerlich immer mehr zu sich selbst finden. Manche nehmen an Gewicht ab, weil das Frustessen nicht mehr sein muss und sich so der »Kummerspeck« von ganz alleine verabschiedet. Andere hören auf, sich die Haare zu färben, weil sie auf einmal feststellen, dass die Naturhaarfarbe eigentlich am besten zu ihnen passt. Oft verändert sich der Kleidungsstil, wird individueller, passender, harmonischer. Auch das

Gesicht wird oft weicher, die starren, verbissenen Züge sind nicht mehr da, das Gesicht ist entspannt und wirkt offener, jünger, freier. Insgesamt empfindet man den Menschen als schöner und harmonischer im *Außen,* je freier und harmonischer er im *Innern* ist. Viele Menschen laufen den von Gesellschaft und Medien vorgegebenen Schönheitsidealen hinterher. So wird das Ego angesprochen, nicht das wahre Selbst. Man wird fremdgesteuert und in der eigenen Energie und Ausdruckskraft blockiert. Nur wer sich selbst ganz lieben und so ausdrücken kann, wie er ist, auch in seinem Aussehen und der Art, sich zu kleiden, lebt wirklich in seiner eigenen Energie und Stärke. Doch wer eine fremde Rolle mit all ihren Requisiten übernimmt, der entfernt sich immer mehr von seinem wahren Selbst. Dazu sollte man wissen, dass es kein Zufall ist, in welchem Leben wir uns befinden, wie wir aussehen, in welchem Land, welchem Umfeld und in welcher Familie wir leben und was für Freunde wir haben. Unsere Seele hat sich dieses Leben und diesen Körper genau so ausgesucht – als ideale Ausdrucksmöglichkeit für ihre Energien und für die Erfahrungen, die sie machen möchte.

Wenn man sich so sehr im Ego verfangen hat, dass man beginnt, diesen Körper extrem zu verändern, oft sogar durch »Schönheits«-Operationen oder Hungerkuren, hat dies auf den anderen Ebenen (Seele und Psyche) Folgen, denn die wahre Ausdrucksform wurde verändert und unterdrückt, und etwas anderes wird ausgedrückt, was aber vielleicht gar nicht zum persönlichen Seelenplan passt. So kreiert man durch die Täuschung letztlich nur Ent-Täuschungen, weil das Äußere nicht dem wahren Inneren entspricht, auch weil man im Außen Menschen anzieht, die gar nicht zu einem passen, sondern nur durch dieses veränderte Erscheinungsbild angezogen wurden. Kommt man sich näher, wird klar, dass man nicht zusammenpasst. Manche Menschen sind dermaßen unzufrieden mit ihrem Körper oder ihrem Leben, dass sie auf vielen Ebenen blockiert sind. Diese Blockaden zeigt der Körper irgendwann, indem er schwach und krank wird. Nachdem ich diese Menschen in einer Behandlung von einigen Blockaden befreien durfte, empfehle ich ihnen nicht selten, einen *Dankesbrief* an ihren Körper zu schreiben. Das ist eine wundervolle Möglichkeit, in eine gesunde Beziehung zum eigenen Körper zu kommen. Es gibt so vieles, was der Körper bisher optimal gemacht hat und was man als selbstverständlich genommen hat. Wir können *Danke* sagen für all die von uns ferngehaltenen Krankheiten, für die gesunden Kinder, die er uns geschenkt hat, für das Essen, das er verarbeitet hat, für alle Verletzungen, die er geheilt hat, alle Unfälle und Operationen, die er überstanden hat, ja einfach für jeden Atemzug, den er tut, und für jeden Spaziergang, bei dem er uns auf gesunden Beinen getragen hat. Wenn der Körper krank geworden ist – durch Nachlässigkeiten wie ungesundes Essen und Trinken, Suchtmittel, Strahlung, aber auch vergiftete Gedanken und Gefühle –, dann kann die Heilung nur über die Seele geschehen, denn hier hat die Abwärtsspirale begonnen. Diese Heilung wird allein durch Selbstliebe erreicht. Denn wenn man sich wirklich liebt, ist es unmöglich, so mit sich umzugehen. Nur durch wahre Erkenntnis kann hier eine Transformation stattfinden – zu einem gesunden Körper und zurück auf den Seelenweg! Es lohnt sich, darüber nachzudenken, ob wir uns ein Schönheitsideal überstülpen lassen wollen, das unsere Individualität tötet und uns zu willigen Mitläufern macht, die von der Gesellschaft gesteuert und beherrscht werden, ohne es zu merken. Wir sind einzigartig, jeder Einzelne von uns! Wir sollten uns genau so zeigen, wie wir sind, und nicht wie wir glauben, sein zu müssen! Wenn wir lernen, ehrlich zu uns selbst zu sein, uns so zu lieben, wie wir sind, auch unseren Körper so zu lieben, dann geschieht etwas Wundervolles: Wir können auf einmal unsere ganz eigene Schönheit entdecken, entfalten und leben. Wir finden zu uns und halten unsere Energie, denn wir suchen nicht mehr im Außen und bei den anderen, sondern wir haben sie schon gefunden – in uns *selbst*. Und das bedeutet Freiheit. Freiheit, so zu sein, wie man ist, sich so zu zeigen und in dieser Authentizität völlig sicher zu sein, in dem Wissen, dass alles andere nur Täuschung und somit Selbsttäuschung ist.

Lass dir nicht diktieren, wie du zu sein hast. Du bist ein Individuum, und das darf man auch sehen. Habe den Mut, dich zu zeigen, einzigartig zu sein und dich genau dafür noch mehr zu lieben!

Selbstliebe

Wenn du erkennst und akzeptierst, dass du ein Teil der vollkommenen Schöpfung bist, wenn du mit dir selbst Frieden geschlossen, dir selbst vergeben hast, dann kannst du dich selbst lieben. Du bist genau richtig. An dir ist überhaupt nichts falsch, und du hast – von einer höheren Perspektive aus betrachtet – noch nie in deinem Leben einen Fehler begangen. Du bist genau so, wie du bist, absolut vollkommen. Du bist wunderschön! Alles andere wäre auch nicht logisch, denn wie sollte die Schöpfung/Quelle/Gott unvollkommene Wesen erschaffen? Gib alle Selbstverurteilungen auf und akzeptiere dich genau so, wie du bist. Sie dienen dir nicht länger, wenn du jetzt erkennst, dass alles in sich absolut perfekt war und ist. Selbst wenn du »Fehler« begangen hast, so hatten diese einen Sinn und haben dich etwas gelehrt. Du hast immer so gehandelt, wie es dir möglich war, hast immer das für dich in dem Moment Richtige getan. Deshalb hast du noch nie eine Fehlentscheidung getroffen, denn so etwas gibt es nicht, wenn man die Welt ganzheitlich betrachtet. Alle, die etwas anderes behaupten, sehen dein Leben nur aus einer begrenzten Perspektive und erkennen nicht die Vollkommenheit des Lebens. Wenn du das alles begriffen hast, beginnt deine Energie wieder frei zu fließen. Es ist das bedingungslose Ja, das nur du dir geben kannst. Kein anderer kann das für dich tun. Sei bereit, dich zu lieben und einzigartig zu sein!

Urvertrauen

Im Leben durchlaufen wir immer wieder intensive Zeiten, in denen wir Prozesse durchleben und viele Dinge neu sortieren müssen. Oft berührt das so ziemlich jeden Bereich unseres Lebens.

Sind wir dabei mit Urvertrauen ausgerüstet, ist es uns möglich, alles, aber auch wirklich alles, was unser Leben berührt, als Chance zu sehen, daran zu wachsen und uns zu entwickeln.

Wenn wir ans Ende kommen von allem Licht,
das wir kennen,
und in die Dunkelheit gehen müssen ins Unbekannte,
müssen wir glauben, dass wir etwas Festes finden werden,
auf dem wir stehen können.
Oder dass wir lernen zu fliegen.

(UNBEKANNTER AUTOR)

Das Urvertrauen sagt uns, dass es so etwas wie eine göttliche Ordnung gibt. Dass das Universum grundsätzlich »gut« ist, vertrauenswürdig und liebevoll – und dass alles, was dir passiert, das Beste ist, was dir im Moment passieren kann. Du bist zutiefst davon überzeugt, alles meistern zu können, was dir begegnet, weil es dir ansonsten gar nicht begegnen würde. Wenn du Urvertrauen hast, weißt du in deinem tiefsten Inneren, dass du genau so, wie du bist, und genau da, wo du bist, richtig bist. Dann hast du die Gewissheit, dass du dich fallen lassen kannst, weil du weißt, dass du alles hast, was du brauchst, egal, womit du es zu tun bekommst. Selbst wenn eine Erfahrung wehtut oder dir dadurch etwas verloren geht, so wird sie immer auch ein Gewinn sein. Vielleicht fühlst du den Schmerz und den Verlust, aber du gibst niemandem die Schuld dafür. Tief in dir hast du Vertrauen in den Sinn.

Urvertrauen geht über das Vertrauen in einen anderen Menschen oder eine Sache weit hinaus. Urvertrauen ist das Vertrauen zum Leben an sich. Urvertrauen trägt dich durch alle scheinbaren Widrigkeiten des Lebens und macht dich zuversichtlich. Du weißt, dass du immer zum richtigen Zeitpunkt am richtigen Ort bist und intuitiv das Richtige tun oder sagen wirst. Dadurch strahlst du eine angenehme Ruhe und Gelassenheit aus, die du auch so empfindest. Du bleibst in jeder Situation zentriert und klar in deiner Kraft. Mit dieser Ausrichtung ist es ein Leichtes, die Spiegel zu erkennen und den Seelenweg klar und bestimmt zu gehen. Das Beste daran ist, dass du nicht einmal darüber nachdenken musst. Es ist einfach so. Tief in dir ist diese Gewissheit da. Du fühlst dich grundsätzlich wohl in diesem Prozess des Lebens. Wenn das Urvertrauen fehlt, dann steht man immer am Abgrund. Jede Entscheidung könnte die falsche sein. Ständig lauert der Verlust, die Pleite, der Verrat oder was auch immer. Diese fehlende Basis zeigt sich in Form immer diffuserer und stärkerer Ängste, oft in allen Lebensbereichen. Aus lauter Angst, etwas falsch zu machen und damit die Ängste wahr werden zu lassen, kann man keine Entscheidungen mehr treffen. Doch Stillstand lähmt, die Energie kann nicht mehr fließen. Durch die Entscheidung geht man weiter, und das ist Leben.

Du hast mit THEKI wundervolle Möglichkeiten, dein Urvertrauen wiederherzustellen. Durch die Transformation von Traumen, die positiven Überzeugungen und Gefühle kannst du dir eine völlig neue, wunderbare Basis erschaffen. Ich habe diesen Prozess auch durchlebt und kann dankbar berichten, wie erleichternd, erfüllend und einfach unglaublich schön es ist, wieder Boden unter den Füßen und diese ruhige Gelassenheit ins Leben integriert zu haben. Ja, es gibt Verrat, Betrug, Gewalt, Enttäuschung, Verletzungen und Krankheit. Aber es gibt auch Liebe, Ehrlichkeit, Verständnis, helfende Hände, Herzlichkeit und so viel Gutes, dass wir uns getrost fallen lassen können. Indem wir aufhören, auf unser Ego zu hören und Angst zu haben, heilen wir.

Geld

Wie sind Spiritualität und finanzieller Wohlstand vereinbar? Irgendwann auf dem Weg des inneren Wachstums kommt wohl so ziemlich jeder an den Punkt, an dem er sich diesen Fragen stellen muss. Besonders auffallend ist, dass viele in Heilerberufen arbeitende Menschen noch immer diesen Konflikt in sich tragen.

Die Gegenfrage lautet: Wie kommst du überhaupt darauf, dass Spiritualität und Geld getrennt voneinander sind? Alles ist eins, und entscheidend ist: Lebst du im Mangel oder in der Fülle?

Es gibt durchaus einen Weg, wie man gut leben kann, ganz ohne spirituelle Schuldgefühle und andere Mangelerscheinungen. Doch dazu ist es nötig, aus dem geistigen Gefängnis ausbrechen und die inneren Motivationen und Einstellungen einer ehrlichen Prüfung zu unterziehen, denn unsere Einstellung zu Geld und Besitz bestimmt maßgeblich, was sich davon auch wirklich in unserem Leben manifestiert. Wenn du im *Mangelbewusstsein* lebst und glaubst, dass nicht genug von allem da ist, dass es nur wenigen vergönnt ist, in Wohlstand zu leben, und dir selbst sowieso nicht, dann wird dir nach dem Gesetz der Anziehung genau das gespiegelt, und du bist weit entfernt von einem finanziell sorgenfreien Leben. Viele dieser begrenzenden Überzeugungen, die zu dem Mangelbewusstsein führen, haben wir den Religionen bzw. deren Lehren über Enthaltsamkeit und Askese zu verdanken. So sieht sich der eine oder andere bereits bei der Äußerung materieller Wünsche von Schuldgefühlen geplagt. Wenn du aber im *Füllebewusstsein* lebst und genau *weißt*, dass genug für alle da ist und dass dir alle Möglichkeiten offenstehen, dann bist du einen großen Schritt weiter. Dann kannst du auch das Geld als die reine Energie sehen, die es ist – und es wertschätzen (anstatt dich unbewusst dagegen zu wehren, weil du es für etwas anderes hältst, als es ist).

Es ist überhaupt nichts »Schlechtes« am Geld. »Schlecht« ist nur, was teilweise damit gemacht wird, doch es liegt an uns und in unserer eigenen Verantwortung, was *wir* damit machen möchten. Deshalb muss jede Bewertung, jedes Urteil über das Geld aufhören. Geld ist lediglich ein Tauschmittel – nicht mehr und nicht weniger. Wir tauschen ständig alle möglichen Energien aus, so eben auch Güter oder Leistungen gegen Geld. Es handelt sich lediglich um einen Energieaustausch. Geld ist Energie. Diese Energie ist weder gut noch schlecht. Sie ist. Alles Weitere, was wir über Geld denken, sind die eigenen Vorstellungen und Glaubenssätze, die eben dann auch die gewünschte Fülle blockieren. Hier gilt es, das Selbst-Wert-Gefühl zu überprüfen, denn wir bekommen ja Geld für eine von uns erbrachte Leistung. Für wie wertvoll halten wir denn unsere eigene Leistung, uns selbst, unsere Lebenszeit und -energie? Diese innere Überzeugung wird uns in dem dafür erhaltenen Lohn gespiegelt. Wenn du dich selbst liebst und wertschätzt, wenn du mit dir selbst glücklich bist, so wie du bist, dann trägst du einen Reichtum in dir, der dir folglich nach dem Gesetz der Anziehung im Außen gespiegelt wird. Mit dieser inneren Einstellung kannst du das Geld einfach annehmen und vermehren und für das ausgeben, was sich für dich richtig und gut anfühlt. Frei von allen unbewussten Vorbehalten ist es einfach eine wunderbare Möglichkeit, deine Wünsche und Ziele zu verwirklichen. Und du kannst es auch *einsetzen,* um deine Wertschätzung für die Leistung anderer Menschen zum Ausdruck zu bringen. Wenn du das so sehen kannst, dann bezahlst du sogar *gerne* deine Rechnungen, drücken sie doch lediglich den Gegenwert aus für das, was du erhalten hast. Die *Wertschätzung* ist hier ein Schlüsselbegriff. Denn du *entscheidest* dich ja für eine Leistung. Warum solltest du dich danach über die Rechnung ärgern? Es ist doch deine Entscheidung, wie hoch du die Heizung drehst, welche Wohnung du gemietet hast, was du für dein leibliches Wohl einkaufst oder dir an Kleidern, Musik, Seminaren oder anderen Dingen gönnst. Es bringt dir Wärme, ein Dach über dem Kopf, Genuss beim Essen und Trinken, Freude beim Musikhören, an den vermittelten Informationen oder mit den neuen Schuhen. Daher ist es absolut fair, einen Energieausgleich dafür zu stellen. Geld ist eine wunderbare und überall akzeptierte Möglichkeit für diesen Ausgleich.

Ein weiterer Schlüsselbegriff für ein gesundes Verhältnis zum Geld ist die *Freude,* und zwar die Freude am schönen, komfortablen, qualitativ hohen Leben. Geist und Materie sind nicht getrennt, sie bilden eine Einheit. Wenn du das, was du mit dem Geld tun kannst, von Herzen liebst, wenn es dich erfreut und deine Seele zum Tanzen bringt, dann kannst du dir rein spirituell gesehen nichts Besseres wünschen. Es ist nichts »Falsches« daran, sich auch an materiellen Dingen zu erfreuen, solange man den spirituellen Gewinn der Freude davonträgt und keine Egoziele verfolgt. Schwierig wird es erst, wenn die Motivation nicht mehr stimmt, wenn du anderen imponieren oder dich selbst durch materielle Dinge aufwerten willst. Dann bist du im Ego gefangen. Dann dienen die Dinge nicht mehr dir und deiner

Freude, sondern du bist zum Diener geworden. Es geht nicht darum, immer noch mehr Geld auf dem Bankkonto zu horten. Oder willst du der reichste Mensch auf dem Friedhof sein? Nein, der Hintergrund dieser Mentalität ist die Angst, man könnte es wieder verlieren, also Mangelbewusstsein. Es ist viel besser zu wissen, dass alles in ständigem Fluss ist und wir immer auf dem Niveau, das wir uns wünschen, versorgt sind. Wenn du aufgrund dieser Einstellung denkst, sprichst und handelst, dann beherrschst du das Geld – und nicht umgekehrt.

Der freie Wille

… oder ist das Universum freundlich?

Natürlich möchte jeder von uns gern hören und glauben, dass das Universum freundlich ist, wir absolut sicher sind und uns nichts passieren kann. Zumindest möchte unser Ego das hören …

Aber wo ist da noch unser freier Wille?

Wozu brauchen wir dann Qualitäten wie Mut, Urvertrauen oder Bewusstsein?

Wenn wir sowieso jederzeit und überall sicher sind?

Wieso sich dann überhaupt noch entwickeln?

Und was läuft denn dann überhaupt schief in der Welt, wo es doch offensichtlich recht viel Unsicherheit gibt?

Und wie ist das überhaupt mit Gott? Wenn er freundlich ist, wie kann er uns dann in diese ganzen »Fallen« tappen lassen? Wieso greift er nicht ein?

Eines der mächtigsten und meist unterschätzten Dinge, die uns mit auf den Weg gegeben wurden, ist unser freier Wille. Es ist wichtig zu wissen, dass wir immer die Wahl haben. Niemand zwingt uns, an unseren alten Wertvorstellungen festzuhalten, unser Leid und unseren Schmerz mit uns herumzutragen und andere Menschen, die uns unserer Meinung nach vielleicht Schaden zugefügt oder verletzt haben, ewig dafür zu verurteilen. Wir allein treffen diese Entscheidung. Paradoxerweise fühlen sich viele Menschen dabei auch noch als Opfer, weil sie vergessen haben, dass sie die Einzigen sind, die die Verantwortung für ihr Leben zu tragen haben. Wenn überhaupt, dann sind sie die Opfer ihrer eigenen Kreationen, denn sie können sich jederzeit neu entscheiden. Das erfordert natürlich ein tiefes Verständnis davon, dass wir uns mit der Opfermentalität nur selbst schaden. Wenn wir an unseren Vorstellungen von einer ungerechten Welt, einem strafenden Gott, einem schlechten Schicksal festhalten wollen, dann dürfen wir das bis in alle Ewigkeit tun. Das Universum ist meiner Meinung nach *NICHT* freundlich. Es ist aber auch nicht *unfreundlich*. Es *IST* einfach. *ES IST!* Das Universum ist in jeder Hinsicht absolut wertfrei – es unterstützt uns immer, jederzeit, in dem, was wir sagen, tun und denken.

> Der freie Wille ruft den ganzen Menschen auf den Plan, der freie Wille fordert von uns, dass wir die volle Verantwortung für alles übernehmen, was in unserem Leben ist, und es als unser eigenes Produkt anerkennen. Du hast jederzeit die Wahl. Nutze sie richtig!

Soforthilfe für Zustände der Negativität, des Leids und Zweifels

Stell dir bildlich die Acht vor, die du bereist, wenn du zuerst zum Mittelpunkt der Erde und dann zur Quelle reist. Du weißt inzwischen, dass es von großer Wichtigkeit ist, immer im Herzen zentriert zu sein. Und du weißt auch, dass die unteren Chakren die weltliche, langsam schwingende Seite unserer erlebten Welt darstellen. Wenn du in Zweifeln, Leid, Trauer oder anderen niedrig schwingenden Energien feststeckst, dann hat sich dein Zentrum vom Herzen weg nach unten bewegt. Du bist dann nicht mehr im Herzen zentriert, sondern im Ego (Solarplexus) und den Gefühlen (Sexualchakra) gefangen. Mangelndes Urvertrauen macht es dir dann schwer, diesen Punkt zu verändern (Wurzelchakra). Du bist zu weit weg von der Quelle, zu »erdig«, dein Gleichgewicht fehlt. Das fühlt sich schwer an. Die Erdenergien sind schwer. Du brauchst wieder die Reinheit und Leichtigkeit der Quelle. Es kann aber auch genau andersherum sein: Deine Achse hat sich nach oben verschoben, du bist also ebenfalls nicht mehr im Herzen zentriert, sondern zu sehr in den oberen Chakren verankert und sozusagen im geistigen Erleben gefangen. Du hast die Bodenhaftung verloren, kannst aus den Gedanken nicht mehr aussteigen, kannst nicht einschlafen. Wenn du dich in solchen Momenten ertappst, dann gehe nicht auf die einzelnen Themen und Situationen ein, sondern mach dir klar, dass alles eine Sache der Frequenz ist. Was hast du auf dieser niederen Schwingungsebene zu suchen? Mach dich auf die Reise, sei perfekt »gehimmelt« und »geerdet« und im Herzen zentriert. Dann stellt sich wahrscheinlich recht schnell ein neues Gefühl ein: Alles gar nicht so schlimm. Lösungen tun sich auf, Wege breiten sich vor dir aus, Informationen fließen, und die Gefühle werden transformiert.

Atme bewusst einmal aus, während du zum Herzen von Mutter Erde kommst, dann einmal ein, während du durch dein eigenes Herzzentrum zur Quelle reist, und dann komme mit deinem nächsten Ausatmen in deinem Herzen an. So einfach kann es sein!

Unter dem folgenden Kurzbefehl habe ich mehrere Intentionen eingespeichert, die direkt mit abgespielt werden. So werden auch deine Chakren harmonisiert, und dein ganzes System wird gereinigt, ausgeglichen und angehoben. Außerdem wird dein Schutz-Immunsystem aktiviert.

Verbinde dich mit der Quelle.
Befehl: Soforthilfe.
Jetzt bezeuge, wie es geschieht.

THEKI GANZHEITLICH: ERNÄHRUNG

THEKI ist ein ganzheitliches Konzept, das alles berücksichtigt, was dein Leben berührt: deine Gefühle, deine Hoffnungen, deine Ängste, deinen Lebensweg, deine Vergangenheit, deine Prägungen, deine Pläne für die Zukunft, deine Beziehungen auf freundschaftlicher, familiärer und partnerschaftlich-sexueller Ebene, aber auch deine Wohnung, dein Umfeld, deine Einstellung zur Natur, zur Industrie, zu den Menschen und Tieren dieser Welt. Wo kaufst du ein? Welche Produkte nutzt du? Wie hoch ist die Strahlenbelastung in deinem Umfeld? Wo schläfst du? Was isst du? Woher kommt das alles, und was ist damit verbunden? Dies sind Fragen, die du dir im Laufe deiner Ent-Wicklung zwangsläufig stellen wirst, denn wenn das Bewusstsein erwacht, erstreckt es sich nicht nur auf dich selbst, sondern auf alles. Alles hat Einfluss auf dich und muss in die ganzheitliche Betrachtungsweise einfließen. In meinen Seminaren wird vieles davon intensiv besprochen, und auch in Kapitel 4 bin ich auf Themen wie Strahlung, Impfungen und viele mehr eingegangen. Diesen Themen kann man »nebenbei« unmöglich gerecht werden, doch einmal erwähnt, steht es dir frei, weiter zu recherchieren. Einige ausführliche Artikel findest du auf meiner Homepage www.theki.eu im Bereich »Infothek«.

An dieser Stelle möchte ich auf den überaus wichtigen Punkt unserer Ernährung näher eingehen, auch weil er mir als überzeugte Veganerin ganz persönlich wichtig ist.

Du bist, was du isst.

Jeder Bissen ist reine Information für uns. Welche Information hat das Fleisch eines gemästeten, gequälten und getöteten Tieres, das unsagbare Qualen durchleiden musste, damit wir einen kleinen Gaumenkitzel erleben? Welche Information hat Milch, die wir nur deshalb bekommen, weil die Kuh ständig künstlich geschwängert und sofort nach der Geburt gewaltvoll von ihrem Kalb getrennt wird? Unter dem Trennungsschmerz wimmern Mutter und Kind noch tagelang. Die energetische *Information* dieser Mutter, die eingesperrt, fremdbestimmt, respektlos und brutal behandelt und oftmals krank gelebt hat und darüber hinaus regelmäßig ihrer Kinder beraubt wurde, ist natürlich in ihrer Milch gespeichert und breitet sich in unserem Körper aus, wenn wir sie zu uns nehmen. Ganz zu schweigen vom Fleisch der Tiere, das voll von Hormonen des Stresses und der nackten Todesangst ist, müssen sie doch heutzutage praktisch alle (auch die als Bio-Fleisch gekennzeichneten Tiere) im Schlachthof ihr Leben lassen, wo sie ihren Artgenossen beim brutalen Sterben zusehen müssen, bis sie selbst dran sind. Zahlreiche Studien, darunter die weltweit größte »China Study«, belegen die Tatsache, dass Fleisch und Milchprodukte nicht nur ungesund, sondern krank machend für uns sind. Hand aufs Herz: Möchtest du wirklich diese Energien zu dir nehmen? Wenn man bedenkt, wie sich alles gegenseitig bedingt und beeinflusst und wie kleinste Teilchen auf Bewusstsein reagieren, muss man sich zwangsläufig fragen, ob man seinen eigenen Körper und Geist mit einem solchen Bewusstsein informieren will.

Nur weil sich alle auf eine Weise verhalten,
bedeutet das nicht, dass es richtig ist.

Bei alldem machen wir nur deshalb mit, weil wir unser Leben lang darauf konditioniert wurden. Uns wurde gelehrt, die einen Tiere als Kuscheltiere zu sehen, während wir andere töten und essen, uns wurde gelehrt, die Weisheit der Ärzte und Regierungen nicht anzuzweifeln und uns von der Werbung beeinflussen zu lassen. Die vielleicht stärkste Konditionierung wird täglich aufgefrischt: unsere Zugehörigkeit zur »Gesellschaft« und das damit verbundene Massenbewusstsein des Wegschauens. Diese Konditionierungen durchbrechen wir, indem wir beginnen, bewusst hinzuschauen und zu hinterfragen. Je bewusster du wirst, umso ganzheitlicher wirst du die Zusammenhänge erkennen können und dabei merken, dass du nicht mehr »wegschauen« kannst, sondern dich nur von negativem Einfluss befreien kannst, wenn du entsprechend handelst. Wir sind jederzeit frei, uns anders zu entscheiden. Es liegt in unserer Verantwortung. Keiner kann uns das abnehmen. Ganz egal, ob es sich um ein Gefühl, eine Überzeugung, eine Beziehung oder auch eine Strahlen- oder Nahrungsbelastung handelt: Es ist in deiner Realität, und nur dort kann es verändert werden. Und es gibt nur einen Menschen, der es vermag, diese Veränderungen herbeizuführen: dich.

Anhand der Quantenfelder lässt sich das Prinzip dahinter gut erklären: Du klinkst dich ein in die Felder dessen, was du zu dir nimmst. Die Felder von frischem, regional angebautem, biologischem Obst und Gemüse sind reines Leben, sind Gesundheit, Liebe und sehr feine, hoch schwingende Energie. Industrieware, insbesondere Süßstoffe, raffinierter Zucker, Kochsalz, Fleisch- und Milchprodukte sind das Gegenteil davon, und du klinkst dich automatisch in die ganzen Felder der Angst, Ausbeutung, Tierquälerei, Profitgier, Fehlinformation, Ungerechtigkeit, Krankheit und den Tod ein. Mein Tipp: Sieh dir die Zutatenliste auf jedem Produkt genau an. Informiere dich, was drinsteckt. Auf dem Etikett darf die Industrie uns täuschen, auf der Zutatenliste jedoch muss sie Farbe bekennen. Mit der Zeit findet man heraus, wo man gut einkaufen kann und wo man mit etwas Bewusstsein lieber nicht mehr auftaucht. Wir brauchen diese ganzen Industrieprodukte nicht, mit denen die Regale bis obenhin vollgestopft sind. Was wir brauchen, ist Nahrung, die *Leben* beinhaltet und uns diese Information gibt. Dasselbe gilt für das Wasser, das wir trinken. Reines, energiereiches, stilles Wasser ist das Beste, was wir unserem Körper zuführen können. Was heutzutage aus unseren Wasserhähnen kommt, ist qualitativ nicht nur größtenteils mangelhaft, sondern oft sogar schädlich, weil wichtige Richtwerte mitunter deutlich überschritten sind. Flaschenwasser schneiden in Tests meist nicht besser ab, viele sogar noch schlechter. Informiere dich über mögliche Systeme der Wasserveredlung, um auch aus deinem Wasserhahn wieder nahezu Quellwasserqualität sprudeln zu lassen. Dieses Wasser kannst du positiv informieren, wie die Arbeit von Masaru Emoto belegt.[33]

Ich kann aus eigener Erfahrung über die vielen Vorteile berichten, die eine wirklich bewusste und gesunde Ernährung mit sich bringt. Obwohl ich auch vorher keine nennenswerten Beschwerden mehr hatte, sind positive Veränderungen ganz klar zu beobachten: Seit ich mich vegan ernähre, ist mein Schlaf noch tiefer, mein Tag noch bewusster, mein Verhältnis zu Tieren noch intensiver, mein Geist noch freier, mein Körper noch unbeschwerter, mein Verstand noch klarer, mein Gewissen noch leichter. Ich erlebe körperliche Glücksgefühle, die ich in dieser Form früher nicht kannte oder nur in Verbindung mit äußeren Ereignissen wie körperlicher Berührung, Sex oder Sport. Sie entstehen im Bereich des 2. und 3. Chakras und lassen mich innerlich fliegen. Ich stelle mir dann vor, wie meine Organe sich über die Nahrung freuen, denn ungefähr so fühlt es sich an. Einfach jeder Bestandteil meines Körpers ist glücklich. Ich kann es wirklich empfehlen!

ZUM ABSCHLUSS

Wenn du die Inhalte dieses Buches umgesetzt und verstanden hast, bist du an einem Punkt angelangt, an dem du dich durch einen einzigen Atemzug mit der Quelle verbinden kannst. Wenn du THEKI ab jetzt in dein alltägliches Leben integrierst und dich in verschiedensten Situationen mit der Quelle verbindest, um dort Antworten zu erhalten oder Veränderungen einzugeben, öffnest du dich für Chancen und Wege, die du noch nie zuvor betreten hast. Du kannst in jeder Situation deines Lebens transformierend wirken: Wenn du mit jemandem Ärger hast, kannst du eure Beziehung harmonisieren, wenn dich immer wieder dieselben Ängste plagen, kannst du das Urtrauma finden, wenn du eine neue Fähigkeit erlernen willst, kannst du dich in das entsprechende Quantenfeld einklinken. Behindernde Überzeugungen kannst du jederzeit sofort ändern – während du sie aussprichst und dir ihrer bewusst wirst. Du brauchst dafür weder viel Zeit noch Ruhe oder andere besondere Umstände. Integriere THEKI in dein Leben, und es gelingt dir überall, dich mit der Quelle zu verbinden: an der Bushaltestelle, im Restaurant, beim Schwimmen, beim Arbeiten, ja sogar im Gespräch mit jemandem kannst du direkt handeln, anstatt »nur« davon zu sprechen. Natürlich finden die tiefsten Sitzungen immer eher in Stille und Konzentration statt, doch auch im Alltag kannst du viele große und kleine Wunder erschaffen. Ist dir das schon bewusst? In der Regel läuft es so: Zuerst ist ein Mensch, der von den Möglichkeiten mit THEKI erfährt, überrascht, doch auch zweifelnd. Nach mehreren Behandlungen oder eigenen Erfahrungen durch ein THEKI-Seminar kommt Vertrauen auf, der Zweifel schwindet. Nach weiteren Erfolgserlebnissen *weiß* er, dass es funktioniert, der Alltag verändert sich zunehmend, Leichtigkeit prägt das Sein. Aus der Vermutung wurde Gewissheit. Und irgendwann befindet er sich in einem so erhöhten Bewusstsein, dass jederzeit weitere Quantensprünge möglich sind und dass er die Sprache des Lebens beherrscht. In diesem reinen Bewusstsein ist alles möglich. Dies gilt für jeden Menschen – auch für dich!

NACHWORT

Die Menschen, die seit Jahren THEKI praktizieren, berichten allesamt von wunderbaren Veränderungen. Das ganze Leben lebt sich so viel leichter, und es ergeben sich wunderbare Synchronizitäten. Man fühlt sich zutiefst gerüstet für alles, was kommen mag, denn man hat den »Werkzeugkasten« immer dabei und ist damit in der Lage, jede Herausforderung eigenmächtig zu meistern. Du kannst von einigen Erfahrungen auf meiner Homepage www.theki.eu im »Gästebuch« lesen.

Was ich sehr oft in meinen Folgeseminaren höre, ist, dass es den Menschen viel leichter fällt, sich selbst zu beobachten, seit sie mit THEKI arbeiten. Sie können Dinge anders wahrnehmen, weil sie mehr über die Funktionsweise des Lebens und der zwischenmenschlichen Beziehungen verstehen. Vor allem die Erkenntnis der Spiegelungen ist bei der Selbstbeobachtung essenziell. Ich wünsche mir, dass diese positiven Auswirkungen auch für dich bereits nach dem Lesen dieses Buches und Durchführen der Übungen erfahrbar sind. Wenn du den Unterschied zwischen Ego und wahrem Selbst einmal erkannt hast, wird es dir immer leichter fallen, in bestimmten Situationen zu »switchen« und dich wieder ideal ausgerichtet und fest im wahren Selbst verankert zu finden. Dabei wird es immer einfacher, frei von Angst zu leben, denn diese kommt aus dem Ego. Dein wahres Selbst kennt keine Angst. Je mehr Blockaden du in Liebe transformiert hast, umso höher ist deine Gesamtschwingung und umso leichter ist es wiederum, restliche Anhaftungen und Begrenzungen zu erkennen und zu transformieren. So befreist du dich von den Wickeln, und das Ego hat immer weniger Macht. Doch diese immer stärker werdende Verbindung zu deinem wahren Selbst und somit zur Quelle bedeutet auch mehr Verantwortung für dich, denn deine Gedanken, Gefühle und Worte manifestieren sich immer effektiver in deinem Leben. Deshalb rate ich dir, mehr denn je darauf zu achten, *bewusst* zu leben. Lebe in jedem Wort, in jedem Gefühl und in jeder Tat, sei also stets in allem präsent. So spürst du genau, wenn du *nicht* zum höchsten Wohl aller Beteiligten manifestierst, und kannst deine Energie neu ausrichten. Dabei ist es wichtig, dich selbst immer wieder zu reinigen, wenn du den Impuls dazu verspürst, um dich in der höheren Schwingung zu halten. Denke immer daran, dass Energien gleichwertige Energien anziehen. Reinige dich von Traumen, destruktiven Überzeugungen, Ängsten und ähnlichen Gefühlen und sorge für die Energien *in dir*, die du wiederum auch im Außen anziehen möchtest. Je mehr du Qualitäten wie Liebe, Mitgefühl, Freude, Glück und Leichtigkeit in dir verwirklichst, umso klarer wird sich dein Leben darstellen. Dasselbe gilt für deinen physischen Körper. Alkohol, Zigaretten, ungesunde Ernährung usw. beeinträchtigen dich, während gesunde Ernährung, reines Wasser, frische Luft und ausreichend Bewegung positiv wirken. Selbst Plätze wie dein Heim, dein Arbeitsplatz oder dein Auto können dich energetisch unterstützen, wenn du sie so rein wie möglich hältst. Vielleicht liest du auch dieses Buch nochmals oder sogar mehrmals durch, dann wird sich dir der Inhalt immer besser erschließen, und du wirst weitere Erkenntnisse daraus ziehen können.

Wenn es dir gelingt, bei den Herausforderungen deines Alltags immer mehr Präsenz zu erreichen, immer bewusster zu leben, dann lebst du im *Hier* und *Jetzt*. Die Gegenwart ist reines Sein, hier gibt es kein Ego. Du *bist* einfach. Mit dieser Präsenz fällt es dir leichter zu *handeln*, anstatt dich immer zu *beschäftigen*. Das ist ein großer Unterschied! Das eine verändert dein Leben, während das andere dich im Ego gefangen hält. Wenn du lernst, diese Kunst zu beherrschen, dich im Alltag immer mehr selbst zu beobachten – Was denke ich gerade? Was fühle ich? Was transportiere ich? Bin ich im Fülle- oder Mangelbewusstsein eingeklinkt? Ist meine Grundmotivation Liebe oder Angst? –, dann wirst du feststellen, dass dein innerer Beobachter sogar im Traum da ist. Du schläfst und bist gleichzeitig bewusst. Wenn du träumst, kannst du aktiv auf deine Träume einwirken, das heißt, du erkennst zum Beispiel einen Punkt, an dem dir die Richtung nicht mehr gefällt, und änderst sie einfach. Wenn du dies erreicht hast, dann ist dein Bewusstsein schon sehr weit entwickelt.

Du kannst mit THEKI dein Leben verändern, und zwar völlig grenzenlos zu dem, was die schönste Vision deines Seins darstellt. Übernimm die volle Verantwortung für dein Leben und sei liebevoll zu dir selbst. Du musst nichts mehr werden, du bist bereits vollkommen. Erkenne, wer du bist! Lebe und denke frei und motiviere auch andere dazu, immer freier zu werden. Drücke dich selbst aus – völlig authentisch, denn hier liegt die Quelle deiner Kraft, und alles andere ist Zeitverschwendung.
Dieses Leben ist absolut fantastisch, und du kannst es genau so leben – klinke dich ein!

Glück ist nicht die Erfüllung all deiner Wünsche, sondern deren Überwindung. Wenn du einen Menschen wirklich glücklich machen willst, dann füge nichts seinem Reichtum hinzu, sondern befreie ihn von seinen Wünschen.

ANHANG

THEKI-Seminare

Um THEKI wirklich in deinen Alltag zu integrieren, brauchst du Sicherheit und etwas Übung. Die kannst du dir mit diesem Buch selbst erarbeiten – oder wir lernen uns in einem meiner Seminare kennen. Es gibt drei THEKI-Seminare, die die Ausbildung vervollständigen. Mit THEKI 3 ist die Ausbildung »THEKI® – HeilbegleiterIn« abgeschlossen, doch bereits ab THEKI 1 kannst du auch beruflich mit THEKI arbeiten, wenn du das möchtest. Durch die vielen Einzel- und Gruppenübungen während der Seminare sowie der Möglichkeit zu Hilfestellungen durch LehrerInnen wirst du auf jedem Entwicklungsstand abgeholt. Die Seminare werden derzeit unter meiner Leitung und mithilfe weiterer THEKI-LehrerInnen gegeben.

Danach kannst du die *THEKI®-Lehrerausbildung* machen, die dich befähigt, selbst THEKI-Seminare zu geben und weitere Menschen auf diesem wundervollen Weg zu begleiten.

EIN KLEINER AUSZUG DER THEMEN,
DIE IN DIESEM BUCH KEINEN PLATZ HATTEN,
ABER IN DEN SEMINAREN GELEHRT WERDEN:

- Aktivierung der gesamten DNS und der Jugend- und Vitalitätschromosome
- Arbeit mit Miasmen (= Heilungshindernissen)
- Ideale Verbindung von Körper/Geist und Seele
- Intensive Arbeit mit dem Körper
- Aktivierung des axiatonalen Systems (Meridiane) + bewusste Rückverbindung mit der göttlichen Matrix, interessante Übungen dazu
- Energielinien + Kraftorte der Erde
- Haus- und Grundstücksreinigung
- Reinigung + Programmierung von Objekten
- Arbeit mit der inneren Familie (innere Frau, innerer Mann, inneres Kind, Intuition, Ego, Krafttier) zur idealen inneren Ausrichtung

- Arbeit mit den Elementen Feuer, Wasser, Erde, Luft
- Arbeit mit der Zeit
- Ausführliche und ganzheitliche Besprechung zu störenden Umweltfaktoren wie zum Beispiel Giftstoffen und belastenden Energien aus Wasser + Ernährung, Medikamenten, Impfungen, Mikrowellen, Giftstoffen in Kosmetika usw.

Die Komplexität der THEKI-Seminare ist unmöglich in einem einzigen Buch unterzubringen. Zudem ist jedes Seminar ein aktives Miteinander, bei dem ich als Seminarleiterin für das Rahmenprogramm sorge und jeder Teilnehmer mit seinen ganz persönlichen Schwingungen und Fragen teilhat. So ist jedes Seminar einzigartig und auch für mich selbst intensiv. Eine Frage wird mir sehr oft gestellt: ob ich schon *vor* Seminarbeginn an den Teilnehmern »arbeite«. Es scheint ein gängiges Phänomen zu sein, dass sich bei manchen Menschen bereits ab dem Tag der Anmeldung geistige Erlebnisse einstellen. Nein, das tue ich nicht. Ich werde nur aktiv, wenn ich den direkten Auftrag dazu habe, und schaue mir nur das an, was unbedingt nötig ist, um zum Beispiel während des Seminars unterstützend zu wirken. Doch offensichtlich setzt bereits die konkrete *Entscheidung* zur Teilnahme am Seminar Kräfte frei, was aufgund der Erkenntnisse Einsteins über Raum-Zeit sowie der Kraft deiner Selbstbestimmung sehr einleuchtend erscheint: Die Zeit zwischen Anmeldung und Seminar ist letztlich keine »richtige« Zeit, sondern eine besondere Energieform, und mit deiner klaren Entscheidung, dein Leben jetzt in die Hand zu nehmen, steht dir die Energie zur Verfügung, die du bisher dazu verwendet hast, um deine Selbstbestimmung zu unterdrücken. Darüber hinaus kann ich mir gut vorstellen, dass aus der geistigen Welt unterstützende Kräfte wirken, um dich auf das Seminar vorzubereiten. Also lass dich überraschen!

Alle Termine und Informationen zu den Seminaren und Inhalten sowie die Möglichkeit der Anmeldung findest du auf meiner Homepage www.theki.eu

DANKE!

Ganz besonderer Dank gebührt meinem wundervollen Mann, der mir so viel Glück und Liebe schenkt und bedingungslos an mich glaubt. Die letzten Monate hast du mir den Rücken freigehalten und alles gemanagt, und du hast meine nicht-ansprechbaren Schreibphasen genauso liebevoll unterstützt, wie du mich mit Essen und Trinken versorgt hast. Du hast meine Gedanken und Ideen geteilt und bereichert und warst immer für mich da. Ohne dich wäre das alles nicht möglich gewesen – ich könnte mir keinen besseren Partner wünschen. Ich danke von Herzen meinem Sohn, der mich so viel über Lebensfreude, Bedingungslosigkeit und das Dienen lehrt und jeden Tag mein Herz erfreut. Auch möchte ich meinen Eltern danken – aufzuzählen, was ihr für mich getan habt, würde jeglichen Rahmen sprengen. Auch wenn es nicht immer einfach war: Ich liebe euch von Herzen! Sogar meiner Katze Polly möchte ich danken. Ich habe ganz Entscheidendes über die Kraft der Ausstrahlung von ihr gelernt. Sie reagierte nie auf meine Worte, sondern war immer der perfekte Spiegel dessen, was ich ausgesendet habe. Das hätte mir keiner besser beibringen können!

Ein großer Dank geht an die THEKI-Runde, eine kleine und inzwischen sehr private Runde der »ersten Stunde«, in der jeder für jeden da ist und die durch ihre Ehrlichkeit, Bedingungslosigkeit und nicht zuletzt durch die gemeinsame Effektivität zu einem festen und wichtigen Bestandteil meines Lebens geworden ist. Gemeinsam haben wir schon Großartiges geschafft!

Ich danke Edi, meinem Heilpraktiker: Ohne deine Hilfe vor einigen Jahren gäbe es dieses Buch nicht. Das war die beste Starthilfe, die ich mir wünschen konnte.

Ein besonderer Dank geht an meinem Verleger Christian Strasser: für sein Vertrauen in mich sowie seine professionelle, warmherzige Unterstützung und Präsenz. Ihm gilt meine größte Wertschätzung für das, was er aus tiefster Überzeugung und Liebe zu allem mit seinen Verlagen auf die Beine gestellt hat.

Und natürlich danke ich meiner Lektorin Angela Kuepper, die

mich feinfühlig und professionell begleitet hat. Die Zusammenarbeit hat mir sehr viel Freude gemacht!

Von Herzen danke ich den Menschen, die immer an mich geglaubt haben und immer *mich* gesehen haben, auch wenn ich mich selbst verloren hatte. Sie waren für mich da, auch nachts um vier, sie haben Lachen und Weinen mit mir geteilt. Ein paar von euch begleiten mich noch immer, andere gehen einen anderen Weg, doch auch diese Abschiede segne ich in Respekt und Dankbarkeit für alles Geteilte. Ich danke einfach allen Menschen, die eine Rolle in meinem Leben gespielt haben, denn sie alle haben auf ihre ganz besondere Art dazu beigetragen, dass ich die Herausforderungen meines Lebens meistern konnte und dass durch diesen Weg dieses Buch überhaupt entstehen konnte. Mit ihrer Liebe haben sie mich unterstützt, mit mir diskutiert, philosophiert, Kritik geübt, mir gezeigt, worauf es ankommt. So bin ich auch denen dankbar, die mich verletzt, belogen und betrogen haben, denn auch das gehörte zu meinem Weg. Diese Erfahrungen waren wertvoller als alles geschriebene Wissen zusammen. Sie haben mich an meine Grenzen getrieben – und letztendlich in die Erkenntnis, dass diese Begrenzungen nur Illusion sind. Auch mit ihren Schwächen und scheinbaren »Fehlern«, ihren Vorstellungen von mir und meinem Leben haben sie mich darin unterstützt, meinen Weg zu gehen und mir selbst zu vertrauen.

Sandra Weber,
März 2014

THEKI-KURZANLEITUNG

Der Einfachheit halber empfehle ich dir, diese Seiten einfach aus dem Buch herauszukopieren. So kannst du sie immer mit dir tragen oder an bestimmten Orten platzieren, ohne das Buch dabeihaben zu müssen.

Verbinde dich mit der Quelle.
Befehl: …
Jetzt bezeuge, wie es geschieht.

Befehl: Heilung. *Oder*: Natürliche Ordnung wiederherstellen.

Befehl: Narben entstören.
Befehl: Selbstbegrenzungen transformieren.
Befehl: Fremdenergien, Wesenheiten, psychische Haken und verwandte Energien sowie alle Vereinbarungen und Verträge mit diesen Energien transformieren.
Befehl: Filterloses transformieren.
Befehl: Taufe und verwandte Rituale transformieren.
Befehl: Destruktive Realitätsbilder transformieren.
Befehl: Blockaden »Sieg über den erfolglosen Helfer« transformieren.

Befehl: Natürliches Schutz-System aktivieren.
Befehl: Chakrenharmonisierung. *Oder:* Harmonisierung … Chakra.
Befehl: Wirbelsäulenaufrichtung.

Befehl: Trauma/Urtrauma transformieren.
Befehl: Schwangerschaftsharmonisierung.
Befehl: Heilungsenttäuschungen transformieren.
Befehl: Alle Traumen, die mit … zu tun haben, transformieren.

Befehl: Beziehung harmonisieren.
Befehl: Männliche und weibliche Energien integrieren und balancieren.
Befehl: Geschlechtsthematik transformieren.

Befehl: Lebenskraft verstärken.
Befehl: Überzeugung ersetzen durch Überzeugung …
Befehl: Überzeugung anlegen, alles Hinderliche transformieren.

Befehl: (Gefühl) … transformieren. Oder: … integrieren.
Oder: … ersetzen durch …
Befehl: Programm… transformieren. Oder: … ersetzen durch …
Befehl: Programm erschaffen für… und sofort und dauerhaft abspielen.
Befehl: Quantenfelder … ersetzen durch Quantenfelder …
Befehl: Ausklinken! bzw. Einklinken!
Befehl: Manifestation von …
Befehl: Soforthilfe.

- Wenn du etwas bereits siehst oder spürst, sagst du nur »transformieren«.
- Wenn du zwei Personen siehst, sagst du nur »harmonisieren«.
- Wenn du alles, was du jetzt machen möchtest, bereits im Gespräch ausformuliert hast, zum Beispiel eine positive Überzeugung und die Umprogrammierung begrenzender Glaubenssätze und das Integrieren bestimmter Gefühle, dann reicht es aus, wenn du im Quellbewusstsein sagst: »Machen.«

QUELLE – INTENTION – BEZEUGEN

WEITERFÜHRENDE LITERATUR
UND LINKS

Andreas Bachmair: *Leben ohne Impfung. Eltern berichten.*
Selbstverlag 2012

Volker J. Becker: *Gottes geheime Gedanken.* München 2008

Dr. med. G. Buchwald: *Impfen. Das Geschäft mit der Angst.*
Lahnstein 2008

Kitty Ferguson: *Gott und die Gesetze des Universums.* München
2002

Verona Gerasch, Thomas Hanke: *Selbständigkeit im alternativen
Gesundheits- und Beraterberuf.* Darmstadt 2009

Friedrich P. Graf: *Nicht impfen – was dann?* Ascheberg 2008

Bruce Lipton: *Intelligente Zellen.* Burgrain 2006

Dr. med. Johann Loibner: *Impfen – Das Geschäft mit der
Unwissenheit.* Selbstverlag 2011

Osho: *Der vollkommene Weg.* Zwickau 2012

Osho: *Autobiografie.* Berlin 2005

Osho: *Mut.* Berlin 2004

Osho: *Das Buch vom Ego.* Berlin 2004

Catharina Roland: *Awake.* München 2012

Pete A. Sanders: *Das Handbuch übersinnlicher Wahrnehmung.*
Oberstdorf 2012

Jörg Starkmuth: *Die Entstehung der Realität.* München 2010

Hans U. P. Tolzin: *Die Tetanus-Lüge.* Schwäbisch Hall 2010

Neale Donald Walsh: *Gespräche mit Gott Band 1.* München
2006

Ulrich Warnke: *Quantenphilosophie und Spiritualität.* München
2011

www.horusmedia.de
www.gesundheitlicheaufklaerung.de
www.impfen-nein-danke.jimdo.com/
www.impfkritik.de
www.zeitenschrift.com

QUELLENVERZEICHNIS

1 Tony Schwartz: *Was wirklich zählt.* München 1996
2 Lynne McTaggart: *Intention. Mit Gedankenkraft die Welt verändern.* Kirchzarten 2007
3 Vgl. http://www.pm-magazin.de/a/am-anfang-war-der-quantengeist
4 Marianne Williamson: *Rückkehr zur Liebe. Harmonie, Lebenssinn und Glück durch »Ein Kurs in Wundern«.* München 1993
5 http://www.musikmagieundmedizin.com/standard_seiten/frequenzen.html
6 Vgl. http://web.brainlight.de/content/Studien_files/4%20Gehirnwellen-bL.pdf und http://www.brain-sound.com/gehirnwellen/
7 Lynne McTaggart: *Intention. Mit Gedankenkraft die Welt verändern.* Kirchzarten 2007
8 Lynne McTaggart: *Intention. Mit Gedankenkraft die Welt verändern.* Kirchzarten 2007
9 http://www.zeitlos.ch/texteinstein.html
10 www.hearthmath.org und www.horusmedia.de
11 Lynne McTaggart: *Intention. Mit Gedankenkraft die Welt verändern.* Kirchzarten 2007 und www.horusmedia.de
12 http://www.osho.com/de/read/featured-articles/emotional-ecology/the-goose-called-awareness
13 http://www.netschool.de/ler/delese1.htm und http://www.fid-gesundheitswissen.de/neurologie/gehirn/gehirn-neuronale-netze/
14 Tony Schwartz: *Was wirklich zählt.* München 1996
15 http://www.onlinekunst.de/hesse/Hesse_Liebe.htm
16 Catharina Roland: *Awake.* München 2012
17 Siehe u. a. http://www.einradfreak.at/w/zitate-gleichgewicht/
18 www.horusmedia.de
19 http://info.kopp-verlag.de/medizin-und-gesundheit/gesundes-leben/pf-louis/schwere-nebenwirkungen-und-psychische-stoerungen-moeglich.html
20 http://www.zeit.de/zeit-wissen/2008/02/Titel-Nebenwirkungen-Antidepressiva; http://www.zentrum-der-gesundheit.de/antidepressiva-nebenwirkungen-ia.html und http://www.gesundheit.de/medizin/wirkstoffe/sonstige wirkstoffe/psychopharmaka
21 http://www.sueddeutsche.de/wissen/medikamente-und-nebenwirkungen-bis-zu-todesfaelle-durch-medikamente-1.793240
22 www.zeitenschrift.com
23 Siehe z. B. www.zeitenschrift.com und www.gesundheitlicheaufklaerung.de

24 http://www.sueddeutsche.de/wissen/zehn-jahre-nach-der-entschluesselung-der-dns-das-vertrackte-genom-1.1059202-2
25 www.horusmedia.de
26 Siehe zu diesem Thema auch: www.theki.eu/2014/02/28/zwei-pole/
27 Thomas Verny: *Das Seelenleben des Ungeborenen.* Berlin 1995
28 Siehe www.zeitenschrift.com
29 www.zeitenschrift.com
30 Vgl. Thomas Verny: *Das Seelenleben des Ungeborenen.* Berlin 1995
31 Lynne McTaggart: *Intention. Mit Gedankenkraft die Welt verändern.* Kirchzarten 2007
32 Lynne McTaggart: *Intention. Mit Gedankenkraft die Welt verändern.* Kirchzarten 2007
33 Masaru Emoto: *Die Botschaft des Wassers.* Burgrain 2002